사람을
한번 보고 아는 법

金鍾洙 編著

원만한 대인관계, 승리하는
처세술의 철저한 인간정보!

은광사

◈ 머리말 ◈

그리이스 철인 소크라테스는 2천 4백년 전 옛날에 '그대 자신을 알라'고 갈파했거니와 실상 참된 자기 자신을 안다는 것은 그지 없이 어려운 것이 아닐 수 없다. 자기의 장점과 단점을 겨우 알게 되는 것은 수양(修養)에 힘쓰는 사람일지라도 마흔살을 넘어서지 않고서는 그런 경지에 다다르지 못한다는 것이다.

공자도 '나이 쉰살이 되어서야 천명을 안다'고 한 것을 보면 범인(凡人)인 우리가 참되게 자신의 성격을 알고 세상에 태어난 사명을 인식한다는 것은 매우 어려운 일인 것이다.

人間은 자기 자신에 대해서 잘 알 것 같으면서도 실은 너무나도 모르고 있으며 그 이상으로 다른 사람에 관한 것도 잘 모르고 또 알려고도 하지 않으면서 그릇된 판단 아래 어설픈 대인관계를 맺고 있는 경우가 많다.

복잡한 도회지 生活에서 사랑하는 사람이나 동료들간의 만남,사업상의거래 관계에 있어서 한눈으로 그 사람의 성격이 파악된다면 또는 초면의 사람이라도 그 사람의 기질을 꿰뚫어 볼 수도 있다면 퍽 재미있고 원만한 대인관계를 맺을 수 있을 것이다.

人間은 다소간에 이기적이며 인간의 상대는 언제나 같은 인간이라는 것을 생각할때에 우선 나 자신을 먼저 잘 알아야겠고 또 자기 자신만을 너무 믿고 있을 것도 못된다는 것이다.

본서에 의해서 인간의 심리와 이해와 신뢰를 두텁게하고 사람과 사람의 연관을 보다 깊게하며 대인관계를 즐겁고 재미나게 할 수 있다면 우리 인생은 성공한 셈이라고 말하고 싶다.

1만년의 중국역사가 갈고 닦은 성공을 위한 중국인의 인간전략

처세술과 사람의 마음을 꿰뚫어 보았다.

사람은 겉모습만 보고는 알 수가 없다. 속마음을 꿰뚫어보아야 만 참된 인간을 알 수 있다. 복안적 인물 평가란 무었인가? 또한 다면적 사고법이란 무었인가? 광활한 대지를 무대로 1만년을 이 어 내려온 중국인 특유의 인간 판단 비법을 체계적으로 정리한 경 이적인 기록이다.

조직을 성공적으로 이끌려면, 개인적으로 대성하고자 한다면 주 변 인물의 됨됨이를 꿰뚫어보는 힘을 길러야 한다.

사람을 쓰는 데에도, 다른 사람의 밑에서 일하는 데에도, 남녀간 의 교제나 평생의 배우자 선택에 있어서도 무엇보다 중요한 것은 인간성이기 때문이다.

❖ 차 례 ❖

제 1 부

상대의 몸으로 본
타고난 재질

제 1 장
신체로 본 천분과 운세

▶사명을 나타내는 체격

그리이스의 철인 소크라테스는 二천 四백년전 옛날에 「그대 자신을 알라!」고 갈파했거니와 실상 참된 자기 자신을 안다는 것은 그지없이 어려운 것이 아닐 수 없다. 자기의 장점과 단점을 겨우 알게 되는 것은 수양(修養)에 힘쓰는 사람일지라도 마흔 살을 넘어 서지 않고선 그런 경지에 다다르지 못하는 것이다.

공자도 「나이 쉰살이 되어서야 천명을 안다」고 한 것을 보면 범인(凡人)인 우리가 참되게 자신의 성격을 알고 세상에 태어난 사명을 인식한다는 것은 매우 어려운 일이다.

그러나, 무릇 이승에서 삶을 향유하는 생물은 사람이건 동물이건 심지어 식물이건 간에 각기 독자적인 개성을 갖추고 태어났다. 단 한잎의 이파리 일망정 그와 조금도 다른데가 없이 똑같은 이파리는 없다. 하물며 그 생년월일이 다 다르고 부모의 유전을 달리하고 보니, 얼굴 생김새나 체질이 똑같은 사람은 절대로 없다. 어느 누구는 뚱뚱하고 어느 사람은 얼굴이 동그랗고 어느사람은 갸름하고 천차 만별인 것이다. 그 천차 만별의 모습이야말로 사람 각자에게 지워진 사명의 차이를 나타내는 것이다. 얼굴 생김새가 다르듯, 각자의 처지나 해야 할 일에도 다름이 있다. 용모가 다르다는 것은 영혼을 담은 그릇이 다르다는 것이다. 그 영혼의 그릇에는 여러 가지 우리가 해야할 직분이 천수(天授)되어 있는 것이다. 우리는 자신에게 어떠한 사명·직분이 주어졌나를 우선 알고, 인간 세상을 위해서 어떻게 하면 보다 낫게 그 사명을 다할 수 있을까를 연구해야 하는 것이다.

 영혼의 그릇인 용모는 숙명으로 타고난 성격을 담고 있거니와 이것을 양적(量的)으로 넓히는 노력은 우리에게 부과(賦課)된 시험인 것이다. 시험에 무사히 합격된 사람이 세상의 행운아가 되고, 불합격자는 실패자가 되는 것이다.

체격이나 용모에 나타나는 성격은 사회적으로는 여러 모로 각자가 일하는 영역이나 사명을 나타내는 법인데, 여기서 가장 주의해야 할 일은 아무리 재능이나 수완이 있다손 치더라도 마음씨가 올바르고 곧지 못한 사람은 결코 행복해질수 없다는 사실이다. 설사 재능이 있어서 일시적인 성공을 획득했을지언정 마음가짐이 착하지 않고서는 결국 실패를 면할 수 없다는 것이다.

역(易)은 자기의 현재 환경과 그 장래성을 점치는 것이거니와, 만일 자신의 마음씨가 그릇되었으면 아무리 하나님께 빌어도 결코 좋은 점괘(占卦)는 나오지 않는다. 가장 운명적이라고 보여지는 역조차 각자의 마음가짐이 나쁘면 언제 몇번 점쳐보더라도 결코 길괘(吉卦)는 나오지 않는 것이다.

역경(易經)은 이처럼 우리에게 수양(修養)의 길을 가르치고 있는 것이다.

제 아무리 재능이 있을지라도 그 사람의 칼솜씨가 사악(邪惡)하면 사검(邪劍)이 되어서 올바른 행운의 길을 개척해 나아갈 수는 없다. 인간이란 설사 재능이 열등하고 두뇌가 둔하더라도 마음이 정직하면 그에 맞아 어울릴만한 복운(福運)은 찾아와 주는 것이다.

그렇다면 우리의 체격 위엔 도대체 어떠한 사명과 어떠한 마음씨가 나타나 있는것일까? 그것을 보는 방법으로는 내분비 또는 혈액형으로 조사하는 의학적 방법도 있지만, 그것은 일단 젖혀 놓고 여기서는 하나의 얼굴 · 골격(骨格) · 머리카락 · 이빨 · 손톱 · 신경 · 근육 등을 통털어서 보는 체모(體貌)에 의한 관찰법을 말하기로 한다.

우리의 신체를 분석해 보자면, 피부가 근육을 싸고, 근육 속에 내장(內臟)과 신경과 골격이 들어 있다. 이 골격과 신경과 근육의 셋은 사람으로서의 생활 요소다. 그 중의 어느 것이 많거나 적거나 할 때엔 일종의 질병의 경향을 띤 체격을 만들어 낸다. 그와 아울러 성격도 얼마간 어느 한쪽으로 기울어져 가는 것이다.

하지만 이 삼자(三者)가 완전히 조화된 이상적 인간은 있을 수 없다. 어느 누구든 근육이 골격에 비해서 많이 발달해 있다거나 어느 사람은 반대로 여위어 있거나 어느 분은 뼈가 두드러진 체격이다. 이러한 차이를 놓고, 첫째로 골격이 비교적 두드러진 사람, 둘째로 근육이 비교적 많은 사람, 셋째로 그 어느 쪽에도 극하지 않는 사람의 세가지로 분류할 수 있다.

이러한 정도의 차이에 의하여 우리의 성격이 이룩된다. 이 세가지 유형(類型)으로 규정짓고, 뼈보다도 근육이 두드러지게 발달했으면 그것은 영양이 충분한 결과이므로 영양형(營養型), 근육보다도 골격이 두드러졌으면 근골형(筋骨型),그 어느 쪽에도 속하지 않으면 신경형(神經型) 이라고 규정한다.

인간이란 그 어떤 사람이건 간에 제꾀에 치우친다든지 고집을 부린다든지 감정에 기울어지기 쉬운 것이다. 그것은 평균적으로 활동하기란 좀체로 어려운 일이다. 앞에서 풀이한 바, 골격이 두드러진 이는 고집통이 성질을, 살이 너무 찐 이는 인정에 끌리기 쉬운 성질을, 그어느 편도 아닌 사람은 지혜가 많아서 신경을 지나치게 쓰는 성질을 타고나 있는 것이다.

이렇게 지혜나 인정에 치우치고 보면 거기선 반드시 언짢은 결과가 태어나게 마련이다. 요컨대 자기의 결점이 세상과 어울려 주지 않는 탓으로 자신을 멸망으로 이끄는 결과를 낳지 않도록 스스로 경계해야 할 것이다.

▶인간의 성격은 대부분 근육의 성격에 따라

1. 근골형 신체를 판단하는 법

당신이 이 타잎에 속했는지의 여부는 다음과 같은 신체인지 아닌지를 보면된다.

이런 타잎에 속한사람은 몸 전체가 어딘지 모르게 뻣뻣해 보이고 뼈마디가 억세어 보인다. 어깨는 딱벌어져서 넓직하고 믿음직해 보인다. 어깨의 넓이는 허리 폭보다도 넓고, 가슴의 두께가 큼직하다. 그에 따라서 배는 자연히 작아져 있으므로 그몸집은 아래로 내려갈수록 가늘어져 있다. 근육은 딱딱하고 완강하여 꼬집어 보면 단단하기만 하다.

2. 얼굴의 특징

얼굴은 네모꼴 이며 가로 모가져 있다. 대체로 뼈가 두드러져 있고, 근

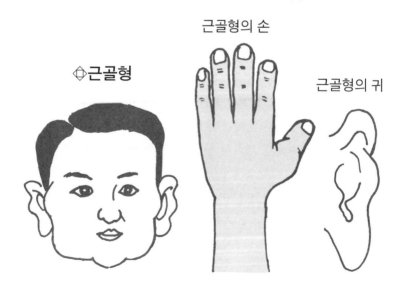

근골형의 손

◇근골형

근골형의 귀

육의 구분이 없이 어딘지 딱딱한 감을 준다. 광대뼈도 눈에 잘 띄게 높직하고, 턱의 아랫쪽 이 U자 모양이 되어 아래로 퍼져 있다. 코는 대체로 높고, 눈은 째진 편이며 입은 크고도 한일(一)자처럼 좌우로 당겨지듯 생겼다. 머리카락은 뻣뻣하고 곤두서서 기름을 조금발라서는 얌전히 누워 주는 법이 없다.

눈썹도 짙으며 또 거칠은 편이고, 남자의 경우에는 대부분의 수염이 많이 난다. 하루걸러 쯤 면도질을 해야만 반반해 보이는 얼굴이다. 또 귀를 보면 가운데 부분이 밖으로 삐져 나와 있다.

3. 손바닥의 특징

손바닥이 방형(方形)의 기본부(基本部)를 이루고 있다. 손가락은 긴것과 짧은 것이 있거니와 통털어서 손가락의 밑등부터 손끝까지가 같은 굵기의 길이다. 곧바른 손가락을 갖춘 사람, 주걱처럼 모양 없게 생긴데다가 손가락의 뼈마디 부분에 가서 넓적해진 손가락을 갖춘 사람, 이렇게 두 가지의 형(型)으로 가를 수 있다.

4. 목소리의 특징

음성에 부드럽고 둥그런 맛이라고는 없이 째는 듯이 높고 날카로운 목소리이며, 말끝은 똑똑히 들린다. 또, 빠른 말투로 지껄이는 사람이 많다. 그 목소리는 어딘지 팽팽한 인상을 받게 한다.

5. 글씨의 특징

잽싸게 갈겨 버리듯이 써 버리는 사나운 글씨가 많다. 그 선(線)은 뛰는 듯이 힘차 보인다. 대체로 모가져 있거나 오른쪽 또는 왼쪽의 귀퉁이가 위로 치솟아 있고, 글씨는 잘 쓰더라도 그 서체(書體)에는 그 사람의 버릇 같은 것이 나타나 있고, 한 가닥 검기(劍氣)를 간직하고 있다.

6. 인상

만나 보았을 때의 인상은 힘이 넘쳐나듯 팔팔한 것이지만 그런 한편
으로는 부드러운 느낌이 없는 퉁명스러움을 발견하게 된다. 또 날카로
운 맛도 있다. 이야기를 나누다 보면 곧바로 화제의 중심 또는 결론으
로 들어가 버리려 한다. 그리고는 가(可)냐 부(否)냐를 똑똑히 알고 싶
어하는 것이다.

7. 성격은 어떨까?

만약 당신이 이런 타입이면 당신에게는 다음과 같은 성격이나 기질
(氣質)이 있다.

주위 사람들이 어떻게 생각하든 그것에는 조금도 거리끼지 않는 실천
가로서 일하기 좋아하며 남에게 지려 하지 않는 경쟁심이 강하다. 언
제나 남보다 한 걸음 또 두 걸음 앞으로 앞질러 가려는 경향이 있다. 명
예욕이나 자존심도 강하여 어떠한 곤란도 이겨내고야 말리라는 의지
의 굳셈과 목적에 대한 부동(不動)의 신념의 소유자다.

스포츠를 좋아하며, 하이킹이나 등산도 몹시 즐긴다. 그 때문에 모험
을 무릅쓰는 이도 적지 않다. 대체로 보아서 좋건 나쁘건 의지가 강하
다는 점이 이런 타입의 특징인 것이다.

8. 성격에 있어서의 장점

(1) 의지는 강하고 뚜렷한 이상(理想)을 가지고 있다. 항상 희망을 지
니며, 자기 주장을 굽히지 않고, 목적에 대한 고집성과 관찰성이 있다.

(2) 자기를 믿는 마음이 지극히 두텁고, 세상 사람들의 뒷소문이나 유
혹을 이겨내어 항상 자기의 입장을 확고히 하여 흔들리는 법이 없다.

(3) 이것 참 좋다고 생각하면, 당장 실행에 옮겨서 우선 부딪쳐 보자는
용감성이 있다.

(4) 이건 손해라고 생각한 경우에도 자기 체면에 관계가 된다면 해건 이익이건 생각지를 않고 돌진하여 체면을 세우려는 경향이 있다.

(5) 만사에 철저를 기한다.

9. 성격에 있어서의 결점

(1) 융통성이나 타협성이 없다. 남에 대한 배려가 부족하다. 그러니 남에게 양보할 수가 없어 어디까지나 자기의 권리를 주장한다.

(2) 자기편도 만들지만 적도 만들기 때문에 남의 배척을 받는다.

(3) 항상 자기 의견이 옳다고 생각하므로 부하의 의견이나 생각을 채용하지 않고 어디까지나 자기 혼자의 생각으로 돌진하며, 남에게 일을 맡기지 못하는 성품을 가지고 있다.

(4) 자기의 기호(嗜好)에 따라서 부하나 친구를 만들기 때문에 참되고 충실한 벗이나 부하는 가질 수 없다. 또한 늘 부하나 친구가 바뀌곤 하여 고독한 처지에 놓일 수 밖에 없다.

(5) 사업이 잘 되어 나갈때엔 급속도로 발전하지만, 한번 차질이 오면 끝장을 보기까지 실패할 위험성이 있다.

10. 일하는 태도

(1) 융통성이 결핍되고 타협성이 없기 때문에 그 사업은 자신의 편견이나 흥미, 또는 취미나 주의(主義)에 따라 경영되기 쉽고. 자기가 하는 것이 가장 좋다고 생각하면 남의 의사를 존중하지 않는다. 상인(商人)의 경우라면 어느쪽이 손님인지 판단할 수 없는태도를 보이기조차 한다. 직장에 근무하는 사람이라면 웃사람에게 뭐라고 한마디 꾸지람을 들었을 때 곧 분개하거나 노여워하거나 한다.

마음속으로는 자기가 하는 것이 어디까지나 올바르다고 생각하므로. 남이 한두번 충고하거나 주의해 보지만 나중에는 하나마나라고 생각하여 아무 소리도 안하게 된다. 주의를 받거나 꾸지람을 들을 때가 바로 그 사람이 발전하는 때고 보니 이렇게 남에게 외면을 당하게 되면 좋건 나쁘건 남들도 무언(無言)이 되게 마련이다. 그리하여 이런 사람은 어느덧 유력한 제편 사람을 잃어간다. 유력한 제편 사람을 갖는다는 것이 행운을 부르는 비결임을 생각해야 한다.

(2) 남에게 의논하기를 몹시 싫어하므로 남들도 이런 타입형의 사람에게는 의논하려 들지를 않는다. 또 남에게 일을 맡기지 못하는 성품이므로 심지어 젓가락질에 이르기까지 일일이 간섭하느라고 항상 바쁘고 정력을 함부로 소비하여 단명의 원인을 초래하기 쉽다. 또한 일상 생활이 다망하기 때문에 사색력과 반성력을 잃기 쉽고, 또한 두뇌의 활동이 막다른 골목에 달하게 된다.

(3) 무슨 일에 있어서든지 한쪽 일에 치우쳐서 열중하여 주의가 구석구석에까지 미치지 못하므로 한쪽 일은 대단히 좋더라도 다른 일에 결함이 생겨서 일 전체의 능률이 증진하지 못하는 유감이 있다.

(4) 남의 의견에서 암시를 받거나 남의 의견을 받아들이거나 그것을 옳게 이용하거나 할 만큼의 감수성이 결핍되어 있으므로 그에 따라 어느 정도의 발전은 하더라도 그 이상은 더 신장(伸長)하기 어렵다.

11. 남과의 교제

이 형에 속하는 사람은 자기의 인품이나 사업에 관한 타입의 비평이나 충고를 진심에서 받아들일줄 모른다. 「남은 이렇게 생각하겠지. 하지만 난 이렇게 생각한단 말이야.」하는 태도를 언제까지나 굳이 지니고 있으므로 진정으로 가슴을 풀어 놓고서 솔직히 의논할수 있는 벗을 얻기 어렵게 마련이다.

신념이 있고 견식(見識)이 있는 이런 타입의 사람은 남의 의견을 받아들이거나 타인에게 양보함으로써의 융합을 기할 수가 없으므로 대인 교제에 있어서는 자칫 모가 서있고 또 무뚝뚝하고 퉁명스러움이 많은 경우 남에게 압박감이나 위압감을 주므로 진심에서의 복종을 받을 수가 없다.

교제의 중심도 힘과 교제다. 상대방과 경우가 서로 동일한 경우 즉, 재산이나 지능 또는 사회적 지위가 비슷한 정도일 때에는 대등한 교제도 하지만, 저쪽이 자기보다도 지위가 높은 경우엔 그를 경원하고 반대로 저쪽이 낮을 때엔 그를 얕보고 비웃는 경향이 있다.

다소나마 의협심도 있는 것 같지만 이 의협심도 상대방을 위해서 진실로 힘써 준다는 것은 아니고, 무의식중에 자기의 명예심이나 정복욕 따위를 만족시키려는 정도에 지나지 않는다. 따라서 상대방에게서 감사를 받거나 칭찬을 받거나 하면 적지 않게 자기 만족을 느낀다. 하지만 일단 저쪽이 내 의견대로 또는 내 의사대로 해주지 않을 때엔 철저히 그를 쓰러뜨리고 만다. 「귀여움의 나머지는 미움이 백배」라는 말처럼 지독한 감정을 품는 것이다.

흔히 세상에는 나는 어느 아무개를 이렇게 돌봐주고 있다느니, 도움을 주고 있다느니, 또는 그에게 그토록 힘써 주었는데도 도무지 은혜를 갚을 염려도 하지 않는다고 말하는 이가 있는데 그러한 사람의 대부분이 이런 타입에 속한다. 그 까닭은 무엇일까? 상대방을 돌봐주는데도 자기의 우월감이나 정복욕, 또는 지배감이 상대방의 영혼에 비추어졌기 때문에 저쪽이 진심으로 탄복해서 은혜를 갚겠다는 생각을 잃어버리기 때문이다.

이 타이프에 속하는 사람은 일을 척척 처리하고 조직에 대해서는 충실하기 때문에 단체 생활 같은 데서는 헌신적으로 노력하는 사람이 적지 않다. 정치단체나 부인단체 등에서 이 타이프의 사람들이 중견을 이루고 있다는 사실로도 알수 있는 일이다.

12. 이들의 가정생활

이 형에 속하는 남자는 가정에 대해서는 엄격하다. 자식의 교육 방침이나 가정생활 또는 남과의 교제에 대해서도 대부분의 경우엔 자기 방침을 강요하며 가족의 의견을 반영 하지는 않는다. 따라서 겉보기에는 매우 가지런하고 원만한 가정같지만 아들 딸이 아버지를 진심으로 경애하고 아내가 남편을 진심으로 사랑한다는 화기(和氣)에 넘친 분위기는 없이 한가닥 딱딱하고 차가운 맛조차 감도는 집안이 된다. 그러고 보니, 그는 더욱 침묵에 사로 잡히기 일쑤이지만 한편으론 아침부터 밤까지 고래고래 소리를 지르고 하여 도무지 여유라곤 없는 삶이 계속된다. 이 타입에 속하는 부인도 같다.

13. 취미

취미는 별로 다방면에 걸쳐 다양하지 않는 원칙 위에 서 있다. 따라서 대체로 취미가 없는 사람이 많다.

그러나 한번 무엇에 몰두하기 시작하면 그 한가지에 정력을 집중하여 그 밖에 온갖 것을 내던지면서까지 하여 그 취미에 전력을 기울여 열중한다. 그것이 따지고 보면 직업이나 가정마저 희생해 버릴 위험성이 적지 않으므로 주의할 필요가 있는 것이다.

14. 운명

이런 타입에 속하는 사람은 의지가 강하고 실행력이 있고 또한 노력가이기도 하므로 인생에 있어서 가장 활동적인 시기인 스물 대엿살 때부터 쉰살 때쯤까지는 사회에 적극적으로 진출하여 행운의 파도를 타고 지위나 재산도 증가한다. 그러나 쉰살 전 후부터 만년에 걸쳐서는 차츰 운세(運勢)가 전락하여 모처럼 중년기에 저축한 그것을 잃게 되는 위험성이 있다.

무슨 까닭에서 그런 것일까. 농부가 가을에 가서 벼를 수확하려면 씨를 뿌리고, 잡초가 끼어들지 않도록 김을 매고, 잘 자라게끔 비료를 주어야 비로소 거두어 들이게 되는 것이다.

그와 마찬가지로 우리도 우리 주위에 좋은 씨를 뿌려서 아침 저녁으로 노력의 시비(施肥)를 함으로써 자기 행운의 밭에서 열매를 수확하는 것이다. 열매를 맺는 과실의 맛이나 빛깔이나 크기는 우리의 연구와 노력의 양(量)에 비례한다. 그런데 이런 타입에 속한 사람은 거두어 들이는 데에만 애태우고 있다.

좋은 씨도 뿌리지 않고, 좋은 결과만을 기대한다. 자기를 위해서는 남을 배양하는 일조차 잊는다. 자기만이 세상에서 잘 되려고 생각하는 나머지 주위 사람들을 키워 낼 줄을 모른다. 그렇게 키워낸 주위 사람이 이윽고는 자기의 힘이 된다는 사실을 미처 모르는 것이다.

따라서 자기가 노력하는 장년기엔 어느 전원(田園)에 가서든지 수확을 할 수 있지만 만년에는 주위의 화원을 마구 흐트러뜨린 전력(前歷) 때문에 어느 전원에도 감시인이 서서 그의 출입을 거절하며 경계하여 그가 아무리 씨를 뿌리려 해도 전원조차 빌려주지를 않는다. 예전에 돌봐준 부하를 찾아가 봐도 괄시를 받거나 경원을 당하고. 자기 본위의 엄격한 교육을 해왔으므로 자식들 조차 상대해 주지를 않는다. 독단적인 독선가여서 남에게 고개를 숙일 수 없는 타이프의 사람들 중에 통계적으로 보아서 자살자가 많다는 사실도 쉽게 긍정할 수 있다. 그것도 요컨대 배양기(培養基)에 배양을 게을리한 탓이며, 또한 제 힘만을 과신한 결과이므로 그 누구를 원망할 수도 없는 일인 것이다.

15. 어떻게 하면 운이 트일 수 있을까?

(1) 항상 미소를 지녀라…이 타이프의 속한 사람의 얼굴은 항상 긴장하여 방심(放心)하는 일이 없으니 좀 더 얼굴에 여유가 필요하다. 그러기 위해서는 보기 쉬운 곳에다가 거울을 걸어두고. 틈이 있을 때마다 항상 제 얼굴을 거울에 비추어 볼 필요가 있다. 그리고 미소를 지어 보라. 그 얼굴이야말로 당신이 남을 대할 때의 얼굴이다. 언제나 찡그린 얼굴에는 행운이 찾아들지 않는다. 자신의 기분도 잡치고, 남의 감정도 잡친다. 성이 났을 때에는 곧 거울을 꺼내들고 싱글벙글 웃어보라 얼굴처럼 마음도 명랑해진다.

역경(逆境)에서 일어나 출세한 사람들의 대부분은 명랑한 마음의 소유자였다. 스물 세살에 국회의원으로 뽑히고 스물 다섯살에 내각에 들어가서 후에는 수상(首相)이 되기까지한 영국의 대 정치가인「파아머스턴」은 소년시절에 아버지를 여의고 스물한살 때에또 어머니를 잃고 암울한 심정과 우수(憂愁)에 사로잡힌 나머지 친구들도 그를 경원하게끔 됐다. 하지만 범용(凡庸)치 않은「파아머스턴」은 굳게 마음 속으로 맹세한 것이 있었다.「인생의 큰 무대에 나서서 화려하게 활약하려는 놈이 비관하거나 음침한 얼굴을 해서는 언되겠나. 좋다! 이제부터는 만사에 쾌활해져서 언제나 밝고 즐거운 얼굴을 보이도록 하자.」그로부터는 슬픈일이 있어도 곧 마음을 딴데로 돌려서 사물(事物)의 암흑면을 보지 않고 오직 광명면(光明面)만을 보도록 애쓰며 항상 싱글벙글 웃고 지냈다. 이 생기 발랄한 정신은 어느덧 언어와 태도에도 나타나서 많은 사람들의 호감을 사기에 이르러 끝내는 조야(朝野)의 성망(聲望)을 일신에 짊어지는 몸이 되었던 것이다. 또 싱글벙글 주의를 주창하여「싱글벙글 삼덕(三德)」이라고 규정짓되,

① 싱글벙글 하면 몸이 건강하다.

② 싱글벙글 하면 가정이 원만하다.

③ 싱글벙글 하면 일이 잘되어 장사는 크게 번창한다.

라고 하여 스스로 이를 실천해서 크게 성공한 은행가도 있다. 그도 늘 미소를 머금은 얼굴로 스스로 역경을 뚫고 출세한 사람인 것이다.

(2) **항상 일에 대한 연구를 게을리 하지 말라**…당신은 자신의 실행력과 수완을 믿고 있을 것이다. 따라서 당신 자신도 남에게 당신 자신같은 실행력과 노력을 요구하고 있을 것이다. 남이 만약 당신의 기대에 어그러졌을 경우, 당신은 그를 단념하고 돌보기를 포기할 것이다. 그와 똑같이 세상에선 당신 자신의 실행력과 수완을 요구하고 있다. 당신의 사교심(社交心)이니 친절이니 우정이니 그러한 것들을 세상 사람들은 요구하지 않는 것이다. 그러기에 당신이 한일이 당신의 자신의 건강이나 체력이 쇠약했거나 예상에 어긋나서 실패한 경우에는 당신 자신의 자존심 앞에서 책임을 지어야하고, 사회 또한 그냥 용서해 주지는 않는다. 따라서 사업 자체도 실패하지 않게끔 목적이나 목표를 잘 확립하여 충분한 연구와 숙려(熟慮)를 거듭할 필요가 있다. 실행력이 강한 당신은 계획을 치밀하게 짠다든지 곰곰이 생각한다든지 하는 면에 대해선 주의가 결여된 경향이 있다.

일의성패 여부는 계획이 충분하냐 불충분하냐에 따라서 절반은 결정되어 있을을 알아야 할 것이다.

(3) **남의 말에 귀 기울일줄 알라**…당신은 자기 의견을 대담하게 말할 수 있는 한편으로 남이 하는 이야기에 귀 기울일 줄 아는 좋은 귀도 갖추고 있는지. 사람이란 자기가 하는 이야기를 들어 주면 기뻐서 마침내는 비밀에 속하는 이야기도 누설해 버리기 일쑤다.

그러니 자기의 의견을 주장해서 그 의견을 관철하기 전에 우선 상대방의 말을 잘 들어보도록 해야 한다. 그리고 상대방으로 하여금 지껄이게 하는 실마리를 집어 내도록 도모하라. 모름지기 스폰지처럼 한껏 남의 지식을 흡수해서 그것을 지식으로 삼는다는 점이 긴요한 일인 것이다.

(4) **상대방에 관대하라**…노하기 잘 하되 실행가인 이런 타입의 사람은 자기의 경쟁자에 대해서 그야 말로 진지한 경쟁을 하고 있다. 그것은 분명한 사실이다. 하지만 적수(敵手)라고 해서 악의 선전이나 욕설을 하여서는 도리어 자기 자신에 대한 인기나 소문을 떨어뜨리는 원인이 된다. 경쟁자에 대해서는 항상 선의로 대하며, 어디까지나 정정 당당히 이겨 나가도록 노력해야 할 것이다.

한편으로는 이런 타입에 속하는 사람은 자기에게 반대하는 사람이면 철저히 격파해 치우는 경향이 있다. 이런 점에서 많은 적을 만들게 된다. 남에게 인심을 잃는 결과가 얼마나 불리한 것인지 그것은 숱하게 볼 수 있는 현상인 것이다. 또 한편으로는 남의 결점을 심하게 꾸짖어 대는데 잔소리는 남이 없는 자리에서 해야만 효과적인 것이다. 여러 사람들 앞에서 식모나 머슴을 꾸짖고 보면, 도리어 꾸지람을 들은 사람이 원한을 품고 언제 어떻게 앙갚음을 하려 들지도 모르는 것이다.

(5) **생활을 풍부히 하라**…당신이 일에 대해서 열심히 하는 것도 좋고, 일에 대한 향상심도 매우 좋은 현상이다. 그러나 그것에만 몰입(沒入)한다는 것은 자기 주위의 배양을 태만히 한다는 것이기도 하다. 경제적으로 여유가 있으면 자기의 생활에 영향이 없는 정도 안에서 남을 원조해 주도록 해야한다. 정신적으로 여유가 있으면 호의의 충언(忠言)도 해줌이 좋다.

물론 남의 칭찬을 받으려 하거나 장차 그 은혜의 보답을 받고 싶어서
라는 째째한 마음을 품는 일이 없이 항상 주위 사람들에 대해서 우정
으로 대해 갈 필요가 있는 것이다.

무릇 이 우정이니 동정이니 하는 것이야 말로 그에게 덕(德)이 있느냐
없느냐를 결정하는 것이다. 이「덕」이야말로 장래의 운명을 창조하는
커다란 원인이 되는 것이다.

제 일차 세계대전의 책임을 지고 화란으로 망명한 독일의 황제「카이
자아」는 그 한몸에 전세계의 조소와 욕설을 받았다. 그때 독일의 한 소
년은 친절과 우정에 넘친 천진스러운 편지를 보내어서 그를 위안해 주
었다. 「카이자아」는 몹시 감격해서 이 소년을 화란으로 초대했다. 그
후에 그것이 이상스러운 인연이 되어 소년의 어머니인 과부는 「카이자
아」와 결혼을 하게 되었던 것이다. 훗날의 황제 부인이 즉 그 과부인
것이다.

(6) 가정을 명랑하게 하라…이런 타입의 남자는 모름지기 가정(家庭)
에 관한 일은 일체를 부인에게 떠맡기고 너무 간섭을 하지 말아야 한
다. 너무 간섭하면 당신은 정력을
가정에 소모하여 외부에 집중할 수가 없게된다. 가정에서는 항상 미
소를 지니고 가족을 대하도록 하라. 가정은 안식처요, 직장의 연장은
아니다. 가정을 직장처럼 생각하다간 당신의 가정은 파괴되고 말 것이
다. 이런 타입의 가정주부는 남편의 처세법에 대해서 불만을 느낄 것
이다. 하지만 다른 사람의 지위와 남편의 지위를 비교해서 남편의 자
존심을 상하게 하는 따위의 어떤일이나 사업에 관한 충고 비슷한 말을
한다는 것은 가정에 불화를 초래하는 결과가 되는 것이다. 당신의 억
센 실행력으로 남편의 도움이 되고, 남편을 보좌한다는 방침을 어디까

지나 관철하는 내조의 공을 잊지 않도록 또한 가정 내부에 관한일은
당신 자신이 책임을 지고 해 나가도록 노력하여야 한다.

16. 이런 타입에 속하는 명사

이 타입에 속하는 유명지인은 정치가로「비스마르크」·「와싱턴」·
「링컨」·「루즈우벨트」·「손문(孫文)」·「장개석」군인으로는 「나폴레
옹」, 학자로는 「헤이겔」·「피히테」등을 들수 있다. 여성도 손꼽을 수
있는데 그 대부분이 주로 실제가(實際家)랄까, 적어도 무슨 사업을 해
서 크게 성공한 사람이 손꼽히고 있는 것이다.

17. 이런 분에 대한 태도는?

당신 자신이 이타이프에 속하는 것이 아니라, 당신의 상대방이 이런
타이프일 때에는 다음과 같은 유의가 필요하다.

(1) 웃사람이나 남편일 경우…결코 핑계를 대거나 변명을 해서는 안
된다. 순순히 그 변명을 쫓고, 책임을 지고 일을 다해야 한다. 이 유형
에 속하는 사람은 지위나 권력을 지키기 위해서는 조그만 일로도 자존
심이 상해지는 것을 싫어하므로 당신으로서는 그를 존중하여 성의 있
는 태도와 말투로 대해야 한다.

억지나 무리가 있을지라도 그 자리에선 일단 들어 두었다가 나중에
그의 마음이 누그러졌을 때에 조용히 그 무리나 억지를 충고해 주어야
한다. 이 타이프에 속하는 이가 신명이 나서 무엇이라고 지껄이거나
실행할 때에는 그야말로 무서운 기세로 그 누구의 방해도 격파해 버리
므로 그런 때에는 그냥 거역하지 말고, 그가 평온해졌을 때에 천천히
이야기해주면 이쪽의 의지도 관철할 수가 있는 것이다.

(2) 일을 교섭할 경우에…이 타이프에 속하는 이는 간접적으로 돌려
서 길게 늘어놓는 설명을 싫어 한다. 자기의 사업이나 생활에 관계없

는 세상사에는 흥미를 갖지 않는다. 그러므로 편지 따위로 번잡스럽게 요청하지 말고, 직접 그를 면회할 필요가 있다. 또한 이들에겐 실제로 눈으로 보고, 손으로 만져 보게 하도록 한다. 계획서나 설계도에는 흥미가 없으므로 실제의 물품이나 실제로 안내하든지 하는 방법 즉, 백문(百聞)은 일견(一見)보다 못하다는 방침을 채택하지 않는 한 납득할 줄을 모른다.

이 타이프에 속하는 이의 말투는 몹시 사납지만 그것에는 그리 마음 쓰지 않아도 좋다. 자기가 하고 싶은 말을 하지 않으면 속시원치 못하지만 말한 뒤엔 잊어버리기 때문이다. 그러니 그런 말을 일일이 들어 줄 만한 아량이 필요하다. 그들과 이치를 따지며 논쟁을 하는 따위는 금물이다. 논쟁을 하면 할수록 그의 감정은 불에 기름을 붓듯이 더욱 더 타오르기 때문이다.

미국의 유명한 「화이트」자동차 회사 사장 「오우헤이야」는 자동차 판매에 관한 외교의 비결에 대해서 말했다.

주문을 받을 때, 손님의 말엔 일일이 지당한 말씀이라고 맞장구를 치며 응답해 주는데에 있다는 것이었다. 「암 그렇습죠. 다스회사의 트럭도 흠잡을 데 없이 훌륭한 차입지요. 그 차라면 절대 틀림없읍죠 네!」 상대방이 자기회사이외의 제품 자동차를 칭찬할 때에도 고분고분 칭찬의 말로 응수하면, 상대방은 의례 입을 다물고 만다. 도대체 논쟁을 하지 않기 때문이다. 또 상대방 손님은 그 자존심이 만족되기 때문이다. 그러다가 찬스를 보아서 이번엔 화제를 「다스」회사로부터 돌려서 「화이트 · 트럭」의 장점을 간단히 설명하면 손님도 이쪽 말을 잘 들어 준다. 그리고는 대개 그 자리에서 주문을 해 준다는 것이다.

그가 처음에 외교하러 나섰을 때에는 상대방이 칭찬하는 차에 대해

정면으로 마구 반대했다고 한다. 하지만 아무리 그런 논쟁에는 이겨도 결국 주문은 들어오지 않으므로 논쟁이 무가치하다는 것을 깨달았다는 것이다.

 (3) 아랫 사람이나 부하일 경우…이런 타입에 속한 사람이 현재 자기의 부하나 머슴을 가졌을 경우 웃사람으로서 마음가짐은 어떠해야 할까, 상대방의 자존심을 이용해서 책임을 갖게 할 필요가 있다. 이 타입에 속한 사용인은 일일이 명령을 받고 일에 종사 당하기를 극도로 싫어한다. 하지만 의논을 받으면 몹시 감격해서 헌신적인 노력을 아끼지 않는다. 또 책임을 지게 하면 그만큼 책임을 다하는 것이다. 월급이나 수당(手當) 따위보다도 부장이니 과장이니 하는 형식적 명예를 존중하는 경향이 있으므로, 그런 방면에 대한 이해성이 있어야만 당신의 지시에 복종하게 마련인 것이다.

 미국의 어느 가정 주부는 하녀 하나를 고용하기로 하고 그 하녀가 먼저 일하던 집의 주인에게 전화를 걸어서 그녀의 근무 태도를 물었다. 그 대답은 그리 마음에 드는 것이 아니었다. 그러나, 지정된 날에 하녀가 오자「얘 메리야, 나는 네가 먼저 일하던 집주인에게 전화를 걸어서 네 이야기를 들었단다. 그쪽에선 네가 정직하고 신용할 수 있고 게다가 요리 솜씨가 좋고 어린애들도 잘 봐준다고 하더라 그런데 한가지 섭섭한 것은 네가 좀 게을러서 소제하길 싫어한다지 뭐니. 내가 보기에 그건 거짓말인것 같아. 너는 누가 보더라도 몸을 가지런히 차렸으니까 말이야. 그러니까 꼭 그렇게 집안소제도 깨끗이 해 주리라고 믿지. 더구나 나하고 넌 성질이 잘 맞아 줄것 같으니 더 할말이 뭐겠니」이런 말을 들은 하녀「메리」는 첫날부터 이렇게 체면이 서고 본즉 그 기대에 어그러지지 않도록 열심히 일했다는 것이다. 이런 형에 속하

는 부하는 말 한마디로 착해지기도 하고 악해지기도 한다는 것을 잊어
서는 안된다.

이 형에 속하는 이는 원전활탈(圓轉滑脫)이나 심사숙려(深思熟慮)를
요하는 방면에는 적합하지 않지만 일반적으로는 곤란하다고 인정되는
인사적(人事的)인 관계라든지 위험한 작업, 또는 종래의 여러 폐해(弊
害)를 제거하는 따위의 반근절단적(盤根切斷的)인 과업의 실행에 있어
서는 지극히 과감하며, 또한 인내력과 집착력이 흥미가 있으니 웃사람
으로서는 모름지기 이러한 장점을 활용하여야 할 것이다.

18. 이 형에 속하는 사람을 교육하려면?

(1) 소년기…이 형에 속하는 이의 초등학교 아동시절은, 여간 아닌 애
가 비교적 많다. 설명을 해도 그대로 솔직히 납득할 수가 없고, 그것이
과연 진실인지 아닌지를 시험해 보고 싶어한다. 그것은 실행성 또는
실험성이 싹트는 현상으로서 갑자기 그것을 저지할 수는 없는 것이다.
위험하지 않는 한도 내에서 시도케 하여 그 결과에 대해서 상세히 설
명해 주면 잘 납득할 수 있는 것이다.

만사를 곧이곧대로 솔직히 받아들일 수 없는 이 타이프의 어린애는
심술이 사납고 골내기 잘하는데 그런 경우에 그 부형되는 이로써 친절
히 그 이성으로 하여금 활동케 하여야 한다. 위협적인 태도를 취했다
간 더욱 더 반항심을 조장하여 더욱 악화시키게 마련인 것이다.

이 형에 속하는 아동은 권위욕이 또한 강하여 무슨 일에 있어서든지
남에게 지지 않으려는 경쟁심이 향상에는 도움이 되지만 경쟁의 나머
지 상대방을 늘 악의로 보아 만일에 학부형이나 학우들이 경쟁 상대자
의 미점(美點)을 칭찬하기라도 하다가는 몹시 격노하는 수가 있다. 줄
곧 남에게 지지 않으려는 기질은 참으로 존중해야 하지만 그 경쟁 상

대자를 동급생 가운데서 편달(鞭撻)할 필요가 있다.

그냥 그대로 현재의 초등학교 동급생들과 경쟁하도록 내버려 두었다 간 고작 골목대장격이 되어 마침내는 소기소성(小器捸性)이 되어 버리는 것이다.

이 형에 속하는 아동들은 운동이나 유회에 있어서 때로 어처구니 없이 기발하거나 위험한 것을 즐겨한다. 되도록 위험함 장난감은 주지 않도록 주의하고, 동물을 학대하는 따위의 일이 없도록 정서 교육에 힘을 기울여야 한다. 음악으로 그 감정을 융화케 한다든지, 화초를 재배케 하여 그것을 사랑하게 한다든지, 때로는 산이나 들을 거닐게 하여 자연 그대로의 모습을 애호케 하면, 장래에 힘입는 바 매우 큰 것이다.

(2) **청년기**…이 기간에 들어서면 자기는 어린애가 아니라는 자각이 겨우 붙기 시작하여 이 형에 속하는 이는 무슨 일이든지 자기가 몸소 해가려는 경향이 강해지기 마련이다.

실제로 자기 자신은 아직 아무 것도 모르고 아무 일도 못하는 것이지만 어쩐지 제가 남 못지 않게 어엿한 어른이라는 기분을 갖게 된다. 그래서 부모나 교사의 말을 듣지 않고, 어버이나 교사에게서 지도 받는 것을 간섭이라고 생각하거나 압박이라고 생각하여 단연코 그 지도를 배척·거부한다. 그러므로 위에서 내리누르는 듯한 설교식으로 가르쳐서는 안된다. 그를 하나의 떳떳한 성인(成人)처럼 대하여, 그의 주장에 대해서 마음대로 논의하게 해보라.

그의 이론이나 주장은 일단 조리(條理)가 바르더라도 경험이 아직 부족하여 마치 땅 짚고 헤엄치기처럼 반드시 결점이 있게 마련인 것이다. 그 결점에 적당한 비판을 가해 준다는 것, 그리고 당신 자신의 체험을 들려 준다는 것, 그것이 가장 효과적인 지도법인 것이다.

특히 이형에 속하는 이는 독립심이 강하여 영웅적인 고립을 자부하는 자존심의 소유자다. 한 인간의 힘과 집단이나 조직의 힘을 비교해 보인다든지, 인간 사회는 인간과 인간과의 교섭이며 상호 부조하여야 한다는 사실등을 여러 방면에서 실례를 들어 설명하고, 독선이란 결국 제 몸을 망하게 하는 원인임을 납득이 가게끔 언제 어디서나 가르쳐 가도록 함이 긴요한 것이다.

▶살찐 영양형을 판단하는 법

1. 영양형의 신체를 보는 법
당신이 이형에 속하는지 속하지 않는지는 당신이 다음과 같은 몸인지 아닌지로 판명된다.

신체의 온갖 부분에 살이 찌어 있다는 것은 단단한 살이 쪘다는 것과는 다르다. 그보다는 말랑한 조직이다. 근골형(筋骨型)에 속한 사람의 근육은 단단히 살찐 것이지만 이 영양형에 속한 사람은 말랑말랑하고 팽팽히 당겨지지 않는 살이 찌어 있는 것이다. 벌거벗어 보면 가슴이나 어깨보다도 배의 부분이 더욱 살찌어 있고, 배가 앞으로 불룩 나와 있다. 그리고 허리가 비교적 굵은 것이다.

2. 얼굴의 특징
대부분의 경우에는 둥근 얼굴이 특징이다. 턱도 귀도 눈도 둥근편이고, 눈까풀엔 살이 많다. 코도 코 끝에 살이 많이 쪘고, 입술은 두텁다. 턱은 두겹(二重)으로 된 턱처럼 살이 붙어 있다. 머리카락은 숱이 많고 짙은 편이지만 뻣뻣한 머리카락은 아니다. 눈썹도 짙고 부드럽다. 귀의 생김새는 둥그스름하고 귓바퀴는 큰 편이다.

3. 손바닥의 특징

살이 퉁퉁하게 잘 찐 손바닥이다. 다섯 손가락도 모두 살쪄 있다.

4. 목소리의 특징

음성엔 둥그런 맛이 있고, 말투는 느릿하지만 말끝이 좀 뚜렷하지 않
다. 그러나 목소리엔 힘이 들어 있고 보드라운 맛이 있다.

걸음걸이는 침착하게 천천한 것이고 한 걸음의 보폭은 보통이다. 대
체로 배를 앞으로 내밀고 발을 질질 끌다시피 해서 걷는다.

일상태도는 대체로 대범(大凡)하여 차라리 단정치 못해 보인다.

5. 글씨의 특징

굵고 둥그스럼한 글씨를 큼직막하게 쓴다. 편지나 장부를 봐도 이 형

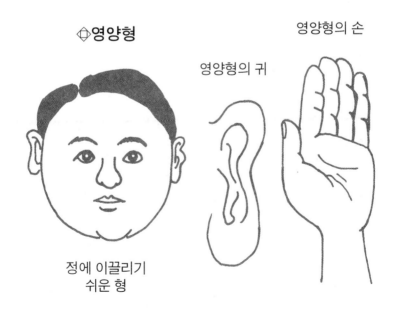

◇영양형

영양형의 귀

영양형의 손

정에 이끌리기
쉬운 형

에 속하는 사람의 서체(書體)는 곧 판명된다. 그러나 글씨의 배열은 그리 가지런하다고 할 수 없다.

6. 인상

어딘지 유연하고 여유가 있어 보이는 인상을 상대방에게 준다. 이런 사람과 이야기를 주고 받고 있노라면 유쾌해 진다든지 따뜻한 맛이 나서 부드러운 맛을 느끼게 되어 인상은 퍽 좋은 편이다. 그 반면으로는 중심이 없어 보여 어느것이 진심인지 알쏭달쏭 판명되지 않는다.

7. 성격은 어떨까?

당신이 이형에 속해 있으면 당신에겐 다음과 같은 성질이나 기질이 있다.

항상 주위 사람들과 사이좋게 지내며, 교제도 넓고, 친구나 주위의 사람들과 하루라도 이야기를 나누지 않고서는 속이 개운하지 못하다는 사회인이다. 그리고 형식이나 방식 따위에 구애될 것 없이 실질이나 내용을 존중하며 그것을 풍부히 하기 위하여 사회에 대해서 노력하는 경향이 있다. 자기 자신도 남을 사랑해 주지만 남들의 사랑도 받고 싶어하는 마음씨의 소유자다. 대체로 사교가이며 정을 중심으로 해서 인생을 살아나가려는 성격의 소유자인 것이다.

8. 성격에 있어서의 장점

(1) 사교적이며 온순 선량하기도 하다. 정답게 친해지기 일쑤이며 남에 대한 동정심도 있다. 때로는 유머를 던지기도 하고 해학적이고 낙천적이기도 하다.

(2) 사회생활을 함에 있어서는, 유연성(柔軟性)이 있어서 남과 다투기를 원치 않는다. 만사에 무리를 하지 않고 자연 속에 둥글둥글 원만히 일을 이룩하고 싶어하는 사람이다.

(3) 융통성이 있으므로 자기의 입장이나 직업을 세상의 전변(轉變)과 더불어 변화시켜서 살기좋은 세계로 만든다.

동물들이 보호색을 형성하는 경우와 같은 것이다.

(4) 자기와의 사이에 딱딱한 장막을 설정하지 않는다. 남에 대해서 상당히 동정심도 가지고 있고 친절하기도 하다. 또 어느 정도 자기의 심중(心中)을 활짝 개방하기도 한다.

(5) 외부에서 자극이 왔을 때의 반응은 참으로 원활하여, 어색한 데가 없고 둥그레한 맛이 있다. 따라서 사회인으로서 좋은 인정을 지니고 있다.

(6) 어떠한 경우에도 자기의 생활을 잊지 않으며, 현실적인 생활방식을 생각하고 있다. 공상적이거나 이상적인 것보다는, 눈앞의 일이나 인간생활의 의식주 같은 물질을 중시한다.

9. 성격에 있어서의 결점

(1) 열중하기 쉽고 식어버리기도 쉽다. 어제와 오늘의 방침이 변해지거나 약속을 어기는 결점이 있고 안색이 맑았다간 흐려지고, 흐렸다간 맑아지곤 한다. 흥미에 따라서 움직이는 변덕맞은 데가 있다.

(2) 정(情)으로 움직이기가 쉽고, 감정으로 인해서 몸을 그르치기 쉽다. 따라서 남을 지나치게 신용하여 보증인이 되거나 남에게 저당없이 많은 돈을 꾸어 주거나, 남자에게 너무 반해 버린 나머지 실패하는 경향이 있다. 또 이성과의 문제나 술 때문에 여러 가지 고민거리를 일으켜서 실패하는 경향이 있으므로 주의해야 한다.

(3) 하는 일이 되는대로 멋대로이며, 그날그날을 그저 엄벙덤벙 지낼 염려가 있다. 즉, 사물에 대한 질서와 이상이 결핍되어 있는 것이다.

(4) 총괄적으로 만사를 넓게 보지만, 개개의 분석이나 개인간의 연락

을 견고히 하지 않기 때문에 어귀의 폭만 넓고 안으로 깊이가 모자라
는 유감이있다. 따라서 넓게 세상을 살아가는데 비해선 내용이 충실치
못한 것이다.

(5), 처세술은 극히 교묘하지만 대주의여서 상대방 여하에 따라 움직
이는 변덕스러운 데가 있다. 절조(節操)의 결핍이라는 결점이 보이는
것이다.

10. 일하는 태도

(1) 한가지 일에 열중하거나 침착할 수가 없다. 마음이 산란하기 쉽고
언제나 흔들흔들하는 편이다.

일은 하지 않고, 자기의 사교술이나 처세술로 요령 좋게 잘 보이도록
꾸미는 잔재주가 있다.

(2) 자기에게 힘찬 의지가 사물을 보는 주관(主觀)이 정해지지 않았으
므로 이 사람이 좋다고 하면 그 말에 찬성하고, 저 사람이 좋다고 하면
그 말을 쫓곤 하며 주위의 공기에 따라서 좌우되다시피 한다.

(3) 만사에 하나하나 어떤 규율이 없기 때문에 일이 지리멸렬이 될 우
려가 있다. 장부나 영수증의 정리 같은 것이 잘 안되어서 엉망이기 일
쑤다.

(4) 사물(事物)에 대한 견식(見識)은 극히 빠르고도 넓음으로 얼핏보
기에는 매우 총명한 것 같지만 그 결론이나 결단은 많은 경우에 부정
확하고 경솔해지기 일쑤이다.

11. 이 형에 속한 이의 교제

성격의 장점이 사교적이고 온순·선량하고 정이 깊으므로 누구하고
든지 곧 친숙해져서 벗을 많이 사귀게 된다. 그리고 팔방미인 격으로
어디서나 애교를 부려서 남들의 호감을 받는다.

남의 의견에 대해서는 「자네 주장엔 반대일세.」라거나, 「자네 친구가 마음에 안드네.」라든지, 「그런 일은 누구든지 할 수 있잖니.」또는 「그런 것이면 내가 더 잘 아네.」라든지 「자네가 실패한 이유는 이렇다네.」라거나 남이 싫어하는 일은 극히 피하고, 남의 뜻이나 감정을 존중하여 상대방으로 하여금 자연히 자기 편이 되게끔 하는 기술을 천성적(天性的)으로 구비하고 있다. 그러므로 남에게 말하기 어려운 고백적인 의논을 남들에게서 받기도 하고, 자기도 자기 자신에 관한 일을 솔직히 토론하여 더불어 협력하고 지원할 수가 있다. 반면으로 자기에게 이해 관계가 없는 남이 부탁하는 결혼중매라든가, 취직 알선이라든가 또는 자식의 탈선 행위 뒷치닥거리 따위에 분주한 나머지 자기의 일을 희생해 버리는 경향이 있다.

사교에는 상대방을 치켜주는 아양같은 말도 어느 정도 필요하지만, 이 형에 속하는 이는 오히려 다변(多變)인 편이므로 상대방을 기쁘게 해 주느라고 굳이 자기의 비밀이나 남의 비밀을 토설하기도 하고 회사나 관청의 비밀을 토설하는 일도 있다. 인사의 비밀, 가정의 비밀, 사업에 관한 비밀들을 자신도 의식하지 못하는 가운데 누설할 염려가 있다. 누구나가 이들 비밀은 엄수해야 할 것이지만, 특히 이형에 속하는 이는 자기자신을 경계해야 할 것이다.

12. 이 형에 속하는 이의 가정 생활

이 형에 속하는 이는 남녀 모두가 가정에 대한 애정이 깊다. 자녀에 대해서는 익애(溺愛)하는 편이며 아들 딸의 자유를 인정하여 각자의 희망을 달성케 해준다.

그러나 그 애정은 진실로 자녀의 장래를 위한 일시적인 맹목적 애정인 경우가 많다 그 때문에 자식을 사랑하건만 너무 귀엽게 기른 탓으

로 큰 다음에는 어리광만 피우는 애가 되어 나중엔 어버이를 배반하는
경우가 있게 마련이다.

13. 취미

이 형에 속하는 사람은 실제적이기 때문에 항시 현실을 존중하며, 정
신적인 것보다는 물질적인 것을 즐겨한다. 따라서 음식물에 관해서는
호불호(好不好)가 꽤 심하다. 남자건 여자건 요리 솜씨가 좋고 미각(味
覺)이 예민하다. 맛좋은 음식은 진심으로 기꺼워 하며 즐겨 먹는다. 그
러므로 요리 솜씨가 유명한 사람이나 요리집 주인중에 살이 찌고 이
형에 속하는 이가 많은 것이다.

생활에 쓸모있는 선물은 무엇이든지 달게 받지만 그 대신으로 우아라
든지 고상한 것이라든지 풍류같은 취미는 그리 기대할 수 없다. 이 형
에 속하는 이는 비교적 취미 방면이 저열하고 비속적(卑俗的)인 경향
이 있다. 가구같은 것을 보더라도, 너절한 것들을 많이 모아 놓고 있게
마련이다.

14. 운명

이 형에 속하는 이로서 교양이 있고 정직하며 근면한 사람은 평소의
노력으로 차츰차츰 행운을 차지해 간다. 점진적으로 운명이 향상하는
것이므로 이 형에 속한 이를 복리(復利) 계산적(計算的)인 생활형(生
活型)이라고도 한다.

이 형에 속한 사람은 일의 효과를 곧 기대하지 않고 천천히 성공을 향
해서 나간다. 따라서 모험을 해서 뜻하지 않은 행운을 잡는 일이 없고
위험을 피하며 초목(草木)이 천지에 신장되어가는 것이다.

청년 시절이나 장년 시절을 통해서 자기 주위에 대한 배려를 게을리
하지 않고, 항상 친절하며 노력을 아끼지 않으므로 자기도 의식하지

않는 사이에 지반(地盤) 이 배양되고 그것이 이윽고는 열매가 되어 예
기치 않았던 수확을 거두게 된다.

따라서 스무살대에 좋은 씨를 뿌린 것이 서른대에 가서 열매를 맺어
수확하게 되고 서른살대의 노력이 마흔살대에 가서 결실하여 수확하
게 되듯이 만년에 이르기까지 멎음이 없이 샘솟듯이 행운이 깃든다.
그것은 자기의 노력만이 아니라 남에대한 호의가 자신에 대한 보은(報
恩)이 되어 나타나기 때문인 것이다.

그러나 이형의 단점을 비교적 많이 가진 사람은 자칫 되는 대로식의
변덕이 심하기도 하다. 일에 열중하기 쉬우며 또 싫증나기 쉽고 열심
과 집착력이 부족하여 조금 일이 잘 안되면 곧 전업(轉業)을 한다든지,
하여간 자꾸자꾸 직업을 바꾼다.

또 어떤 이는 사교성이 있고 무엇을 해도 일이 잘 되므로, 자칫 만사가
소성(小成)으로 흐르기 쉽다. 조금만 노력해서 다소의 지위나 재산이
생기면 그에 만족하고 곧 방심하기 때문에 그 이상 발전하지 않는 수
가 있다.

15. 어떻게 하면 개운(開運) 될까?

(1) 목적을 세워서 끈덕지게 하라…예를 들어서 어떤 한가지 일을 완
성한다든지 어느 일정한 지위를 획득한다든가 어느 일정한 금액을 저
금한다든가 애당초 일정한 목적과 목표를 뚜렷이 세우고 나가야 한다.
그 목적이나 목표는 낮은 곳에서 차차 높은 곳으로 이르게끔 해야 한
다. 「나폴레옹」은 처음부터 프랑스의 임금을 바라지 않았고, 사관학교
재학중엔 대위가 되기를 원했던 것이다.

첫 번째 목적이 달성되면, 다시 자기가 할수 있는 목적과 목표를 정해
서 꾸준히 노력하고 정진해야 된다. 가령 오천원을 저금했다면 칠천원

을 목적하여 나가고 또다시 일만원을 목표로 삼아 힘쓰도록 하여야 한다.

이 형에 속한 분은 집착력이 부족하므로 목적을 달성하려면 항상 다소간 곤란을 동반하기 쉽다. 도중에 어떠한 곤란이 생기더라도 단연코 구애됨이 없이 악착같이 초지(初志)의 관철(貫徹)을 도모하여야 한다. 만일 도중에서 그동안 하던 일을 포기한다면 모처럼 지금까지의 노력도 수포로 돌아가서 처음부터 재출발 하지 않을 수 없게 된다.

(2) **사업이나 인생에 신념(信念)을 가져라**…사교성이 있는 이러한 타이프는 끊임 없이 친구라든가 사회의 분위기라든가 남의 부탁 같은 것에 감화(感化)되어 그럴때마다 신념의 동요를 일으키든가 시간이나 돈을 헤프게 쓰는 일이 곧잘 있게 마련이다. 그것은 목적을 달성하는데 큰 지장이 되므로 항상 자기가 해야 될 목적이나 방침이나 직분의 바탕을 잘 알아서 그 토대에서 떨어지지 않도록 하면 주위의 영향을 방지하게 된다.

(3) **무슨 일에든지 질서와 규칙을 세워라**…사업에 있어서나 가정에 있어서나 항상 질서와 순서로서 해야한다. 사업에서는 우선 조직을 세워 나가야만 한다. 이 타이프의 사람은 사람 하나 하나를 부리는 것은 매우 능란하지만 조직을 이루어 이끌고 나가기에는 도무지 서투르므로 조직을 잘 써서 계통을 세우고 훌륭한 규칙을 만들도록 해야한다. 수지의 기장(記帳)도 명확히 해야한다. 또 사업(事業)과 가정을 구별하여 그 비용도 따로따로 명확히 구별해서 써야한다.

사업을 해 나가는데 있어서 바쁘다고 하여 또는 우정에 못이겨서 친구를 자기 사업에 끌어 들여서는 안되며 별도로 친구 사업은 사업이므로 확실히 구별하도록 하여야 한다. 또한, 인정에 못이겨 친척이나 인척(姻戚)등 동족끼리 결합해서 사업을 하는 것은 앞날에 위험성이 많다. 이러한 일은 뜻하지 않게 몰락한 유명한 어느 은행가의 동족회사의 경우를 보더라도 잘 알수 있다. 사업에 있어서 친척의 등용은 매우 안심될 것 같지만 한편으로는 상당히 위험하다. 그 이유는 사업이 감정이나 정실(情實)에 의해서 지배되기 쉬운 결과를 빚어내기 때문이다.

(4) **남자이거나 여자이거나 홀리지 말라**…이성(異性)을 그리워 하고 사랑한다는 것은 흔히 결혼전의 남녀에게 있을 수 있는 일이지만, 여기에서 말하는 〈홀린다〉는 것은 이미 가정을 꾸리고 있는 남녀가 다른 이성을 그리워하고 사랑한다는 뜻이다. 이 타이프의 사람은 남의 유혹을 받고 또 남을 동정해서 옳지 못한 연애에 빠지는 경향이 많기 때문이다. 이점을 특히 경계하여야 하는 것이다.

남자가 남자에게 홀리는 것은 경우에 따라서는 재산도 몸도 상대편에게 내 던지고 자기의 일신을 파멸시키게 되어 매우 위험하다. 이 형에 속한 사람이 무심히 보증인이 된것 때문에 자기의 재산을 잃고 일생을 돌이키지 못하게 되는 파멸에 빠진 사실이 많다.

(5) **가정에서도 예의를 중히 여겨라**…아내에게 온 친전서(親展書)를 뜯어 본다든가 남편의 전화를 엿듣는다든가 하는 것은 아무리 부부사이라 할지라도 삼가야 한다. 이 타이프의 부인이 남편의 바깥 일이나 친구 이야기를 듣고 그 말을 남에게 지껄인 까닭에 남편의 사회적 지위를 하락시킨 일이 적지 않다. 남편의 사업을 이해할 범위내로 알아두는 것은 좋지만 그 이상으로 참견해서는 좋지 못하다.

자기 남편이라 해서 또는 아내라해서 그를 독점한 기분으로 자기 마음대로 해서는 안된다. 부부는 각기 다른 모태에서 태어 났으므로 아무리 사이가 좋다고 하더라도 서로의 감정이나 사상은 다르다. 따라서 상호간에 예의를 지키지 않으면 그 애정은 어느덧 시들고 존경심도 사라져간다. 거기에 가정생활의 위험이 숨어 있다. 또 성생활을 신성(神聖)하게 여기고 절도(節度)를 지키도록 마음을 써야 할 것이다.

(6) 주부는(主婦) 가계부(家計簿)를 엄중히 하라…이 타이프의 주부는 대체로 성질이 느긋해서 일상생활의 경비를 가계부에 적어 넣으려 하지 않는다. 그리고 물건을 살땐 값에 대해서도 무관심한 까닭에 꼭 가계부를 장만해 가지고 매월 장부를 보면 자기의 생활 태도를 반성해 볼 필요가 있다. 얼마나 헤프게 썼는지 금방 드러나게 될 것이다.

16. 이 형에 속한 유명한 사람

이 형에 속한 정치가로서는「투르먼」·「헨리8세」·「로이드·조오지」, 실업가로서는「루터」· 학자로서는「멘델」·「다아윈」등을 들수 있다. 대부분 실업가(實業家)로 성공을 거두고 있다.

17. 이 형에 속한 분에 대해서는

자신이 이 형이 아니더라도 상대방에 이러한 경향의 사람이 있을 경우엔 다음과 같은 마음의 준비가 필요하다.

(1) 손윗사람이나 남편의 경우…잔소리나 설명을 늘어 놓아서는 안된다. 말솜씨는 될 수 있는대로 함축성(含蓄性)이 있으면 좋다. 우화(寓話)나 인정화(人情話)를 하여서 정답게 대할 필요가 있다. 직접 이야기의 골자를 말해 봤자 효과가 없다. 은근히 돌려서 깨닫게 해야한다.

이 타이프의 사람은 대개 아기를 귀여워 해서 애처가이므로 자기 가족을 퍽 사랑한다. 그리고 인정이 있고 잘난척 하므로 그렇게 비위를 맞춰보면 그의 의협심은 움직일 수 있다.

남편에 대해서도 똑같다. 항상 자녀를 중심으로해서 무슨일이든지 의

논하는 것이 남편의 마음을 휘어잡는 비결이다. 아내에게는 무관심한 남성일지라도 자식에게는 지극한 관심을 가진다. 아내가 자녀를 잘 양육해 가면 그는 아내에 대해서도 매우 관대하다.

(2) 교섭하는 일의 경우…먼저 우정과 성의를 피력해 나가야 한다. 「아브라함·링컨」이 꿀 한방울은 국물 한 사발보다도 많은 파리를 꾀이게 한다. 더구나 사람을 설득하려면 우선 첫째로 성실한 친구라는 느낌을 그의 마음속에 일으키게 하라. 그것이 그의 마음을 붙잡는 꿀 한 방울인 셈이다. 그야말로 그의 이성(理性)에 도달하는 유일한 공도(公道)이다. 라고 한 이 형에 속한 사람에게는 항상 감정을 털어 놓도록 하여야 한다. 즉 이성으론 상대방의 의견에 찬성하면서도 감정이 움직이지 않으면 쉽사리 승인하거나 찬성하지 않는 것이다.

곤란한 교섭에 있어서는 저쪽을 적으로 생각 말고 저쪽 사람이 되어서 덮어놓고 정면 공격을 할 것이 아니라 동정이라든가 융화라든가 하여 서서히 측면 공격을 해야한다. 그의 마음을 잡으려면 항상 관혼상제가 있을 때마다 한 집안 사람이 되어 우정이라든가 친절을 끊임없이 나타내야 한다.

(3) 손아랫사람이나 부하인 경우…이 형에 속한 사람이 자기 부하나 사용인이 된 경우에는 정답게 대하며 친구나 가족처럼 정신적인 대우를 해주면 다소의 물질적인 불만이 있더라도 애정에 끌려서 살아가게 된다.

이형에 속한 사람은 남과 남 사이에 들어서 조화를 꾀하고 주인과 고용인 사이의 마찰을 방지하는, 마치 기름을 주듯이 사명을 지니고 있으므로 고용주와 사용인 사이를 원만하게 하는 역할을 잘한다. 더구나 외부 사람과의 접촉이라든가 교섭이라든가 외교 같은 방면에는 그 성격의 원만한 점, 임기응변인 점, 나긋나긋한 점으로 해서 상대방의 감정을 해치는 일없이 교묘하게 처리하는 천성을 지니고 있다.

그러니 일에 대해서는 세밀한 일인 사물의 분석과 조사, 기획하는 일, 혹은 자주 변화가 없는 일 같은 면에는 그러한 재능이 모자라므로 곧 권태를 느끼기 쉬우므로 그런 일은 적합하지 않다는 것을 알아 두어야 한다. 반대로 항상 변화가 많고 여러 사람이 드나드는 장소같으면 오히려 본인이 감정을 자극해서 능률을 올리게 된다.

이 형에 속한 사람은 깨끗하게 하는 것과 시간 관념을 기르기에 노력하도록하여 지각이라든가 결근하지 않도록 습관을 갖게 하며 한편으로는 일의 결과를 일일이 보고하도록 방침을 세우지 않으면 보고하기를 잊기 쉽다.

18. 이 형에 속한 사람을 교육하려면?

(1) 소년기…이 형에 속한 사람은 소년기로부터 사교성을 발휘 하여 교제를 잘 하고 남에게 호감을 사며 귀여움을 받는다.

하지만 이 친구나 주위 사람의 감화를 받아서 잘 되는 경우도 있고, 나쁘게 되는 경우도 있다. 집안 사람의 언행과 동네에서 친하게 지내는 사람들의 사상을 마치 흡수하듯이 배우게 된다. 따라서 좋은 동무와 좋은 환경을 선택해 주어야 한다. 소년기에는 어떤 사람이든 주위환경에 감화되지만 특히 이 형에 속한 사람은 더욱 그 영향력을 받기 쉽다. 맹자(孟子)의 어머니가 집을 세 번 옮겼던 일도 이 때문이다.

다음에 이 형의 소년소녀에게는 질서와 정리의 습관을 어릴 때부터 길러 줄 필요가 있다. 자기의 옷은 매일 같이 자기가 깨끗하게 매만진다든가 신을 닦는다든가 자기 책상 위의 물건을 잘 간추리고 책을 제자리에 꽂아 두게 하고 일기를 쓰는 습관을 붙인다든가, 어려서부터 정리하는 습관을 양성토록 하지 않으면 어른이 된 뒤에도 허랑방탕한 생활을 하게 되기 쉽다. 또한 이 형의 소년 소녀는 비교적 빨리 성에 눈 뜨게 된다.

집에 찾아 오는 손님의 이상한 이야기라든가 성 본능을 묘사한 음란한 책을 읽기 좋아하며 호기심을 일으키는 것이다.

젊은 부부가 자는 방안에서 자게 한다든가 부모의 침실에서 자게 하면 어느덧 조숙한 아이가 된다. 특히 이성과는 부모의 눈앞에서만 놀게 해야 한다.

(2) 청년기…이 형에 속한 사람은 소년 소녀 시절과 똑같이 성적인 문제를 특히 경계해야 한다.

이형의 사람은 대개 상대자의 빈곤이라든가 처지를 몹시 동정해서 연애의 싹을 트게 한다. 동정은 인간의 고등정서이므로 덮어놓고 거부할 까닭은 없으나 그것이 연애와 연결되면 커다란 위험성을 일게 하기 때문에 그 한계를 잘 가르쳐 주어야 한다.

다음에 주위에서 감화를 받기 쉽다는 점은 소년기와 똑같다. 특히 친구와 술을 마시고 담배를 피우는 버릇은 쉽사리 감화받기 쉽다.

그리고 이 형의 군거본능(群居本能)은 언제나 교우(交友)가 없으면 고독감에 사로잡히기 쉬워서 대체로 나쁜버릇을 친구에게서 배우게 된다.

그 대책으로는 친구를 골라 사귈 필요도 있지만 극기심(克己心)을 기르도록 함이 가장 중요하다. 그러기 위해서는 극기심이 강한 위인의 전기(傳記)를 읽도록 하는 것이 효과적이다.

또한 미각(味覺)의 감수성이 강한 이 형의 타입은 어릴 때부터 식욕에 대해서는 남보다 집착이 있으므로 가정에서 너무 고급 요리만을 먹이게 되면 장래에 그러한 요리를 먹지 않고서는 불만을 느끼게 되어 인생으로서 낙오할 위험성이 있다.

그런 형의 사람이 청년기에는 도회지 등의 음식점이 많은 곳에 살면 일찍부터 요리집이나 레스토랑 같은 곳에서 식사를 하게 되는 버릇이 생기므로 가정의 부모는 늘 조심하여 그러한 점을 예방하도록 가정의 식사문제를 강구하여야 한다.

다음에 남의 눈앞에서는 요령 있게 잘 하지만 실제로는 우물쭈물 적당하게 해치우는 버릇이 있으므로 반드시 철저하게 하도록 감독 지도해야 한다.

▶신경형을 판단하는 법

1. 신경형(神經型…心性型)의 신체를 보는법

이 형(型)에 속하는지 속하지 않는지는 다음과 같은 신체를 지니고 있는지 없는지로 알수 있다.

머리통이 약간 크고, 몸은 그와 견주어 조그맣다. 몸뚱이 전체가 가늘고 약해 보인다. 골격(骨格)이 융기(隆起)한 것도 아니고, 그렇다고 해서 비만(肥滿)하지도 않다. 마르지 않았고 살찌지도 않은 말하자면 살과 뼈의 중질(中質)로서, 대체로 중키인데다 여위고 호리호리하다.

이형의 사람은 아무리 영양을 섭취해도 변화가 없고 스포츠나 근육운동도 이 형에 속한 이의 근육 발달에는 본질적으로 영향을 미치지 않는다. 또 어깨는 넓적하며 가슴둘레(胸圍)는 신장(身長)에 견주어 짧고 몸뚱아리에는 털이 많이 나고 조로(早老)하여 서른 다섯 살이나 마흔살 쯤에 벌써 노인같이 보인다.

◈신경형

신경형(神經型)의 얼굴　　　신경형의 손　　　신경형의 귀

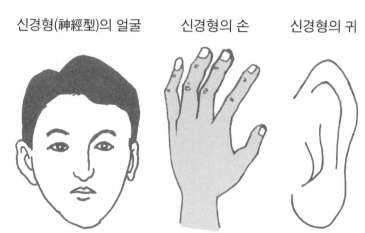

2. 안면부(顔面部)의 특징

이마의 가로 넓이가 크고 턱으로 내려가면서 뾰족해지며 달걀을 거꾸로 세워놓은 모양이다. 즉 이마가 대체로 크고 코에서 턱으로 가면서 가늘고 뾰족해 졌다.

모발(毛髮)은 가늘고 아름다우며 보드랍고 남자는 수염이 많지 않은 편이며 눈썹도 아름답게 비교적 가늘고 입술은 엷게 되어 있다. 또 귀의 모양은 윗쪽이 커다랗게 퍼지고 아랫쪽은 좁아져서 조그맣게 되어 있다.

3. 성격에 있어서의 좋은 점

(1) 감수성이 현저하게 발달되어 일의 본질을 분석하거나 생각하거나 궁리하거나 또는 이론화하는 면이 능란하다.

(2) 연구적이며, 한 가지 일을 어디까지나 연구하여, 그 결론을 얻고야 마는 열의를 지녔다.

(3) 일의 장래나, 되어 나아가는 경위 같은 것을 미리 짐작하고 또한 그 짐작이 들어 맞아서 예언자 같은 말을 할 때가 더러 있다.

(4) 남의 성격을 꿰뚫거나 그 결점을 알아내기 때문에, 남의 유혹에 빠진다거나 앞뒤를 생각지도 않고 무턱대고 일을 처리하는 경솔한 짓은 안한다.

(5) 우아로운 마음과 친밀감이 있고, 말이 적은 데다가 겸양적(謙讓的)이고 진지하므로, 인격적으로 아름다운 장점을 지니고 있다.

(6) 입안(立案)한다든가, 계획한다든가, 암시를 얻는다든가, 조사한다든지 또는 이론화 한다든지 하는 명석한 두뇌의 소유자다.

(7) 지각(知覺)이 예민하고 기억력도 있고 상상력도 풍부하며 사고력도 정확하고 치밀하므로 사물을 판단하는데 틀림이 없다.

4. 성격에 있어서의 결점

(1) 사물을 짐작으로 잘 알기 때문에 현재의 일에 대해서 열성이 적고 실행하지 않을 우려성이 있다. 너무 앞일을 알아차리면 사람은 열심히 노력할 수가 없다. 이 문제는 이리저리 되어서 이렇게 끝을 맺으리라고 미리 납득이되면, 현재의 자기 일이나 사업이나 직장이 싫어진다. 하지만, 우리들의 짐작은 대개의 경우, 그 중도에 있어서 다른 직장이나 뜻밖의 부산물이 나타나서, 뜻하지 않았던 행운을 잡을 수도 있다. 자기의 이익도 안되는 일로 교제하다가 뜻밖에 유력한 지기(知己)를 알게 되고, 그 지기가 장래의 자기 운명에 놀라운 행운을 끼치게도 된다.

미국에서 한때 금광렬(金鑛熱)이 대단하였던 무렵, 「콜로라도」주의 광산에서 어느 고물상인은, 금광 경영에 실패한 사람한테서 금광의 금 파내는 기계를 놀라운 고가(高價)로 사게 되어서 자기 재산은 그 때문에 한때 위기에 봉착한 일이 있었다. 그러나, 이 고물 상인은 광산기사 한사람을 고용해서, 그 기계를 판사람의 폐광을 전문적으로 조사한 결과 먼저 임자는 단층 광맥(斷層鑛脈)의 성질을 몰랐다는 사실을 알게 되었다. 그래서 그 갱도를 3피이트 깊이 팠더니 금광이 다시금 나타나서 이 고물상인은 수백만불의 거부가(巨富)되었다. 그 금광을 판 사람은 이 형의 사람처럼 눈앞의 일만 잘 알고 인내력이 없어, 자기의 머리만으로 측정할 줄 밖에 몰랐으므로 고물 상인에게 성공의 기회를 넘겨 주게 된 것이다.

(2) 이 형에 속한 사람은 남을 책망하는 면에도 엄중하며 자기를 반성(反省)하기에도 극단적이다.

이 형에 속한 사람은 대개의 경우 냉정성을 잃지 않는다. 항상 자기를 중심으로한 정신생활을 하기 위하여 자기의 주의와의 사이에 엄중한 경계선을 긋고, 꼼짝 않고 그 크리이크(개울)를 중심으로 해서 선배나 친구들의 결점을 보고 있기 때문에 사교성(社交性)이 없고 매사에 소심하며 소극적이다. 또한 남이 들어오는 것을 싫어하며 자기 자신도 그 경계선을 돌파하여 상대방을 침범하지 않기 때문에, 유력한 친구를 얻기 힘들며 참되게 흉금을 털어 놓을 만한 상대자가 적은 것이다.

만약 친구가 있다고 해도 극히 적은 수이고, 친구를 원한다 해도 귀족적이면서 조용한 상대자를 원할 것이다. 이 형에 속한 사람에겐 예민한 이지가 있는 고로, 사물이나 인물을 비평하는 눈만 높아서, 남을 관용하는 심정이 적은 것이다.

또한 이 형의 사람은 남에게 완전을 요구하고 싶어하는 것이다. 자기가 고용자일 때엔 사장이나 과장에게, 아니면 남편에게, 남편이면 그 아내에게, 또는 친구에게 항상 완전한 것을 소극적으로 요구하고 있는 것이다. 사장일 경우엔 사업가이면서도 원만한 인격자이기를, 남편이 면 수입이 많고 교양이 있으며 가정을 사랑하고 아끼는 이상형 이기를 또는 아내면 아름답고 가정적이기를 바라는 것이다. 그렇기 때문에, 자기의 요구가 충족되지 못하면 으레히 실망을 하게 되며 비관을 하게 되는 것이다.

이와 같이 상대에게 완전을 요구하는 반면에 자기 자신도 완전해지기 위해 노력한다. 그래서, 자기가 저지른 조그만 과실이 있어도 이로 인 하여 심각한 마음의 상처를 입고, 잠도 이루지 못할 정도로 큰 충격을 느끼는 것이다. 그리고, 늘 자기의 힘이 부족하다는 것을 노력도 하지 않고 고민만 한다.

(3) 충실하기는 해도 장사에 있어서의 흥정이라든지 교묘하다든지 원 전활탈(圓轉滑脫)이라든지 임기응변 같은 것이 없다. 그러므로 매사에 진지하고 곧고 마음의 척도에 따라 충실히 해 나간다. 자기의 이척도 와 상대의 심리가 서로 엇갈리게 되면 즉시 고립하게 되므로 상대와 헤어지게 된다. 심한 사람은, 변인(變人)이 된다든가 기인(奇人)이 되 기 쉽다. 그것은 주위의 분위기에 너무나 민감하기 때문인 것이다.

(4) 비관할 문제건, 낙관할 문제건 너무 한편만 크게 보아 넘기는 경향 이 있다. 조그만 일에 실패를 하게되면 또다시 실패할 것을 예상하게 되고, 불행한 일이 있으면 또다시 불행해질 것을 예상하는 것이다. 이 형에 속한 사람은 곧잘 불행을 알아 맞추는데, 이것은 한편 불행을 자 초(自招)하는 정신적인 암시를 품는 탓이다. 그리고는, 인생의 전부를 불행의 연속이나 되는 것처럼 생각하고, 또한 소설 등에 나오는 극히 드문 가정과 사회의 현상을 인생의 전부로 억측하는, 그릇된 판단을 하게 되기 때문이다. 그러한 반면에, 낙관적인 문제나 하찮은 기쁜 일

이 있더라도 이것을 대단한 행복인양 생각하고, 내일의 일을 잊을 정도로 공연히 기뻐하며, 지나치리 만큼 낙관과 비관을 혼동하여 급격한 변화를 가져오게 하는 것이다.

부인들에게서 흔히 보는 히스테리같은 것은, 이와 같은 형의 결점이 극도로 잘 나타난 것이라고 하겠다.

5. 이 형에 속하는 이의 일하는 태도

(1) 틀에 박힌 일을 구하기 때문에 될 수 있는 대로 주위로부터 자기의 기분이 어지럽혀지지 않는 조용한 장소에서 통계나 계산이나 또는 조사나 입안(立案)등, 조용한 사무를 하려고 바란다. 그 사무는 비교적 정확하고 또한 치밀한 것이다.

(2) 항상 변화가 심한 일이나 인간적인 교섭에는 서투르므로 그런 방면엔 적당치 않다. 책상에서 하는 사무에는 항상 순서와 질서가 따르게 마련인데, 이 타입에 속한 이는 착실하게 정리하는 습벽(習癖)이 있으므로, 일이 잘 안되어서 밀리는 일은 없지만, 정확하게 하려고 하는 특성 탓으로 신속하길 기대할 수는 없는 것이다.

(3) 사무에 있어선 정확하고 책임감이 있지만 요령이라든지 임기응변 같은 것이 없기 때문에 만사가 형식주의여서 정규적(定規的)이다. 따라서, 일의 결과는 도리어 현실과 멀어지는 경향이 많다.

6. 이 형에 속한 이의 교제

누구와 곧 친구가 되기는 어렵다. 그것은 상대방의 기분이나 생각이 늘 마음에 거리껴, 그때그때 자기의 의사표시를 하지 못하기 때문이다. 상대방의 말이나 그 태도에 일일이 신경을 쓰며 속으로 분석해 가기 때문에, 자기가 하려는 말도 잘 생각해서 발표케 된다. 결국 말이 없어 화제가 빈곤하게 되어, 상대방이 볼때엔 재미가 없는 사람으로 취급을 당하게 되고 동시에 남과 사귀고 이야기 할 시간도 적게 되기 쉽다. 그리고 또 무슨 일에든지 진지하기 때문에 상대방이 농담을 지껄인다든지 유머 같은 말을 하게 되면 이 형의 사람들은 곧 잘 감정을 상하게 되기 때문에 결국 화제의 꽃을 피울 수 없는 것이다.

또한, 이 형의 사람들은 말이 지나치게 설명적이거나 마치 교사가 제자를 타이르듯한 말씨를 쓰며, 또한 재판관이나 경찰관이 피고인을 신문하듯이 말에 재미가 없고 변화가 없기 때문에 타인의 마음을 끌기가 대단히 어렵다.

그러한 여러 가지 표현은, 책임을 추궁받거나 무슨 언질을 잡히기를 피하기 위하여 사회에 대해서 지나치게 처신을 조심하며 어렵게 생각하는 나머지 마음이 위축된 데서 오는 것이므로, 선입의식(先入意識)을 갖지 말고 온건한 심정으로 사람을 대하도록 해야 할 것이다.

말이란 하기에 따라서 모가 나는 것이므로, 표현의 방법은 항상 상대의 인정에 호소하도록 해야 한다. 특히 사람이란 추켜세우거나 추종하는 채로 보여 주면 마음속으로 은근히 기뻐하게 되는 것이므로, 때에 따라서는 상대방이 자랑으로 삼고 있는 것이나, 그의 자녀, 또는 그의 사업같은 것을 은근히 칭찬하기도 하여야 한다. 또 무엇을 부탁할 때에도 「대단히 수고스러우시지만…」, 「바쁘신데 죄송합니다만…」, 또는 「대단히 감사합니다」등의 말을 앞엣말로 넣어 부탁하면 상대의 기분을 풀게하고 동시에 부탁하는 그 일이 순조롭게 이루어지는 이(利)를 보게 되는 것이다.

7. 이 형에 속한 이의 가정 생활

부인인 경우 지나치게 자녀 교육에 신경질적이고 필요 이상의 간섭을 하기 때문에, 도리어 교육의 효과를 그르치는 일이 있다.

또한, 너무도 깨끗한 것을 좋아하며 마음을 쓰기 때문에 자연히 식모나 머슴에게 엄격히 대하게 된다. 그러므로, 이 형에 속한 사람에겐 식모나 머슴들이 오래 붙어있지를 못하기 쉬운 것이다.

이 형의 남자는, 사회에 대해서는 극히 신중하며 호인물(好人物)같이 보이지만, 가정에 있어서는 폭군이 될 우려성이 있다. 직장에서 일어난 불쾌한 일이나 웃사람한테서 받은 꾸지람을 집에 돌아오기 무섭게 폭발시켜서, 집안 사람들을 볶아대고 잘못도 없는 사람들에게까지 분풀이를 하기 쉽다.

이런 일은, 이 형의 사람이 불평이나 불만을 가슴에 깊이 불태우다가 가정에서 한꺼번에 폭발시키는 것이거니와 그 결과는 자기의 불쾌감을 더욱 조장하고 점점 집안을 어둡게 해서, 행복을 가정에서 내쫓는 꼴이 되는 것이다.

8. 취미

이 형에 속한 사람이 갖는 취미는, 자연이라든가 천연 따위에 대한 동경이다. 식물·동물·전원(田園)·산악(山岳)·하천(河川)등에 흥미를 가진다.

또 기기(器機)·기구(器具)·미술품·회화(繪畵)·조각따위를 사랑한다. 인간적인 것으로는, 현대적인 것보다는 역사적·고전적(古典的)인 것에 속하는 따위를 좋아 한다.

물질적인 것보다는 정신적인, 속세를 떠난 고상(高尚)한 시라든가, 노래라든가, 시조(時調)따위를 좋아하고, 취미의 범위는 그밖에도 비교적 많으며, 만사를 깊이 음미하며 감상하는 생활을 한다.

9. 운명

이 형에 속한 이로서 수양을 쌓고 인내력도 있고 노력하는 사람은, 두뇌가 우수할 뿐 아니라, 또한 재능도 있으므로 일찍부터 선배나 웃사람이나 친구에게 인정을 받아 실력 이상의 높은 지위에 앉을 수 있다. 소년시대에는 신동(神童)이 되고, 청년 시대엔 수재이다. 관리라면 마흔살쯤에서 이사관(理事官)은 문제없고, 학자라면 스무살대에 학위를 획득하고 회사원이면 서른살에 지배인의 지위로 승진할 수 있듯이 극히 웃사람이 잘 봐주는 좋은 운을 지녔으므로 약진적으로 입신 출세하게 된다.

그리고, 어떠한 회합에 있어서나 지능자(知能者)가 되어 지도자의 한 자리를 차지하며 또 전문적인 면에 일가(一家)를 이룬다. 이 형에 속한 사람의 두뇌에서 사회의 개량이든가 발명 또는 고안 같은 것이 이루어져 나오게 되어 유명해지며 사회에서도 존경을 받으며 보수를 받게도 된다.

그러나, 그 단점을 보다 많이 지니고 있는 사람은 마흔 살쯤부터 쉰 살 예순 살로 늙을수록 육체적인 정력이 쇠미(衰微)해서, 세상에 대하여 활동하는 정력이나 감격을 잃고 전날처럼 활동력이 없어져서 떨치던 이름도 땅에 떨어지는 결과를 초래하기 쉽다.

비록 육체적인 원인이 아니더라도 자기의 만년에는 웃차림의 사망이나 파산이나 은퇴로 인하여, 웃사람이 끌어주는 일도 없게 되어, 자기를 도와주던 끈이 끊어져 버리매 차차로 운세도 시들어져 가는 흠이 있다.

자기의 화려했던 시절에 웃사람이 도와주는 힘에만 의지하고 있었기 때문에, 그 시절에는 부하나 친구에게는 충분한 호감을 사지 않고 도와주지도 않았으므로, 만년이 되어서는 옛 부하나 친구는 아는체도 않을 것이다. 이렇게 마흔살이 지나서 부터는 그다지 신통치 못한 처지에 놓이게 되는 것이다.

이 운명의 형은, 근골형과 대체로 비슷한 경향이 있다.

10. 어떻게 하면 개운(開運) 될까?

(1) 직무(職務)에 있어서 자기의 장점을 활용하라

근무자이든 실업가(實業家)든 관리이든 가정의 부인이든, 자기의 장점이라고 생각되는 우수한 두뇌를 활동케 해서, 그 산물(産物)을 만들어 내도록 해야 된다. 공장 직공이면, 자기의 직장에 있어서 기계를 연구하고 기구(器具)를 개량하고, 거기에서 태어나는 발명이나 새로운 발견을 하도록 힘써야 한다. 실업가로서 이 형에 들어있으면 그 상품의 원산지·가공비·종류·판매의 경로를 조사해서 경영의 합리화를 연구하고, 그 사업 자체가 발전하는 본질을 규명해 봐야 한다. 관리라면 직무에 관한 고안이나 시안(試案)을 웃사람에게 상신(上申)해야 한다. 가정부인이라면 일상생활의 가구(家具)·집기(什器)·세탁물·요리·의복 등에 대해서, 지금보다도 더욱 잘 개량하여 살기 좋게 하도록 궁리하여야 한다. 이 형에 속한 사람은 가장 〈착상〉을 잘 하는 사람이므로 그 착상을 이용해 나아가는데서 장래의 행운을 잡을 수가 있다.

커튼이 바람에 흔들리든가 광선의 조화가 좋지 않다는데서 우연한 기회에 새로운 모양의 커튼을 발명하게 된 어느 가정 주부의 제품이 해외까지 수출되어 큰 돈을 벌었다는 본보기가 있다.

미국의 「브란더스·나츠·앤드·초콜렛」회사는, 오늘날 땅콩과자로 한해에 수천만 불의 장사를 한다. 그 사장인 「아메디오·오비시」는 「이탈리아」출신으로 열한살 때 숙부(叔父)를 믿고 도시로 나와서 국민학교를 졸업하고는 담배집, 술집에서 심부름꾼으로 떠돌아 다니면서

도 월급은 한푼도 안쓰고 저금하여 독립할 자본을 삼았다. 돈이 상당
히 모아졌을 때, 조그마한 과일가게를 차렸는데, 그때 그는 우선 땅콩
에 관심을 가졌다. 썩을 염려가 없으므로 자본이 적은 사람에게는 마
땅한 장사라고 생각한 것이다. 그래서 땅콩과자 만드는 기계를 하나
사서 가게안에 벌려놓고 땅콩과자를 만들었더니 그게 뜻밖에도 잘 팔
려서 드디어 그는 오늘날과 같은 기초를 만들게 되었다.

 그는 그것을 판매하는 방법에도 기발한 수단을 썼다. 우선 근처 집집
마다 견본을 돌려주고, 그 다음에 마차를 타고 팔러 다니곤 한 것이 동
네에 큰 소문이 나서 잘 팔렸으니, 이것도 착상에 의하여 성공한 보기
의 하나다.

 추우잉껌처럼 어린이가 씹는 과자를 세계의 어른들로 하여금 씹게하
여 일년에 수 천만불의 이익을 얻고 있는 추우잉껌 회사의 창립자 같
은 사람도, 인간의 호기심이나 얄궂은 일면을 이용해서 성공한 것이
다. 간단한 고안이나 기지(奇智)가 이 형의 사람에게는 비교적 쉽사리
발견되는 것인데, 그러한 착상의 재료는 직장·사회·가정 할것없이
어디에나 있는 것이다.

 (2) 상대방의 장점을 보라

 이 형에 속한 사람은, 남의 결점만 보고 그 장점을 못 보는 수가 많다.
아무리 세계적으로 유명한 인물이라도 반드시 결점은 있다. 만약에 사
람에게서 완전을 요구한다면 하느님 이외에는 없을 것이다.

 따라서 어떠한 인간에게 결점이 있더라도 장점이 그보다 더 많으면
좋은 것이다. 〈인재(人材)에게는 반드시 결점이 있다. 결점 없는 사람
은 인재라고 할 수 없다.〉고 말했듯이 인간은 아무리 없더라도 칠벽(七
癖:일곱가지 버릇)은 가졌다고 하듯이 누구든지 단점은 지니고 있다.

　이러한 단점만을 보면 매우 거북한 세상이 되어 누구하고도 교제할 수 없게 되고 자기 자신이 고립(孤立)돼 버린다. 그러면 당신 자신에게는 과연 결점이 없느냐 하면 절대로 그렇지 않다. 당신 자신이 완전하지 못한데, 어찌 상대방이 완전하기를 요구할 권리가 있겠는가.

　세상 살이에선 서로 양보하여야 한다. 만일 양보를 않는다면 당신 자신이 지구 밖으로 뛰어 나가야 될 것이다. 당신이 남을 대함에 있어서는 여러 가지 표준이 있겠지만, 대체로 선이라든가 악이라든가 하는 표준으로 세상을 보는 경향이 농후할 것이다. 인간과 인간과의 사이에는 추한 투쟁(鬪爭)이 있겠고 배척할 허다한 문제도 있을 것이다. 그러나 그 양쪽이 인간이고 보면 그 한쪽을 옳다 하고 또 한쪽을 그르다고 하기에는 여러 가지 논의의 여지가 있다.

　또 생각 나름에 따라서는, 그 양쪽을 짝짓게 하는 곳에 인생의 묘미도 있을 것이다. 그것을 당신처럼, 인생을 암흑 천지의 연속인 양 즉각 생각하며 자기 이외의 사람은 그르다는 일방적인 견해는 당신으로 하여금 스스로를 비극의 주인공으로 떨어뜨리는 것이다.

　그러므로 인생의 명랑한 방면이나 남의 장점 등을 살피고, 그 장점을 찬미하며 그 아름다운 점을 서로 칭찬하고, 그 아름다운 점을 자기 자신의 것으로 만들기 위해 노력하고 수양하지 않으면 당신의 생활은 향상(向上)되고 행복해 질 수가 없다. 남의 결점만을 보고 비난하는 짓은 반면에 남을 이기고 싶은 생각이 자기 자신에게 있기 때문이다.

　〈저 사람은 저 만큼의 결점이 있으나 나에게는 없다〉하는 생각은 자신의 자존심을 만족시킬 수 있으나 자신은 향상될 수 없을 것이다.

　장점만을 보고 찬미하는 것은 자기의 부족한 점을 의식하고 노력하는 〈넋〉의 발동이며 행운의 신과 길동무가 되는 격인 것이다.

(3) 남의 비평을 마음에 두지 말라

사람이 세 사람 모이면 남의 험담이 나오게 마련이다. 특히 부인들 사이에 있어서는 그러한 경향이 많다.

비평은 극히 무책임이다. 비평에는 비평해야 할 토대가 되는 척도가 필요한 것이나 제멋대로 생각한 대상의 척도이고 보면 일일이 진지하게 귀담아 듣다간 인생의 대부분을 쓸데 없이 소비하게 되며 바로 구실을 하는 폭이 되는 것이다.

그런데 세상에는 크건 작건 비평하는 무리가 있다. 큰 것은 비평가라는 직업에서, 작은 것은 동넷집 공동 우물가에 이르기까지, 어쩌고 저쩌고 시끄럽다. 이런 비평을 꽁하게 마음에 두는 사람이 이 형에 속하는 것이다. 모처럼 노력한 일도, 이들 크고 작은 비평가나 앞지락이 넓은 사람 때문에 신념이 흔들리기 시작하고 중도에서 그만두기도 하고, 해야될 일을 내동댕이 쳐 버리게 된다. 당신 자신의 신념은 남의 무책임한 비난과 비평쯤에 동요 되어서는 안된다. 비평해 줄 만한 친절이 있으면 당신이 살아가는 방도에 대해서 창조적인 지도를 해 주련만 실은 그렇지도 않다. 그저 비난해 볼 뿐이며 그 심리의 대부분은〈심술〉에 지나지 않거나 질투심이기도 하다. 그러한 사람들은 당신이 살고 있는 주택 부근에도 직장에도 친척중에도 친구 가운데도 섞여 있다.

당신의 현재의〈엄숙한 삶의 영위〉는 이러한 사람들의 비평 따위로 좌우된다. 내심으로는 열렬하게 불타는 듯한 열정이 있으나 당신의 인상이 항상 남에게는 가혹하게 비치는 것이다. 그 때문에 당신이 보통의 온정을 남에게 표시하더라도 어쩐지 상대편은 까실까실하게 느끼게 되는 불리한 입장에 놓이는 것이다. 그래서 이러한 형에 속한 사람에게는 친구가 적고, 사회적으로 고립된 형태를 드러내는 것이다.

사회적으로 고립되면 당신은 유력한 자기편을 잃게 되는 것이다. 세상에선 사람과 사람과의 관계가 가장 중요하여, 남의 힘이 없으면 우리들은 하루도 살아갈 수가 없다. 그러므로, 자기를 행복하게 하려면 자기를 잘 이해하고, 자기를 위해 한 가닥의 힘이 될만한 사람을 하나라도 많이 얻는 것이 중요한 일이다. 그렇게 하려면 상대방을 마음에서 우러나오는 온정으로 접촉하도록 해야한다. 그리고 어떠한 방법으로든지 사회에 이바지하는 친구에게도 공헌하도록 마음쓰기를 잊어서는 안된다. 그것이 당신을 위한 유력한 자기 편을 만들고, 행운을 초래하는 바탕이 되는 것이다.

(4) 비관감(悲觀感)은 버려라

대체로 무엇을 생각한 때에는 좋은 방면과 나쁜 방면의 두가지가 있어서, 아무리 훌륭한 사람에게도 비관의 재료와 낙관 재료의 두 가지를 착상하게 마련이다. 그러나, 그 어느 것을 중요시해야 되는지가 문제인 것이다.

이형에 속하는 당신은, 자칫비관의 감정에 사로잡히기 쉬울것 같다. 예컨대는, 「물가는 오르고 애들은 성장해 가고, 이거 어디 살 수가 있나.」라거나, 「도대체 세상은 불경기라, 내직업도 마침내는 막다른 골목에 다다르고 말테지.」, 「난 교육을 받지 못했으니 틀렸어.」, 「이런 조직 속에선 내 장래가 염려되는군.」 따위의 넋두리와 불평 불만이 잇달아 튀어나와서 언제나 주절거리게 된다.

물론, 당신의 비관론엔 일리가 있다. 하지만 이 이론은 오늘날 당신의 이성으로 판단된 것으로서, 그 예언이 반드시 내일의 당신에게 적중(的中)되지는 않는다. 인간 사회에 있어서는, 조직이 만들어져서 인간이 그 속에서 생활하고 있는 것인즉, 조직을 위해서 인간이 존재하는 것이 아니라 인간을 위한 조직이면 법률이며 풍습인 것이다. 오늘날의 시대도 내일에 가서는 다분히 변화되고 진보될 것이요, 당신의 현재도 내일에 가서는 좋은 변화를 갖는다는 점을 그누가 부정할 수 있겠는 가. 변화하는 그 점에 재미가 있고 진보하는 데에 행운이 있다. 세상의 부자가 일생토록 반드시 부자로 있게끔 하느님은 결코 보증하지 않았고, 가난뱅이나 불행한 이가 한평생 가난하고 불행하게 살아야한다고 국가는 법률을 정해 놓은 것도 아니다. 요컨대는, 당신의 넋두리나 비관이 당신의 불운을 초래하는 것이다.

당신의 비관처럼 전염이 빠른 것도 없다. 가족에게 전염되고, 회사의 선배나 동료들에게 전염되어 완전히 당신의 주위를 불평과 불만의 세계로 화하게 하며 지옥의 밑바닥으로 떨어뜨리고 만다. 눈앞의 근심걱정 같은 것은, 그야말로 일시적인 것이다. 그 일시적인 번민을 마치 당신의 생활 전체인것 같이 생각하고 당신의 장래인 것처럼 여긴다는 것을, 스스로 불행병의 병균을 흡수하는 것이다.

부질없이 아무 것도 아닌 일을 지레 근심하는- 이를테면 기우처럼 어리석은 짓도 없다. 옛날 중국의 어느학자는. 하늘이 곧 무너져 떨어질 것이라고 생각하고 자살했다.

또 굴원(屈原)이라는 사람은,「세상은 온통 탁하도다. 이 내몸홀로 밝도다.」라 하여, 부질없이 지레 근심한 굴원의 행동을 크게 우스워했다는 것이다.

비관감처럼 인간의 행운의 싹을 좀먹는 것도 없다. 인세(人世)의 암흑면(暗黑面)만을 보고 자신을 비극의 주인공으로 여겨버린「톨스토이」의 만년을 봐도 증명되는 일인 것이다.

(5) 주부는 항상 웃음을

어느집에 가 보니, 현관의 정면에 커다란 탈이 하나 놓여 있었다. 뚱뚱한 얼굴이 복스러운 웃음을 짓고 있는 가면(假面)이었다. 손님은 우선이 가면을 보고 저도 모르게 얼굴의 주름살이 풀려서, 들어가자마자 마음의 긴장을 늦추게 마련이다. 이처럼 가면조차도 사람의 마음을 온화하게 풀어 주는 이상스러운 매력을 갖추고 있는 것이다. 또 서양식 건물의 살 풍경한 방안에 꽃 한송이를 장식해 놓으면, 그것이 얼마나 손님의 마음을 융화하게 해 주는 것이겠는가. 그 반면, 가정의 주부가 허구헌 날을 두고 찡그리고 있거나, 사나운 야차(夜叉)와 같은 낯을 보이면 어떻게 되겠는가. 남편도 아이들도 손님도 모두 심술난 도깨비상이 되고 말리라는 것은 뻔한 일이다. 옛부터 〈웃는 집 문에 복이 온다 (笑門福来)고 하였듯이, 항상 싱글벙글 웃으며 사는 사람에게만 행운은 찾아드는 것이다.

날마다 만사를 젖혀놓고라도 화장을 하라. 그때 거울을 향해 우선, 「안녕?」하며 웃어보라. 날마다 십분씩, 「고마워요.」 또는 「수고하시네요.」라고 하며 안면 근육을 풀도록 해 보라. 설마 찡그린 얼굴로 「고마와요.」라느니 「수고하시네요.」라는 말이 나올 리는 없다. 이 습관성을 키워가노라면, 당신의 가정은 항상 명랑하고 언제나 싱글벙글 웃음을 짓게 될 것이다. 무릇, 복신(福神)의 얼굴치고 성난 얼굴이 있을 수 없다. 언제나 싱글벙글 웃음을 짓고 서로 융화하고 협력하면 가난뱅이 귀신이나 역병(疫病)의 귀신은 반드시 달아나 버리게 마련인 것이다.

싱글벙글 웃으면 따사로운 피가 온 몸속을 순환해 간다. 그 따사로움이 남에게도 전염되어 너 나 없이 더불어 따스해진다. 누구나가 북향(北向)의 추운 창가나 눈이 내리는 겨울날을 좋아하지 않는다. 남향의 마루라든지, 사월 또는 오월의 따뜻한 봄날을 좋아 한다. 식물조차도 따스한 햇볕 쪽을 향해서 자라나며 꽃을 피워 내고 기뻐한다. 하물며 다정다감(多情多感)한 인간으로서, 따뜻한 마음이나 웃음 지은 얼굴을 좋아 하지 않을리 없다.

행운의 신은 항시 따뜻한 가정에 찾아들고 , 악마는 항시 차가운 가정을 찾아 돌아다니고 있는 것이다.

11. 이 형에 속한 유명 인사

정치가로선 「히틀러」나「간디」, 학자나 사상가로선「칸트」,자유업으로서는 「세익스피어」나 「하이네」, 군인으로선 「넬슨」, 기예가(技藝家)로선 「장가방」등이 있다. 여성으로서의 명사도 많은데, 그 대부분이 문예나 예술 방면에 재능을 타고난 부인들이다.

12. 이 형에 속한 분에 대해서는?

당신의 친구나, 선배나, 배우자에 이런 타입이 있을 경우, 당신은 다음과 같은 마음가짐이 필요하다.

(1) 손윗 사람이나 남편인 경우…손윗 사람이나 상사(上司)일 경우엔, 말투를 정중히 하고 순서있게 여쭈어야 한다.

옷차림을 깨끗이 하고, 품위 있는 말을 써야 하며 결코 야비해서는 안된다. 상대방이 남자일지라도, 여성에게 친절히 대하듯이 감정적인 마음씨와 은근한 태도가 긴요하다.

일에 있어서는, 완성을 훌륭히 해야 한다. 책상 위나 카드 같은 것은 항상 정돈해 두고, 실정을 설명하라고 요구를 받았을 때엔 상황을 잘 설명해서 상대방이 충분히 납득할 수 있도록 해야 한다.

이 형에 속한 이의 기호(嗜好)는, 품위 있고 고상하고 값이 비싸고 고급에 속한 것이므로, 때로는 그 취미 같은 것에 찬미의 치사를 드리기라도 하면 그이는 매우 기뻐하게 마련이다.

남편일 경우에는, 집안 내부를 청결히 하여 화장실의 구석에 이르기까지 샅샅이 소제하도록 신경을 써야 한다. 이 타입에 속하는 당신의 남편은 크게 기분의 지배를 받으므로, 그의 주위 환경이 너저분하게 더럽혀져 있을때엔 두뇌마저 혼란되어 버린다는 점을 잘 생각해서, 집안의 번잡스러운 일은 되도록 알려드리지 않도록 함이 좋다.

만약 꼭 알려 드려야 할 경우엔, 단도직입적으로 이야기를 진행하지 말고 천천히 순서있게 들려 드려야 한다. 그렇지 않을 경우엔 일시적으로 충격을 가하기 마련이다. 옷의 손질에 있어서도 옷이 산뜻해야만 하겠다.

(2) 교섭하는 일의 경우…이 형에 속하는 이가 당신의 외교 또는 상업의 대상일 경우에는, 모름지기 그가 이론을 따지기 좋아하는 사람이라는 것을 잊어서는 안된다. 일에 대해서 생각할 시간을 그에게 주어야 한다. 만약에 당신이 너무 성급히 주장하거나 설득하려 해봤자 따라올 수가 없고, 이쪽 말이 그의 귀엔 들어가지 않는다. 그에게는 순서있게 천천히 설득 함이 좋다. 너무 서둘러대면, 심한 외고집을 부려서 종내엔 어쩔수도 없게 된다.

그는 성미가 침착하고 느릿하다. 그의 흥미는 사상이요 이론이다.

이론만 옳다면 그의 생각도 움직여진다. 누구나가 그렇겠지만, 특히 이 타입과 같은 내향적(內向的)인 사람에겐 일을 하기 편하도록 둘러 댈 필요가 있다. 그에게는 자기류(自己流)의 이론이 있으니 그를 거슬리지 않도록 해야 한다. 이론만 통한다면 결과는 굳이 묻지않는 경향이 있는 것이다.

이 타입에 속한 이는, 말하는 투는 비록 부드럽고 상냥하지만, 한번 성이 나면 언제까지나 그것을 꽁하게 마음속으로 담아두니 주의해야 한다. 자기가 생각하는 것을 사나운 말로 발표하는 일은 없지만, 그의 말 꼬리를 유심히 주의해 들으면 그의 속을 들여다 볼 수 있다. 물론, 이 형에 속한 이를 대할적에는 복장이나 태도를 충분히 주의해야 한다.

(3) 손아랫 사람이나 부하일 경우…당신의 손 아랫 사람이나 부하에 이런 타입이 있을 경우엔, 너무 육체적으로 과도한 노동을 그에게 강요하지 않도록 주의해야 한다. 육체적인 활동력이나 정력이 충분치 못하다고 해서 비난할 것이 아니다. 이런 타입에 속한 이는, 육체는 약질이라도 지능적으로는 매우 예민하기 마련이다. 그러니 가정의 일꾼으로 쓰는 경우에도 그에게 힘이 드는 노동을 시키는 것보다는 손님에 대한 응접이나 사무적인 조수로, 또는 옷가지나 음식, 그릇 따위의 손질을 시키면 그는 마음에 드는 일이라 하여 기꺼이 해 나간다.

13. 이 형에 속한 분을 교육하려면

(1) 소년기…국민학교 시절의 이 타입에 속하는 아동은, 극히 두뇌가 예민하다. 배우지 않고도 잘 알고, 가르침을 받지 않고도 잘 할 줄 아는 천재적인 소질이 충분하다. 기억력이나 판단력도 극히 날카롭고, 직감(直感)도 발달되어 있다. 지식욕이 지극히 강하여 여러 가지 일을 주위의 사람들에게서 듣고싶어 한다.

이 형에 속한 소년·소녀를 청년이나 어른의 세계에 넣어서 생활케 하면 지식적으로 일찌감치 어른다워져서 소년답게 천진난만 하고 무사(無邪)한 기질이나 힘찬 기력을 잃고, 조그만 어른으로 굳어 버릴 위험성이 있다. 그리고 모를 것 같으면서도 부모나 언니·오빠의 비밀에 속한 일마저 알아버리는 수가 있으므로, 이런 타입에 속한 어린이 앞에선 말을 조심해야 한다.

지식욕이 왕성하기 때문에 이 형이 사업상의 부하일 경우에는, 항상

변화가 많고 앞날에 변동이 심하여 임기응변의 지혜가 소요되는 일에
는 적합하지 않고 항상 순서가 있고 질서가 있는 일에만 적합하다. 작
업에 관해서 말하자면, 극단적으로 많은 사람들이 드나드는 곳에선 도
리어 신경을 소모한다. 하지만 사물을 식별한다든지 추리(推理)하거나
사고(思考)하고 판단하는 면에 있어선 뛰어난 소질이므로, 정확성이
소요되는 계산 사무, 또는 추리할 필요가 있는 입안(立案) 사무, 분석
이 소요되는 조사 사무 같은 것이 가장 알맞는다.

그런 한편, 이 형에 속한 이는 정확을 기하기 때문에, 다소는 시간적으
로 여유를 보아주고 성급히 독촉하지는 말도록해야 한다. 또한 이 형
에 속한 이의 인격을 인정해주고, 그 교양을 인식해 준다는 것이 가장
능률을 증진시키는 결과가 되는 것이다.

이런 어린이의 질문에 대해서 부모는 그저 얼버무리는 적당한 대답을
해선 안된다. 만일 부모가 현재의 지식으로써 그것을 판단 할 수가 없
으면 남에게서 듣던지 사전을 찾던지 해서 정확한 회답을 해주어야 한
다. 그렇지 못하는 한, 부형은 어린이의 신뢰(信賴)를 잃고 나아가서는
장래에 불운의 씨를 뿌리는 결과를 초래 한다.

기괴스러운 유령이나 도깨비, 또는 야릇한 감상적(感傷的)인 애화(哀
話)따위를 들려 주거나 그런 책을 읽힌다는 것도 금물이다. 그렇잖아
도 겁보이고 감수성이 날카로우므로, 더 더욱 심약한 어린이가 되고
만다. 책이나 이야기로서는 영웅전과 같은 의지를 굳세게 해주거나 금
도(襟度)를 높이는 것에 목표를 세우고 강한 의지력을 양성하도록 해
야 한다.

더구나, 두뇌가 우수한데 비해서는 체력(體力)이 따르지 못하는 유감
이 있다. 발육기인 이 시기에 있어서는, 공부를 위해서 힘쓰라고 독려

하느니 보다는 오히려 체력의 양성을 위한 노력이 무엇보다도 선결 문제임을 잊어서는 안된다. 이른바 선병질(腺病質)의 아동에겐 이 형에 속한 애가 적지 않다. 그런 의미에서, 과도(過度)에 이르지 않는 범위 내에서 옥외운동이나 야외운동을 하게 하여 육체의 건전을 도모하지 않으면 자칫 조숙(早熟)할 염려가 있다.

(2) **청년기**…중학생이나, 여학생 시절부터 대학생 시절까지의 이형에 속한 젊은이는, 항상 책상을 붙들고 앉아서 악착스럽게 파고 들며 공부를 한다. 자기가 연구하는 학업에 전력을 다하므로 성적도 비교적 좋은 편이다.

그러나 과도하게 공부하거나 과도하게 일을 열중한다는 것은 자기의 체력을 경시(輕視)하는 경향이 있고 그 탓으로 병마(病魔)의 침범을 받기 쉬운 것이다.

너무 일방적으로 열심히 하기 때문에 장래의 지반(地盤)의 교우(交友)나 인간적인 지식이 결핍되어가는 경향이 있다. 즉, 학교에서 수재(秀才)지만 실사회에서는 둔재(鈍才)라는 실례의 대부분은 이 시기에 인간적인 지식의 양성을 게을리 했기 때문이다.

이 형에 속하는 아동은 권위욕이 또한 강하여 무슨일에 있어서든지 남에게지지 않으려는 경쟁심이 있다. 이 경쟁심이 향상에는 도움이 되지만 경쟁의 나머지 상대방을 늘 악의로 보아 만일에 부형이나 학우들이 경쟁상대자의 미점(美點)을 칭찬이라도 했다고 가정하면 몹시 격노하는 수가 있다. 줄곧 남에게지지 않으려는 기질은 참으로 존중해야지만 그 경쟁상대자를 동급생 가운데서 편달(鞭撻)할 필요가 있다.

제 2 장
마음의 그릇으로서의 10가지 유형

　인간의 마음이나 영혼이 서로 다르듯이 그 얼굴도 다르다. 얼굴이 달라서 영혼이 다른 것은 아니며, 항상 마음이나 영혼이 얼굴의 모양을 표현하는 것이다. 따라서, 우리들의 얼굴은 과거 또는 현재의 우리들 마음의 축적된 결과이며 표현이라 할 수 있다.

　이 마음의 표현이 어떠한 성격을 지니고 있는지는, 전항(前項)에 있어서 사람의 체격을 세가지로 크게 나누어, 이것을 (1)근골형, (2)신경형, (3)영양형으로 히고, 근골형의 얼굴 모양은 사가형(四角形)이며, 신경형은 달걀형이며, 영양형은 원형의 얼굴이라고 이미 설명했다. 이 세가지 형에서 다시 이 형들을 맞붙임으로써 열가지 형이 나온다.

　이 열가지 형은, 그 모양과 비슷한 글자를 각각 씌워서, 전자형(田字型) · 동자형(同字型) · 유자형(由字型) · 신자형(申字型) · 용자형(用字型) · 목자형(目字型) · 왕자형(王字型) · 풍자형(風字型) · 원자형(圓字型) · 갑자형(甲字型)이라 부른다.

　영양형과 근골형이 혼합되면, 전자형 · 동자형 · 유자형이 된다.

신경형과 근골형이 혼합되면, 신자형 · 용자형 · 목자형 · 왕자형 · 풍자형이 된다.

순전한 영양형은 원자형이며, 신경형으로서 눈 · 코가 고르지 못한 분은 갑자형이 된다.

이상과 같이 마음의 그릇으로서 열가지 형이 있음을 우선 기억해야 한다.

1. 당신과 사회가 얼굴에 있다

무릇, 당신의 얼굴은 당신과 사회—즉, 당신의 입장과 주위의 상태와를 그대로 나타내고 있는 것이다. 다시말해서, 각자의 안면부에는 자기와 환경이 더불어 있으며 자기와 사회가 함께 집약되어 있는 것이다.

코를 당신 자신이라고 보고 그 주위의 전부를 사회라고 본다.

〈제1도 참조〉

따라서 당신의 중심이 굳건한지 못한지는, 당신의 코가 굳건한지 못한지에 의해서 결정된다. 이것을 수레에 견주어 보자. 〈제2도 참조〉

 (1) 돌대에 해당하는 코가 크고, 그 바퀴가 되는 안면이 작은 경우―코만 커서 둘레와의 조화가 잡히지 않는 얼굴―은 자기는 잘난척 해도 주위의 세상에서는 조금도 상대해 주지 않으며, 또 사회에 자기의 편이 없으므로 고립되는 처지다.〈제3도 참조〉 만약 당신의 얼굴이 이렇다면 될 수 있는대로 자아만을 고집하지 말고 남의 의견을 참작하여 남과 협조하도록 해야 한다. 그렇지 않으면 당신은 종국에 가서 고립된 운명 속에서 헤매게 된다.

 당신의 중심인 코를 수레의 돌대로 하고 얼굴의 둘레를 수레 바퀴라 하자.

 (2) 반대로 돌대인 코가 작은 경우는, 당신의 마음이 작음을 뜻한다. 그 둘레가 크면, 사회에서 항상 짓눌러서 주위의 일을 늘 거리끼게 되며 주위 사람에겐 무엇이든 청을 받으면 그것을 거절 못하여 남들 때문에 희생되기가 쉽다.〈제4도 참조〉 만일 당신이 이러한 얼굴이라면, 단단히 자기의 중심을 잡고 주위의 간섭이나 유혹에 지지말고 자기 입장을 지키도록 해야 한다. 그렇지 못하면, 당신은 항상 남의 일로해서 자기의 생활을 잊고 후회하게 될 것이다.

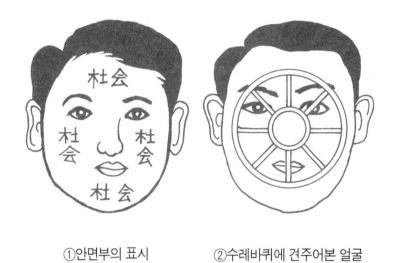

①안면부의 표시　　　　②수레바퀴에 견주어본 얼굴

 (3) 다음에, 주위가 사각형(四角形)의 얼굴, 또는 중간이 벌어진 얼굴
은 운전—세상살이—가 원만히 되어가지 않는다. 수레 바퀴가 잘 구르
지 않고 저쪽으로 가도 부딪치고 이쪽으로 와도 충돌하여 원만하게 굴
러가지 못하는 것과 같다. 세상에서도 모가 진다든가, 너무 덤벼서 남
의 감정을 상하게 한다든가하여 실패한다. 〈제5도 참조〉만일 당신이
이러한 얼굴 생김새라면 어떤일에든지 원만주의로 나가야 한다.
 (4) 다음에, 얼굴 둘레가 산(山)을 거꾸로 한 것 같은 신경형인 경우에
는, 수레바퀴의 아래쪽에 약간 허술한 곳이 있으므로 수레가 잘 못구
른다. 다소 겁이 있다든가, 주위에서 떨어진다든가, 사회에서도 고립
되기를 바란다. 〈제6도 참조〉 이러한 얼굴 생김새이면 역시 원만한 마
음씨를 지니고 살아야 행운을 바랄수 있다.

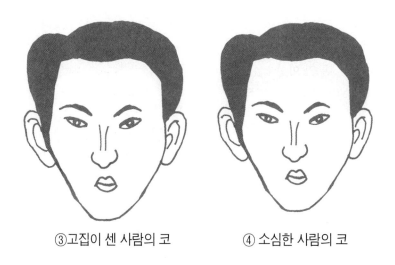

③고집이 센 사람의 코 　　　④ 소심한 사람의 코

(5) 〈제7도〉처럼 돌대인 코가 잘 생기고 그 둘레의 바퀴인 얼굴 생김새가 좋고, 또한 눈(目)·코(鼻)·눈썹(眉毛)·입(口)·귀(耳)의 오관(五官)—다섯개의 도구—도 좋고, 주위와 균형이 잡힌 모양이 가장 이상적(理想的)인 얼굴로서 자기와 사회가 혼연조화(渾然調和)되어간다.

실행력을 나타냄이라고 하고, 입술을 대신(大臣)—애정을 나타냄이라고 하며, 광대뼈 및 아래턱 밑(下顎隅)의 발달을 주위(周圍)의 제후(諸侯)—정복력(征服力)·포용력(包容力)의 나타냄—이라 하고, 이마(額)를 하늘(天) 제七도는 동양(東洋)의 인상(人相)에서 나타난 그림으로서, 콧대(鼻柱)를 천자(天子)—자기를 나타냄—하고, 콧방울을 태자(太子)—자식을 카리킴—라 하며, 광대뼈를 장군—지력(智力)을 나타냄—이라 한다.

코가 아무리 당당하더라도 광대뼈의 장군이 든든하지 못하면 싸움에

이길 수 없고, 아무리 광대뼈의 장군이 당당하더라도 주위의 제후가
잘되어 있지 않으면 천하를 다스릴 수 없다.

 주위의 제후가 아무리 잘 되어 있더라도 입술의 대신이 완전하지 못
하면 내치(內治)를 못한다. 아무리 대신이 똑똑하더라도 눈의 구름에
구름기가 끼었으면 그 명찰(明察)은 먼데까지 미치지 못하고, 또 아무
리 밝게 살필 수 있더라도 이마의 천운(天運)이 완전하여 천우신조를

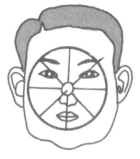
⑤네모꼴 얼굴

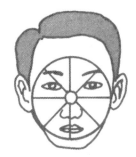
⑥산이 거꾸로 된 모양의 얼굴

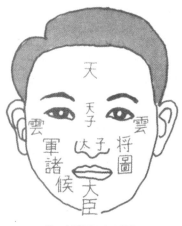
⑦이상적인 얼굴

얻지 못하면 천하를 다스릴 수가 없다는 뜻이다.

 이러한 조화가 비교적 잘 잡혀있는 사람이, 어느 사회에서도 지(智)·
정(情)·의(意)의 균분(均分)된 활동을 하여 으례 성공하고 있다. 만일
그렇지 않고 성공한 사람이 있다면, 반드시 일예일능(一芸一能)에 뛰
어났기 때문에 성공한 것이다. 당신의 얼굴은 대체 어느 편일까?

2. 당신의 사려와 실행력과 애정은 어떻게 균형을 이루고 있을까?

당신의 사려(思慮)와 실행력과 애정은 어떠한 균형을 이루고 있을까?

 대체로 근골형의 사람은 의지와 실행력, 영양형의 사람은 애정과 친
절, 신경형의 사람은 지혜와 사려의 힘이 있다고 〈신체로 본 전분과 운
세〉의 항목에서 설명했거니와, 여기서 더 나아가 인상으로 본 천분(天
分)과 개운(開運)을 살펴보기로 하겠다.

 우선 자기의 얼굴을 거울에 비추어 보며 양쪽 눈썹을 연결해서 가로
줄이 앞으로 툭 튀어 나왔으면, 슬기보다도 실행에 능하여 만사를 실
제적으로 관찰하며 직각적(直覺的)으로 결론을 잡는다. 겸양(謙讓)이
나 체면 차리지 않고 노골적이며 기운도 좋은 편이어서, 모든 일을 척
척 실행해 나간다.

 그러나, 이 볼록면의 사람은 너무도 공을 서둘러서 반성이 부족한 까닭에, 모든 일을 십중팔(十中八)까지 성공했다가도 실패하는 수가 있다. 또 집중력이 강하기 때문에, 일시에 정력을 소모해서 피로하는 수가 있다.

 노골적인 성품은 주위 사람과 충돌하기 쉬운 것이며, 성급한 성품은 인내력이라든가 참을성이 없는 까닭에 지구력(持久力)이 필요한 사업의 완성이 곤란하게 되기 쉽다.

 그러므로, 이 볼록면의 사람은 이러한 점을 조심하며, 계획은 신중히

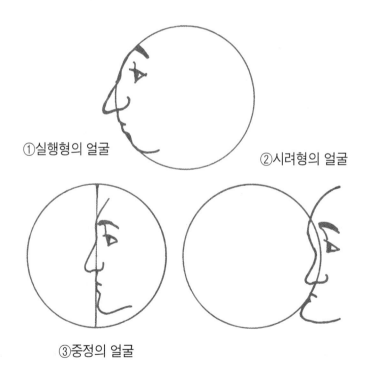

①실행형의 얼굴   ②시려형의 얼굴

③중정의 얼굴

하고, 드디어 실행할 때에는 속전속결주의로 나아가야 한다.

다음의 〈제2도〉처럼, 측면에서 보아 이마가 눈썹머리부터 앞으로 툭 튀어나오고, 눈은 쑥 들어가고, 코는 낮고, 입도 오무려 들어가고, 턱이 앞쪽으로 툭 튀어 나온 중저(中低)—즉, 오목면(凸面)이 있다.

이 오목면의 사람은 신중하고 면밀히 모든 일을 생각하고, 명상적(瞑想的)이며, 말솜씨는 차근차근히 부드러우며, 온화한 마음씨의 소유자다.

뿐만아니라, 참을성이 강하고 유유(悠悠)한 기질이며 인내심과 지구심이 있다. 그러나, 직관적(直觀的)으로 일을 관찰하거나 즉시 결론에 도달 하든지는 잘못하며, 결단력이 무딘 편이다. 따라서 재빠른 눈치로 해야되는 일의 직업은 부적당하다.

요컨대, 백가지 사색이나 천가지의 이론보다 한 가지 일을 실행 하도록 수양하고 반성해야 된다.

다음에 〈제3도〉처럼, 측면에서 보아 툭 튀어 나오지도 않았고, 쑥 들어가지도 않은 중정(中正)의 얼굴이 있다. 이런 생김새를 중정(中正)의 얼굴이라고 말한다.

이런 사람은 볼록면의 사람처럼 적극적도 아니고, 오목면의 사람처럼 소극적도 아니고, 양자의 중간으로서 잘 조화를 이루고 있다. 무슨 일에든 한쪽에 기울지 않고 항상 공평한 판단력을 지니고 있다. 사색도 할 줄 알고 실행도 할 수 있어 아무튼 이상적이다.

이상과 같이 우리들은 지혜롭기만 하여 의지와 인정이 없어도 안되겠고 실행력만 있어서 애정과 사려가 없어서도 안된다. 지(智)·정(情)·의(意)의 세 가지가 혼연 일체가 됨으로써만 우리들의 행운은 이루어지는 것이다.

3. 당신의 초년 · 중년 · 만년의 운세와 개운의 시기

당신의 안면(顔面)에 나타나 있는, 지 · 정 · 의라는 요소의 분량이 많고 적음에 따라서 서로 다른 인생관을 낳게 한다.

지혜가 많은 사람은, 지혜로운 사람이 아니면 인생의 온갖 일을 해결할 수 없다고 생각한다. 양 눈썹위에 인간 선을 그어 본다. 그 줄 위의 이마 부분을 지혜의 부분이라 한다. 그곳은 여러 가지 일을 생각하거나 계획을 세우거나 하는 기능을 나타내는 곳이다.

다음에 그 줄과 평행으로 코끝으로 줄을 긋는다. 이 줄과 줄의 사이를 얼굴의 중부(中部)라고 하며 거기에는 광대뼈도 포함되어 있다. 그 일대는 의지력 · 실행력 · 고집을 나타내는 곳이다. 그리고 입을 포함한 턱 일대를 안면 하부라 하며, 그곳은 애정과 열정(劣情)을 나타내는 곳이다. 이렇듯 당신의 마음은 얼굴에 나타나 있는 것이다.

만일 이마만 커다랗고, 얼굴 중부가 발달되지 않았고, 또 얼굴의 하부

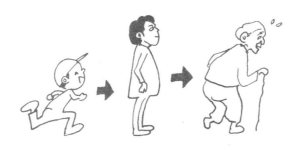

가 발달되어 있지 않았으면, 여러 가지를 생각하거나 궁리를 하거나 일거리를 연구할 수는 있겠지만, 이것을 실행에 옮길 능력은 없다.

다음에, 얼굴의 상부가 발달 안되고, 중부의 광대뼈가 툭 튀어나와서

코가 높고 중부만이 특히 발달되어 있으면 실행력만이 세고 사려가 부족하여, 그 때문에 실패를 하기 쉬운 것이다.

또 얼굴의 최하부(最下部)의 입술이나 턱만이 크고 그밖의 부분이 발달되어 있지 않았으면, 흔히 인정에 끌리기 쉽다.

이것을 얼굴의 측면에서 보면 확실히 알 수 있다. 경사진 납짝이마에 눈이 튀어나오고 코가 높아서 목표가 예술이며, 종교이며, 교육이며, 문화라고 생각한다. 인간의 생활에 이상(理想)을 설정하고, 그이상을 향하여 나아가면서 동경(憧憬)하는 것이다. 이 지혜형의 축에 드는 이는 〈울지 않으면 울려 보리라, 소쩍새를〉하고 읊은 만큼 지혜가 놀라운 사람이다. 이마만이 발달되어 있는 사람은 이 부류에 든다고 볼 수 있다.

다음에, 안면중부가 발달된 사람은 의지와 권력을 중히 여기며 어디까지나 인생은 힘이 지배한다는 듯이 생각한다. 우수한 두뇌를 가졌어도 힘이 없으면 안된다고 생각하여, 무리 하더라도 자기가 바라는 바를 실행하려고 한다.

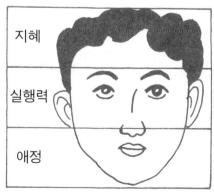

①세부분으로 나눈 얼굴

〈울지 않으면 죽여버려라,소쩍새를〉라고 읊은 사람도 이 형이다. 이 형의 사람을 의지형 또는 권력형이라고 한다.

◆ 연령을 보는 법

다음에, 인생은 무리가 있어서는 안된다고 하여 남에게 양보할 것은 양보하고, 참을 것은 참고, 끈기있게 나아가야 한다고 생각하는 사람은, 정형(情型)이며 숙시주의자(熟柿主義者)다. 감은 익혀서 먹자는 것이다. 〈사람의 일생은 무거운 짐을 짊어지고 먼 길을 가는 것과 같으니라. 성급히 굴지말라. 부자유를 예사로 생각하면 부족함이 없도다. 이 길줄만 알고 질줄을 모르면 해가 그 몸에 미치니라. 자기를 책망하고 남을 책망하지 말라.〉 이러한 가훈(家訓)을 남긴 사람이 있으니, 그는 〈소쩍새가 울지를 않거들랑 울때까지 기다림새 〉라고 읊은, 이 형에 속하는 사람인 것이다.

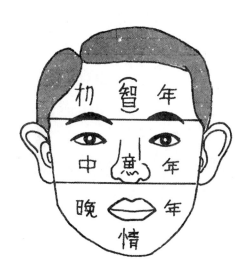

②연령을 보는법

 그러면, 당신은 대체 어떤 형이겠는가? 자기 얼굴을 셋으로 구별해보
면 저절로 판명이 된다. 당신의 주위 사람을 보고 속으로 「저 사람은
이 형이다.」라든가, 저 사람은 저러니까 어떻다 라든가 하며 비평도 해
보았겠지만, 남의 모양은 차치하고 당신도 당신 자신이 속한 형에 따
라 좋든 싫든 자기의 운명을 더듬어 간다는 점을 잊어서는 안된다. 그
러면, 어떻게 운명은 얽혀질까. 그 원리(原理)를 설명하겠다.

 ① 이마는, 스물다섯살까지의 운세를 보는 곳으로 한다. 이마가 넓고

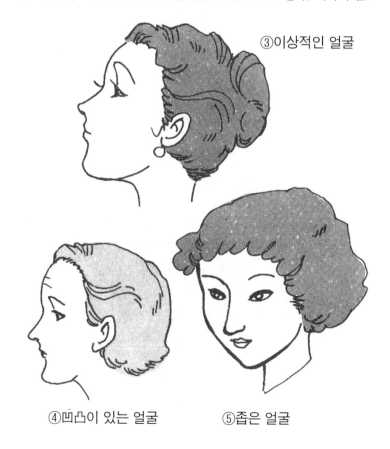

③이상적인 얼굴

④凹凸이 있는 얼굴   ⑤좁은 얼굴

흠집이 없고 기미·점 도 없고, 전체가 조금 도톰하게 올라선 사람은, 스물다섯살까지-즉, 인생의 초년시대가 행운이다.

② 얼굴의 중부-코나 광대뼈 일구심이 있다.

그러나, 직관적(直觀的)으로 일을 관찰하거나 즉시 결론에 도달하려는 건 잘못이며, 결단력이 무딘편이다. 따라서, 재빠른 눈치로 해야 되는 일·턱의 좌우(左右)·상하(上下)일대는, 만년(晚年)-즉, 마흔세살부터 예순살까지의 운명을 나타내는 곳이다. 따라서 이 일대가 복잡스럽게 보이고 흠집이나 기미·점 같은 것이 없고 깨끗하면 행운이다.

(1) 이마가 발달되어 있는 사람은 왜 초년시대가 행복한가

이마의 부분은 전두부(前頭部)로서 전두결절(田頭結節)이라 한다. 좌반구(左半球)의 두개골(頭蓋骨)과 우반구(右半球)의 두개골이 합쳐지는 화골점(化骨点)이다. 부모가 그 아이를 밸때에 건강하고 염력(念力)이 강하면, 그 화골점도 완전히 발달되어 이마가 넓게 되는 것이다. 유년시대부터 소년시대를 거쳐 청년시대까지-곧 스물다섯살 무렵까

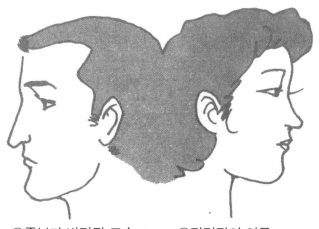

⑥중부가 발달된 모습   ⑦평면적인 얼굴

지는, 부모의 덕택이나 웃사람의 혜택을 입어 교육도 받고 도움을 받아 인생을 행복하게 지내게 된다. 특이 이마가 좋은 사람은 부모나 육친은 물론이요 남에게서도 귀여움을 받으며 청년 시대를 행복하게 보낼 수 있다. 〈제 3도 참조〉

만일 이마에 요철(凹凸:오목 볼록)이 있거나 〈제 4도〉, 작아서 팽이의 이마 같거나 〈제 5도〉, 경사되어 있거나, 사마귀나 기미·점·흠집이 있는 이마는, 스물 다섯 살 전후까지는 고생이 많고 파란 많은 생활을 한다.

그것은 신비적이기도 하다. 한편으로는 지식의 부족을 나타내고 지능이 모자라는 까닭에 부모의 말을 안듣고 자기 마음대로해서 스스로 자기의 운명을 불행하게 한다. 이와같은 사람들은 좋은 친구거나 좋은 선배거나 좋은 웃사람에게 무슨 일이나 일단은 의논 하도록 하며 처세해야 한다. 특히 이러한 이마의 특징인 반항심은 가장 깊이 반성해야 한다.

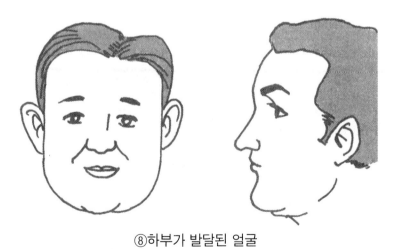

⑧하부가 발달된 얼굴

⑵ 얼굴의 중부가 발달되어 있는 사람은 왜 중년시대가 행복한가

 얼굴의 중부에는 콧대도 광대뼈도 모두가 의지의 힘이나 실행력을 나타낸다. 콧대가 높고 융기(隆起)되어 광대뼈가 힘차게 돌출한 사람은, 극히 실행력이 풍부하여 어떠한 경우든지 시간을 아끼면서 노력하고, 인생에 뒤떨어지지 않으려는 주의를 게을리 하지 않는다. 따라서, 스물여섯살부터 마흔두살쯤까지의 체력이 왕성한 때는 가장 그 활동력이 한창인 시절로서, 그때의 노력이 중년 시대의 행운을 낳는 것이다 〈제6도 참조〉

 이와 반대로 〈제7도〉 처럼, 코가 융기(隆起)하지 못하고 광대뼈가 낮으며 얼굴이 얄쌍하게 보이는 사람은, 강한 의지나 노력이 부족하여 중년시대의 활동기에 활동을 안하고 태만하기 쉬워서, 중년시대의 운세가 떨치지 못하기 일쑤다.

이와같이 되지 않도록 하려면 그시대에 꾸준히 노력해야 한다.

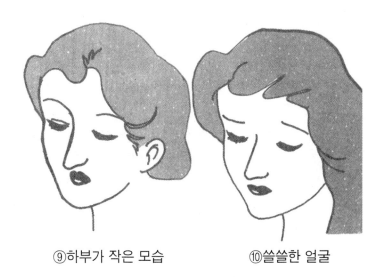

⑨하부가 작은 모습   ⑩쓸쓸한 얼굴

(3) 얼굴의 하부가 발달되어 있는 사람은 왜 만년시대가 행복한가

얼굴 하부(下部)의 입술은 애정을 나타내고 있다. 입술의 발달과 턱의 발달이 좋은 사람은 비록 초년·중년 시대에 고생을 해왔더라도, 그동안에 여러 방면에 걸쳐 애정이나 동정으로써 남에게 무엇이든 공헌하고 베풀어서 음덕(陰德)을 쌓는 실행을 해 왔다. 그 때문에 연대를 거듭할수록 주위 사람들로부터 추대를 받아 은연한 세력을 얻는다든가, 또는 부하나 아랫사람이 헌신적으로 이사람을 위해 전력해준다. 자식의 교육에는 애정으로써 임하고, 자식의 장래에 대해서도 깊이 생각하므로, 자식들도 효도로 봉양하게 되어 만년을 행복하게 살 수 있다.

이와 반대로, 코에서 턱 일대가 작은 사람〈제9도〉이나 어쩐지 쓸쓸해 보이는 얼굴〈제10도〉의 소유자는 대체로 남에게 애정을 갖지않고 자기의 테두리만을 굳게 지키려하므로, 남한테서도 도움을 못받고, 추대도 못받고, 그 만년은 중년만큼 떨치지 못한다.

또, 하부의 발달이 빈약한 사람은 마흔살을 넘으면 대체로 늙어서 정력이 소진(消　)되어 활동력이 감퇴를 보이게 된다. 이 운명의 경향에서 빠져 나오려면, 자기로서 미칠 수 있는 범위내에서 노력을 하여 주위 사람에게 도움을 주고 일상 음식물에 조심하고 건강을 유지하도록 노력해야 한다.

무릇, 중년 시대엔 자기의 노력으로 삶을 개척할 수는 있다. 필경, 사회의 은혜나 친구의 조화에 의해서 행운을 얻게 되지만, 만년에는 부하나 자손의 힘에 의해서 살지 않으면 도저히 행운을 바랄 수 없다.

초년·중년·만년의 일생동안 운세는, 어느정도까지 당신의 마음씨와 노력의 축적이 원인이되고 결과가 되며, 또한 그 결과가 원인이 되어 다시 결과를 자아내게 되어가는 것이다.

4.당신 운명의 파장은 어떠한가?

운명이란, 당신 자신의 성격이나 사회에 대하여 작용하는 진동이 반대로 당신 자신에게 되돌아옴을 일컫는다. 다시 말하면, 우리들이 사회의 자극을 받아서 반대로 사회에 그 자극을 준다는 것이다. 세상에서 받는 자극은 사람에 따라서 모두 그 형태와 내용이 다르게 받아 들여진다. 정오때의 사이렌소리는 당신에게 「뚜우」하고 들리겠지만, 짐승의 귀에 들리는 소리는 그와 다를지도 모른다. 어떤 한가지 사물일지라도, 얼굴이 네모진 사람의 머리속을 스쳤을 때와는 서로 느낌이 다르다. 따라서 표현(表現)도 다르다. 그러므로,〈환경+얼굴(마음)=사상〉이라는 공식에서,〈각자의 사상+행동=운명〉이라는 공식이 나온다.

그러면, 앞에서 말한 영양형과 근골형은 어떠한 작용을 사회에 보이는 것일까. 이는 얼굴 윤곽의 곡선을 평면으로 나타내 보면 판명된다. 얼굴 윤곽의 곡선이 운명을 만든다는 것이다. 그 곡선을 정면에서 보았을 때와 측면에서 보았을 경우의 두가지가 합계되어, 인생의 파장(波長)을 가르키고 운명의 부침(浮沈)을 나타내는 것이다.〈제13도〉하지만, 그 운명의 근본을 이루는 것은 당신의 마음이요 행동인 것이다.

운명의 파장은 결코 얼굴만이 아니다. 음성에서도, 맥박에서도, 체온에서도, 필적에서도, 걸음걸이에서도, 체취(體臭)에서도, 광택(光澤)에서도 적출(摘出)할 수가 있다. 또 글씨가 완전히 같은 두 사람이 있

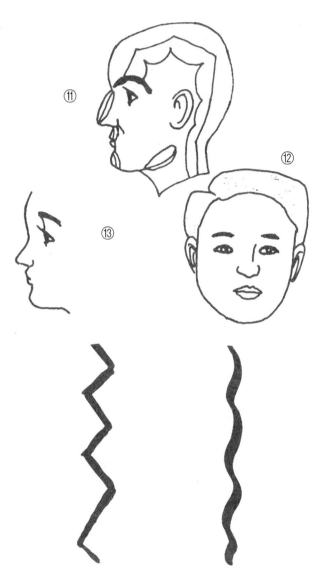

⑭ 곡선의 선율

을리 없다. 맥박도 체온도 모두, 그속에 운명의 파장이 포함되어 있다. 우리들 자신의 몸에서 나는 냄새 또한 같다. 이들에 관해서는 모두, 일정한 하나의 리듬(旋律)이 발동하고 있는 것이다.

〈제14도〉의 우도(右圖)는 영양형의 선율(旋律)이다. 영양형은 사회에서 자극을 받으면 상쾌한 비애(悲哀)의 기분이 이리저리 엇갈려 뒤섞인다. 그러한 교착(交錯)의 속도는 극히 경쾌하고 느릿하여, 시계불알의 운동처럼 둥그레한 맛이 있고 말랑하며, 결코 감정적인 변덕이 없다. 따라서, 이 타입에 속한 사람은 세상을 보는 눈이 공평(公平)하고, 살아 나가는 태도도 조용한 것이므로 운명도 비교적 순조롭다.

〈제14도〉의 좌도(左圖)는 신경형과 근골형의 선율이다. 이 형에 속한 사람은 사회에서 감수(堪受)하는 것은 과민한 것이므로, 사회적인 반격은 속도가 지나치게 빨라서 톱니처럼 극단에서 작용을 받게 마련이다. 그에 따라 처세법 또한, 감정을 꾸준히 고요하게 가지질 못하고 극

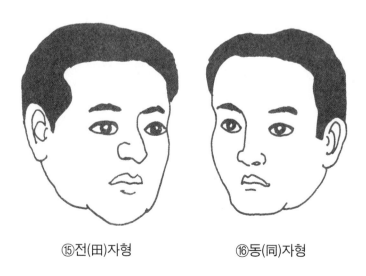

⑮전(田)자형   ⑯동(同)자형

단으로 달리는 나머지 운명에 파란을 일으키는 것이다. 이 원리를 십
자형(十字型)으로 응용해 보면, 다음과 같은 결과가 된다.

▶전자형(田字型)과 동자형(同字型)은 그 글자가 가리키듯이, 밭전자
(田)와 같은 얼굴과 한가지 동자(同)와 같은 얼굴이다. 이 형에 속하는
사람〈제15도〉,〈제16도〉은 지혜도 감정도 대체로 평균되고, 감정의 움
직임도 비교적 평정(平定)한 것이므로 운명 또한 대체로 향상의 기운
(氣運)을 갖기 마련이다. 그 운명의 선율은 〈제17도〉와 같은 것이다.

이 전자형(田字型)은, 일생을 통해서 대체로 평균(平均)의 선을 보여
준다. 십세(代)로부터 이십세·삼십세·사십세·오십세 이렇게 점차

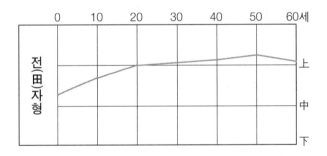

⑰ 운명선의 선율

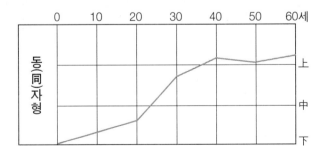

사회적으로 향상돼가서, 이상적인 운명의 코오스를 더듬어가는 것이다.

동자형(同字型)은, 이십세대 때에는 전자형(田字型)보다도 하강하고, 삼십 세대의 이르러 조금 접근한 다음, 그 이후엔 전자형과 동등하게 사회적으로 향상하는 것이다.

▶유자형(由字型)은 감정과 의지가 평균되어 있으므로, 흔히들 좋은 정의(情意)를 가지고 사회에 처한다. 그러나, 전자형이나 동자형에 비해서 이마의 발달이 덜되었으므로 초년기(初年期)엔 불운 하다.

지력(智力)이 결여 되었으므로 지적(智的)인 계획에는 뛰어나지 못하

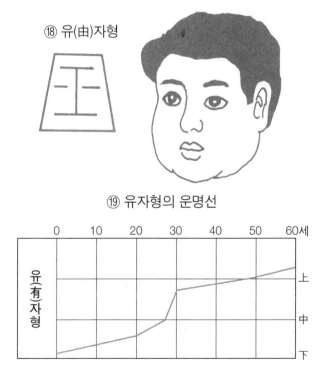

⑱ 유(由)자형

⑲ 유자형의 운명선

고 또한 경험이나 체험으로 지식을 얻기 때문에 헛일이 많아, 중년(中年)이전의 운명은 그리 떨칠 수 없는 것이다. 그러나, 중년부터 후기 (後期)의 운명은 차츰 유리하게 전개되어 갈 것이다.〈제18도〉

이 유자형(由字型)은, 삼십세까지는 퍽으나 하강(下降)되어 있지만 삼십세가 지난 후로는 운명선도 상승하여, 사십세부터 오십세·육십세에 걸쳐서 나이가 듦에 따라 상승하여 행운을 얻을수 있다.〈19도〉

▶신자형(申字型)은, 이마와 턱이 작고, 얼굴 중부(中部)의 관골(觀骨: 광대뼈 부분)이 옆으로 뻗쳐 있는얼굴 형태다.〈제20도〉

기지(機智)가 풍부하고 재간이 있으므로 삼십세까진 운명선이 향상하

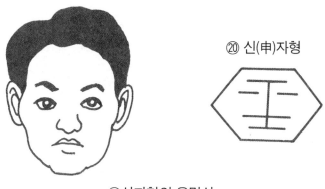

⑳ 신(申)자형

㉑신자형의 운명선

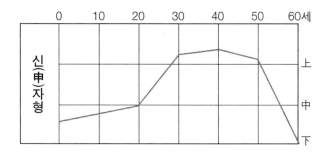

지만, 얼렁뚱땅 그 당장만 생각하는 적당주의로 장래를 생각하지 않고
나아가다 보면, 〈제21도〉의 운명선이 가리키듯이 삼십세 이후의 운명
이 향상하지 않고, 오십세를 지나서는 급격하게 하강하는 경향을 보이
게 된다. 항상 한가지 직업을 관철하도록 노력하고, 무슨 일에든지 잘
된다고해서 그 추세를 타고 자만하지 않도록 인내하면 반드시 행운을
차지할 수 있다. 이 신자형(申字型)에 속한 이는, 특히 참을성을 공고
히 해서 노력하여야 한다.

▶용자형(用字型)은 동자형(同字型)을 닮았지만, 턱의 뼈가 두드러지
게 옆으로 뻗친 얼굴 형태다. 〈제22도〉 이러한 용자형(用字型)은 사무

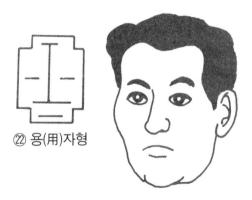

㉒ 용(用)자형

㉓ 용자형의 운명선

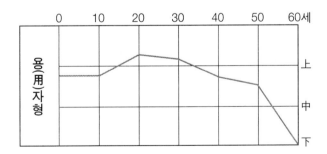

적인 수완도 있고 사업을 수행하는 재능도 있지만, 다소간 고집이 세고 완고한 편이어서 남의 의견을 받아들일줄 모른다. 또 남과 협력할 여유를 갖지 못하기 때문에, 사십세가 지나면 운명은 하강하는 경향이 있다. 그점을 주의하여, 남을 포용(包容)하는 아량을 길러 가야 한다. 남을 포용해가면 운명의 하강을 면할 수 있을 것이다.

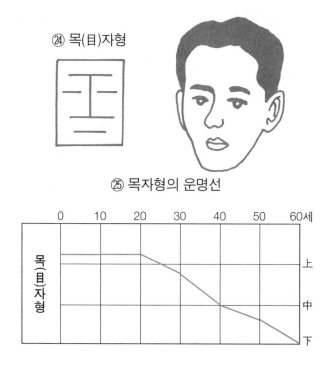

㉔ 목(目)자형

㉕ 목자형의 운명선

▶목자형(目字型)은 얼굴 전체에 변화가 없이 길쯔막한 얼굴 형태로서, 그 모습이 흡사 눈목자(目)와 같다.〈제24도〉

이 목자형(目字型)의 소유자는 비교적 상식가(常識家)지만, 힘찬 성격적 특징이 없고, 생활에 대한 진지성(眞智性)이 없다. 그러므로, 처음

엔 상사(上司)가 발탁해 주는 일도 있지만, 삼십세 때 쯤부터는 그 사
회적 순응력이 약해져서 운명도 차츰 하강하기 마련이다. 〈제25도〉 그
운명을 행운으로 유지 시켜 가려면, 어디까지나 자기의 목적을 세워서
진지하게 인생을 생각하고 물질을 귀하게 여기며 행운을 탔을 때에 저
축을 해 두어야 그 불운을 면할 수 있는 것이다.

▶왕자형(王字型)은 전자형(田字型)과 조금 비슷하지만, 전자형보다
는 광대뼈가 뻗친 대다가 턱이 또한 뻗친 얼굴이다. 대체로 뼈가 뻗쳐
져서 살이 실한 얼굴은 아니다. 〈제26도〉 이 얼굴의 소유자는 남에게
지기 싫어하며 화려한 것을 즐기는 성품으로 제법 유능한 일군이지만,
삼십세를 지나면 일에 자신이 붙어서, 제가 하고싶은 것을 하기 시작

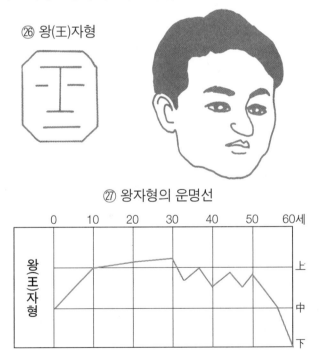

㉖ 왕(王)자형

㉗ 왕자형의 운명선

하여 크게 성공하지만, 한편으론 실패도 해서 평생토록 부침(浮沈)이 많은 생활을 하기 마련이다. 그러므로 이 왕자형(王字型)은 〈제27도〉의 도표에 나타난 부침을 잘 고려 하여 견실하게 인생을 살아가도록 노력 하지 않는한, 평생 안정하질 못한다. 반드시 자기 생활의 중심이 되는 일을 하나 가지고 살아가도록 해야 한다.

▶풍자형(風字型)은 이마가 옆으로 뻗쳤고, 광대뼈 부근이 안쪽으로 오목하고 턱의 일대가 옆으로 뻗쳐있고, 얼굴은 가운데가 요형(凹型)이어서 마치 바람풍자(風)를 써 놓은 것 같은 얼굴 형태가 된다.〈제28도〉이 풍자형(風字型)은, 성품이 온화하고 사양하기 일쑤인 편이며 소심(小心)하기 때문에, 사십세 까지는 남에게 인정을 받지 못하지만,

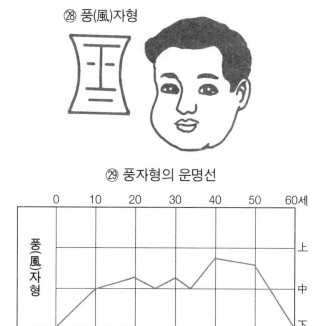

㉘ 풍(風)자형

㉙ 풍자형의 운명선

사십세를 넘으면 거우 인정되어 행운을 획득할수 있다. 그렇게 오십
세까지는 행운이지만, 오십세를 넘으면 운명선이 하강할 염려가 있다.
그것은 결단심이 없기 때문에 진취의 기상이 없고 그날 그날의 살림을
하여 만년의 계획을 세워 놓지 않기 때문이다. 이 풍자형에 속한 사람
은, 만년의 계획을 잘 수립해 가지고 현재의 생활을 절제(節制)하여,
장래의 행운의 건설을 위해서 노력해야 한다.

▶갑자형(甲字型)의 얼굴은, 이마가 한껏 넓고, 턱으로 내려갈수록 가
느다랗게 뾰족해져서 흡사 갑(甲)자를 닮은 것이다. 〈제30도〉 이 갑자
형(甲字型)에 속한 사람과 신경형의 결점을 가진 사람은 성격이나 운
명이 같다. 재능도 있고 지능도 다른 사람보다 높으며 발탁되어, 젊어
서부터 입신 출세하는 타입이다.

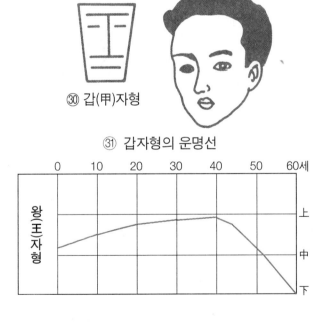

㉚ 갑(甲)자형

㉛ 갑자형의 운명선

 하지만, 현재의 수입이 언제나 이러려니 하고 자만(自慢)하면, 〈제31
도〉와 같이 사십세부터 운명은 하강해 버린다.
 특히, 이 갑자형(甲字型)은 저축심이 결여되어 수입이 좋을 때엔 곧
낭비를 하므로 재산은 모이지 않는다. 그 점을 충분히 경계해서 살아
가지 않는한, 만년엔 역경(逆境)에 빠진다고 각오해야 하니 주의할 필
요가 있다.
 ▶원자형(圓字型)은 얼굴이 동그랗고 눈도 동그랗다. 귀도 동그랗고
살이 쪄서, 영양형의 단점을 가장 많이 지니고 있는 얼굴 형태다.
〈제32도〉이 원자형(圓字型)은 만사에 두루 원활하고 남에 대해서도

③ 원(圓)자형

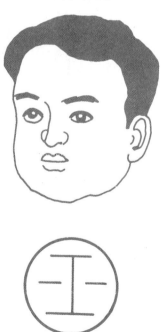

둥글둥글 호감을 주지만, 일정한 주의나 목적이라는 것이 없으므로 주위에 곧 감화되어 좋게도 되고 나쁘게도 된다는 형태다. 따라서 그 운명에도 부침이 있으니, 곧 주색에 빠져 망신하기 일쑤인 것이다. 만일 일정한 직업을 어디까지나 지키며 노력해 가고, 주색을 삼가며, 온갖 유혹을 물리쳐 간다면, 운명은 만년에 갈수록 향상의 일로를 더듬을 수 있겠다.

5. 당신과 윗사람 · 부모와의 운은 어떨까?

〈제33도〉와 같이 얼굴을 셋으로 갈라서, 당신의 부모나 백부(伯父) 숙모(叔母)등등 육친의 윗사람 장상운(長上運), 또는 사장이니 부장이니 선배니하는 사회적인 윗사람 운은, 이마의 부분이 발달되었는지 안되었는지로 볼 수 있다.

다음에, 당신의 형제나 사촌형제 또는 상업에 관한 운, 회사의 동료등에 관한 운은 눈썹부터 광대뼈도 포함한 코끝까지의 부분으로 본다.

끝으로, 당신이 부려먹는 사용인이나, 부하 · 머슴 · 하녀 등은, 코밑부터 턱의 양쪽에 걸치는 부분으로 본다.

(1) 장상운(長上運)이 좋은 사람…이마가 어딘지 시원스럽게 넓고, 다소 툭 앞으로 불룩하며, 점이나 기미가 없는 이는 윗사람운이 좋은 법이다. 그 이유는, 윗사람의 뜻을 살펴서 그 지도에 고분고분 따르고,

㉝ 三분할 얼굴

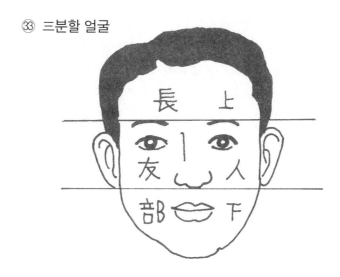

그 조직이나 가정을 생각하여 통제에 복종하거나 규칙을 지키는 성능
이 있기 때문이다. 또한, 그지능으로 여러 가지를 생각해 내어서, 개량
에 관한 의견이나 견해를 유순하게 일일이 진언 하므로 윗사람의 사랑
을 받기 마련이다.

 무릇, 사람을 쓰는 사람은 누구나가 자기 이상 가는 지능의 소유자를
부히로 요구하는 것이지, 결코 무능한 자를 원하지는 않는다. 오히려
부하의 힘으로 자기의 지반을 더더욱 굳게 확립하려 한다. 당신이 부
하나 아랫사람일 경우, 윗사람이 바라는 점이나 그에게 부족된 면을
보좌한다는 마음가짐으로 노력하면, 윗사람은 반드시 당신의 의견을
기꺼이 채택하여 당신을 발탁해 갈 것이다.

 윗사람의 명령에 복종만 한 대서야 윗사람으로서는 기뻐하지 않는다.
윗사람이 원하는 바나, 희망하는 바를 헌책하고 실행하는데에 윗사람
은 깊이 감사하는 것이다.

일일이 명령해야만 움직이는 부하는 좋은 부하일 수가 없으며 무능한 부하다. 윗사람에게 발탁되는 비결은, 복종도 필요하지만 성실도 필요하고, 게다가 더욱 노력과 헌책을 다하고, 또 윗사람의 비밀도 엄수 해야 한다. 그리고 보면, 윗사람이나 선배의 원조나 후원을 결코 거절하지 않는다는 것도 중요한 일이다.

이마가 잘 발달되고 넓직한 사람은, 윗사람에 대한 태도를 선천적으로 알고 있는 사람이므로 윗사람 운도 좋기 마련이다. 하지만, 윗사람의 귀여움을 받으며 발탁을 받는다 할지라도 윗사람의 눈앞에서만 약게 놀거나 동료의 험담을 입에 담거나 했다가는 도리어 나쁜 결과에 빠진다. 모름지기 동료와의 조화를 도모하며, 남을 밀치고 자기만 앞질러 공명(功名)을 얻으려 해서는 안된다. 아무리 윗사람 한 분의 마음엔 들었을지언정 많은 동료간에 인심을 잃고 보면, 동료들의 감정이 어느덧 윗 사람에게도 비추어져서 도리어 윗사람의 신용을 떨어뜨린다는 사실을 잊어서는 안되겠다.

(2) 장상운이 나쁜사람…이마가 몹시도 좁거나, 후퇴해서 깎여 진 듯

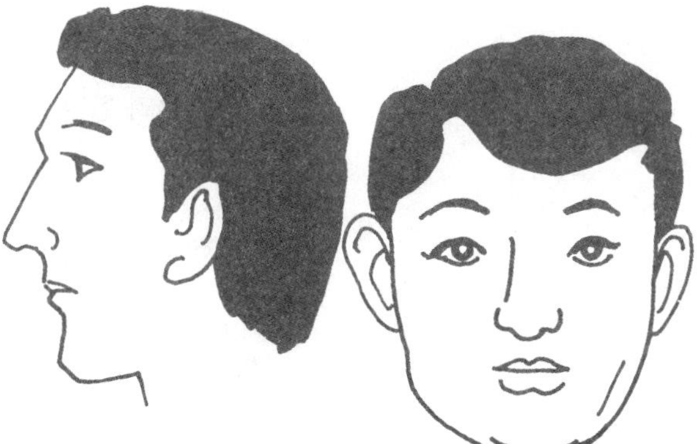

㉞ 장상운이 나쁜 인상

이 젖혀져 있거나, 그 밖에 〈제34도〉처럼 된 이마는 반성력이 결여되었고, 또한 파괴성이나 저항성을 나타내고 있는 것이다. 따라서 윗사람에게 반항 하거나, 동료와 불화를 초래하여 실패하거나, 또는 실업(失業)하기 쉬운 것이다. 만약 당신이 이 형에 속했으면 다음 사항을 주의해야 한다. 우선 첫째로는, 순순히 윗사람 말을 듣는 일꾼이 돼야 한다. 설사 윗사람의 명령이 좀 무리하다 생각되더라도, 우선 유순(柔順)히 그 명령에 따라야 한다. 이것이 윗사람과 아랫사람 사이의 규칙이다. 이 규칙을 지키지 않고선 조직 속에서의 활동을 못한다. 만약 윗사람의 명령이 그릇된 것이어서 당신의 일이 불량한 성적으로 끝맺더라도, 책임은 윗사람에게 있지 당신에게는 없는 것이다. 조직체의 윗사람은 당신이 유순하게 복종하기를 원하며, 혹시 명령에 복종치 않는 자가 있으면 대부분은 마음에 들지 않게 마련인 것이다.

 다음에, 당신은 충실해야 한다. 윗사람 눈이 미치지 않는 그늘에 가서는 일을 소홀히 하는 일이 당신에겐 없는지. 일에 표리(表裏)가 있어선 충실하다고 할 수 없다. 충실하지 않으면 윗사람이 당신에게 기대를

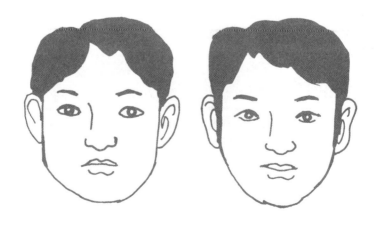

걸지 않는다. 윗사람의 촉망을 받지 못해서는 사용인으로서 입신 출세할 수는 없다.

다음은 당신이 아내인 경우, 당신은 시어머니나 남편에 대해서 유순한지. 때로는 타협하거나 양보할 수 없는 일도 있겠으나 그러한 경우는 대부분이 당신의 까다로운 성격이나 자기 중심적인 고집에서 나오는 것이지 결코 상대방에게 죄가 있는 것이 아니라고 당신은 반성해야 한다.

이마 뿐만이 아니라 다음과 같은 여러 가지의 인상(人相)은, 모두 장상운(長上運)이나 사회운을 파괴해서 불운을 초래한다는 점에 주의해야 한다.

(3) 상삼백안(上三白眼)과 하삼백안(下三白眼)…눈동자가 중심에 있지 않고 약간위나 아래로 붙은 눈이다. 야심적인 심리가 있으면 이런 눈이 된다. 〈제35도 상·중〉 이러한 상삼백안(上三白眼)이나 하삼백안

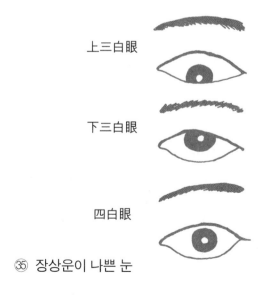

上三白眼

下三白眼

四白眼

㉟ 장상운이 나쁜 눈

(下三白眼)은 반항심이 강한 눈이다. 자기의 수완이나 입장을 과신하여 윗사람이나 친구를 얕본다.

이 성정(性情)을 고쳐가지 않는 한 윗사람이나 남편·아내·친구와도 사이가 원만해질 수 없이 불행을 초래 한다. 만약 마음가짐을 바꾸어서 유순해지면, 마음도 평화로워지고 눈도 한가운데로 안정하게 되는 것이다.

(4) 사백안(四白眼)…이 사백안(四白眼)은, 지적(智的)인 데가 없이 동물적인 본능대로 움직이는 눈이며 감정적인 눈이다. 〈제35도 下〉 이 눈의 소유자는 만사에 신중해야 한다.

① **자아독단적(自我獨斷的)인 코**…무슨 일이건, 자기 의견이 옳다거나 자기가 하는 짓이 성심·성의에 찬 것이라고 자기가 생각하고 올바르다고 생각하는 사람들의 코다.

이 코의 소유자는 윗사람이나 친구와 협조하거나 양보하거나 하질 못

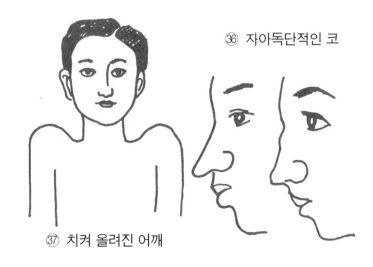

㊱ 자아독단적인 코

㊲ 치켜 올려진 어깨

한다. 그러니까 어디에 가서든지 자존적(自尊的)인 고립을 지키므로 자기를 위해서 좋은 자기편 사람을 만들지 못하기 마련이다. 특히 겸양(謙讓)의 미덕이 결여되기 쉬우므로, 항상 남의 말을 잘 듣고 유화(柔和)로서 나아가지 않고서는 행운을 얻지 못한다.

② **어깨가 치켜올려진 사람**…어깨가 두드러지게 치켜올려진 사람이 있다. 이를테면 솔개의 어깨(鳶肩)라고나 할까. 〈제37도〉 이런 어깨의 소유자는, 〈제36도〉의 코를 가진 사람처럼 남과 타협할 줄을 모르므로, 유화(柔和)로서 남을 대해야 한다.

반항적이거나 파괴적인 사람―즉 남이 하는 일이나 남에게서 명령 받기 싫고, 겉으로는 복종하지만 속으로는 어디까지나 복종하지않는 사

㊳ 반항적·파괴적인 턱

람은, 〈제38도〉와 같은 턱의 소유자다 사용인으로서는 유순하지 않지
만 실행력은 강하다. 만약 당신이 이런 턱이고 더구나 당신이 남의 사
용인이거나 아랫사람인 경우 당신 역시 윗사람의 명령을 유순히 준봉
(遵奉)하고 그에 충실하도록 노력하지 않고선 행운을 차지하지 못한
다.

③ 부모운(父母運)과 이마…이마가 넓게 위로 뻗어 나가고, 다소 돌출
한 듯하면서 점이나 기미가 없는 사람은, 부모의 덕을 받고 좋은 교육
과 애정을 받아서 운명도 좋기 마련이다. 그러나, 이마가 뒤로 물러나
서 깎여진 듯이 젖혀져 있거나 좁거나, 그 밖에 〈제34도〉와 같은 이마
일 경우에는 부모의 혜택은 기대하기 어렵다. 설사 부모의 혜택이 있
다손치더라도, 부모를 거역하여 자업자득의 불행을 초래하기 일쑤다.
　남자의 경우에는 이마의 왼쪽을 아버지로 배정하고 여자는 어머니로
배정한다. 그와 반대로 오른쪽은 남자가 어머니를 보는 데로하고, 여
자는 아버지를 보는 데로 한다.
　만약 아버지의 부분이나 어머니의 부분에 반점이나 기미가 있으면,

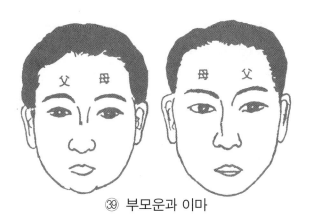

㊴ 부모운과 이마

그곳에 해당하는 양친중에 어느 한쪽에 인연이 없어서 부모의 힘을 입지 못하거나 사별하게 된다. 장남이나 장녀 또는 상속인(相續人)은 대체로 이마가 크기 마련이다. 차남이나 삼남일지라도 이마가 크면 장남으로서의 지위나 재산을 계승할줄 안다. 그러나, 부모에게 재산이 없을 때에는, 부모를 양육하는 책임을 부담하게 된다. 이는 실례로 몇번이고 체험하게 되는 신비로운 현상이다.

6. 당신의 동료운 · 우인운 · 형제 · 자매운은 어떨까?

동료나 친구 도는 형제자매의 운은 눈썹부터 코끝까지의 부분으로 본다.

(1) 동료운 · 우인운이 좋은 사람…눈썹이 보기에 아름답고, 콧등도 콧방울도 모두 살이 실하고, 광대뼈는 살로 잘 싸여져 있는 얼굴이다.

눈썹은 감정을 나타낸다. 눈썹이 고운 사람은, 감정도 평정(平靜)하고 기분에 변덕이 없으므로, 벗에 대해서도 동정할줄 안다. 눈썹이 좋은 사람의 벗으로는 종교가(宗教家)같은 친구라든지, 시(詩)나 시조(詩調), 서화(書畵) · 골동(骨董) · 바둑 · 장기 · 꽃꽂이, 음악, 그 밖에 무엇이든지 취미를 중심으로 한 친구가 많이 모이고 그러한 교우의 덕택으로 사업이나 좋은 인연, 좋은 찬스를 얻게 된다.

다음에는 〈제40도〉와 같이, 광대뼈가 높이 솟았거나 코가 큰 얼굴이
다. 이 쌍방 또는 어느 한쪽이 발달된 얼굴은 노력가임을 나타낸다. 그
는 자신의 신념이나 수완 등 사회적으로 교우의 범위도 넓기 마련이
다. 다 만, 그 교우의 범위는 사회적으로는 관계가 있는 동향인(同鄕
人)이라든가 사업·거래관계의 사람들이요, 주로 물질이니 권력이니
를 중심으로 한 교우인 것이다.

따라서, 이 부위(部位)가 발달된 사람은, 서로 이익을 나누어 먹는다
든지 할 수가 있다. 신규의 거래나 주문의 소개, 또는 사업상 일부분의
분담을 서로 교환 한다든지 하기 일쑤다. 그러한 교우 관계의 덕택으
로 행운을 차지할 수 있음은 물론이다.

이 부위가 발달된 이는, 심리적으로 우인(友人)은 하나의 자본이며 재
산이라는 생각을 갖는다. 사업도 재산도 지위도 없는 사람으로서는 우
인은 하나의 무형 자산임이 분명하다. 이 점을 깨닫는 사람도 적지는

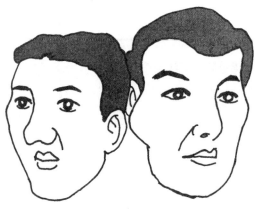

㊵ 발달된 광대뼈와 코

않거니와, 과연 세상에는 친구의 충고나 재적(財的)인 원조로 현재의
역경을 정복하거나 불운을 행운으로 전환하는 실례가 적지 않은 것이
다.

 당신에게 친구 하나가 있다 할 경우, 그 한 친구의 배후에는 반드시 동
료나 선배가 있기 마련이다. 친구는 의례히 같은 부류끼리 모이는 법
이고 보니, 당신이 유능한 사람이면 친구 또한 유능한 사람이 많을 것
이다. 하나의 양우(良友)를 얻음은 백사람의 동지를 얻음과 같다는 사
실을 당신은 항시 잊어서는 안된다.

 무능한 친구를 하나 가졌을 때, 그 친구의 배후에는 백 사람의 무능한
친구가 또한 포함되어 있고보면, 당신은 당신 자신도 부지 불식간에
친구의 영향을 받고 차츰 무능해져 간다는 점을 깨달아야 한다. 그런

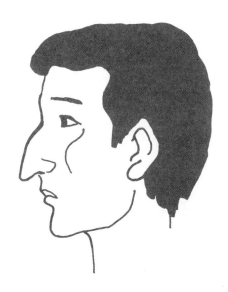

㊶ 동료운이 나쁜 인상

고로, 항시 좋은 벗을 골라 사귐이 긴요한 것이다.

 (2) 동료운·우인운이 나쁜 사람…옛부터 코끝이 둥그런 사람은 마음에 독기(毒氣)가 없다고 했다. 만일 당신의 코끝이 갈고랑이처럼 휘어졌거나 광대뼈가 뾰족하거나 했을 경우, 당신은 다음과 같은 점은 반성해야 된다.〈제41도〉

 당신은 친구에게 슬픔이나 괴로움이 있을 때에는 사귀지 않고 자기에게 이익이 있을 때에만 사귀고 있진 않는지. 자기의 직접 이익이 되지 않는한 조그만 친절도 상대방에게 베풀려 하지 않는 경향은 없는지. 친구와 회식(會食)을 했을 때엔, 대부분의 경우에 친구로 하여금 요금을 지불케 하리라. 선물을 받아도 좀체로 답례는 하지 않으리라. 조그마한 이해 관계로 친구를 배신하거나, 안색을 달리하고 말다툼을 하거나 하는 일은 없을까. 자기에게 불리한 경우엔 동료를 중상하거나 윗사람에게 험담을 소곤거리는 일은 없을까.

 당신이 친구와 교제하는 것은, 그에 대한 우정이 있어서가 아니라 그

㊷ 변덕장이 눈썹

가 당신 자신을 위해서 이로운 존재이기 때문이라는 이기적인 자존심 위에 서 있지는 않을까?

만약 이와 같은 심리나 태도가 조금이라도 있을 때, 당신은 유력한 벗을 하나도 동지로 갖지 못하고, 항상 고독하며, 우인에 의한 행운을 기대할 수는 없다.

(3) 형매운과 눈썹…눈썹이 곱고 눈에 비해서 길면 형제·자매 운도 좋은 법이다. 만일, 눈의 길이에 비해서 다소라도 눈썹이 길면, 형제 자매의 수효가 많게 마련이다. 〈제43도〉, 길긴하지만 눈썹이 중도에서 절단되었으면 형제한테서 힘입지를 못하고 형제나 자매가 있어도 상하기 일쑤다. 눈썹의 길이와 눈의 길이가 같은정도면, 형제자매는 적기 마련이다. 〈제43도下〉

초생달처럼 전체적인 모양이 아름다운 눈썹이나, 가느다란 털이 품위 있고 맵시 좋게 밀생(密生)한 눈썹의 소유자는, 형제자매도 모두 성공

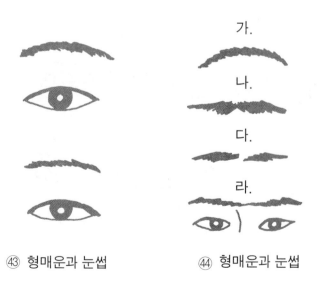

가.

나.

다.

라.

㊸ 형매운과 눈썹   ㊹ 형매운과 눈썹

하고 그사람 자신의 운명도 좋은 법이다. 그와 반대로 중도에서 절단
되었거나, 이른바 역모(逆毛)라 하여 눈썹이 거꾸로 서 있는 사람은 형
매운(兄妹運)에 복이 없다. 〈제44도 나〉눈썹이 진하지 못하여, 눈썹이
있는지 없는지 가리기 어려울 정도로 옅은 사람은 극히 형매운이 결여
되는 법이다. 〈제44도 다〉 양쪽 눈썹이 맞붙어서 교착(交錯)된 경우 또
한 같다. 〈제44도 라〉

남자는 왼쪽 눈썹이 형이나 누님을 나타내고, 오른쪽이 아우나 누이
동생을 나타낸다. 여자는 그 반대다. 〈제45도〉

털의 숱이 적거나 한 경우에는, 그 해당된 부분의 형제 자매와 인연이
엷기 마련이다.

눈썹은 형제 자매만이 아니라, 모든 육친을 나타내는 것이다. 눈썹이
좋지못한 이는, 육친의 조력이나 원조를 받지 못하고 자기의 힘으로
살아 나가야만 하는 운명이므로, 육친의 힘에 기댈 생각은 말고 스스
로 분투 노력해야 할 것이다.

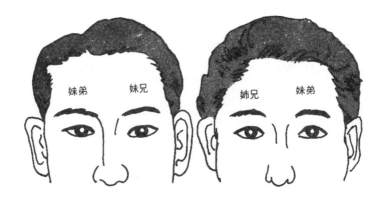

㊺ 성에 따른 다른 형매운과 눈썹

7. 당신의 부하운은?

 당신의 사용인(使用人)에 대한 운명-즉, 머슴이나 부하를 잘 두어 덕을 볼는지를 가리려면, 당신 자신의 코밑에서 턱에 이르는 부분을 본다. 코에서 아래로는 입술이 있고, 코밑의 홈인 인중(人中)이 있고 턱이 있고, 아래턱 밑(下顎隅)이 있다.
 입술은 애정을 나타낸다. 애정이 엷은지 두터운지는 입술이 두터운지 엷은지로 본다. 입술이 두터운 이는 인정이 있고 동정심도 깊다.

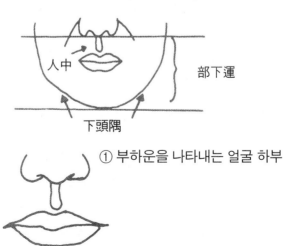

① 부하운을 나타내는 얼굴 하부

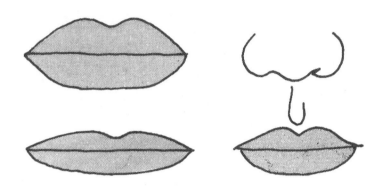

② 애정을 나타내는 입술   ③ 성급한 사람과 느린 사람의 인중

(1) 부하운이 좋은 사람…코밑의 인중은 그 사람이 과연 부하를 잘 만나는지를 나타낸다. 인중이 비교적 긴 사람은 성미도 유장(悠長)하고 침착하여, 남을 받아들이는 아량도 있고 부하를 잘 포용(包容)해 간다. 반대로 짧은 사람은 성급하다. 자기 일에나 남의 일에 있어서나 효과를 지나치게 서둘러서 부하를 받아들이는 여유를 잃기 때문에 부하 덕은 보지 못한다.〈제3도〉

나아가서 턱도 애정이 깊고 얕음을 나타내는 것이다. 턱이 큰 사람은 애정 또한 깊다. 턱은 살이 실하게 잘 붙어 있고 둥그레한 것을 상상(上相)으로 친다.〈제4도〉 이러한 턱의 소유자는 그 애정도 고정적이어서, 결코 변덕기나 바람기와 같은 것이 없기 마련이다.

아래턱 뼈(上顎骨)란, 어금니(臼齒) 아래에 있는 U자 모양의 뿔(角)에 해당하는 뼈를 말한다. 이 아래턱 밑의 부분(下顎部)에 살이 실하게 잘

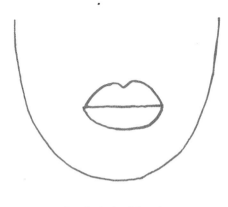

④ 애정이 많은 턱

붙어서, 뻗쳐진 뼈를 잘 감추어 주다시피 되어 있으면, 그는 선천적으로 부하나 아랫사람을 요령좋게 다루어 쓸 수 있는 사람이다. 〈제5도〉

이상의 여러 가지 미점(美點)을 갖춘 분은, 모두 부하를 조종함에 있어서는 천재적인 사람이다. 부하는 기꺼이 그 명령을 준봉하여 충실히 움직이므로 자연히 부하나 머슴의 힘으로 사업(社業)이나 가운(家運)이 융성해지는 것이다.

(2) 부하운이 나쁜 사람…앞에서 풀이한 결점만을 가진 분, 뾰족한 턱을 가진 사람, 볼이 깎여진 듯이 홀쭉하여 코에서 턱에 걸친 부분이 초라하고 빈약해 보이는 사람, 이런 분은 모두 부하덕을 못보는 인상이다. 좋은 부하가 당신 슬하에 오래도록 머무르지 않거나, 부하의 실패 탓으로 손실을 입는다든지 하는 것이다. 〈제6도〉 만약 당신에게 그러한 결점이 있으면, 다음과 같은 점을 반성할 필요가 있다.

당신 자신의 몸가짐은 어떠한가. 아무리 부하나 하인에게 일을 시켜도, 당신 자신의 몸가짐이 나빠서는 그들이 명령에 복종치 않는다.

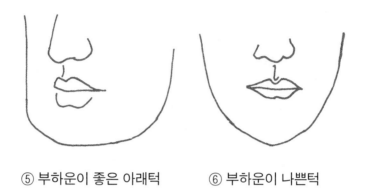

⑤ 부하운이 좋은 아래턱　　⑥ 부하운이 나쁜턱

① **부하와 이해를 같이 하는가**…부하의 실책(失策)은 내 알바 아니다―이런 태도를 취하면, 부하는 으레 떠나 버린다. 당신이 이익을 얻었을 때엔 아낌없이 부하의 대우를 잘 해주어서, 일심동체(一心同體)가 되어야 부하는 심복(心腹)한다.

② **명령을 중도에서 변경한 일은 없는가**…어떤 명령을 내려놓고 중도에서 그만두거나, 같은 명령을 동시에 다른 사람에게도 내리거나 하면, 부하는 당신의 두뇌를 의심한다. 명령이 두 다리를 걸치거나 변경하거나 하는 일은 없도록 삼가야 한다.

③ **불평을 토하는 수가 없는가**…부하에 대한 불행은 물론, 사업의 성쇠(盛衰)에 관해서 부하에게 탄식을 토해보라. 몹시 사기를(士氣) 잃어버리게 될 것이다. 어떠한 경우에도 대담하게 버티어서 부하에게 동요를 주어서는 안된다.

④ **부하를 열등시하진 않는가**…아무리 남에게 부림받는 몸이지만 그역시 같은 인간이다. 개나 고양이를 다루듯이, 인격을 무시한 말투나 태도로 대하지 않도록 삼가야 한다. 그들은 급료만으로 사는 것이 아

니다. 당신의 신뢰에 의한 장래의 희망에 기대를 걸고 살아간다는 것을 당신은 꿈에서도 잊어선 안된다.

⑤ 급료와 휴일을 아까와하진 않는가…급료를 아낀다는 것은 당신의 사업운(事業運)이나 가정운을 결코 융성하게 하지는 않는다.

급료를 아끼면, 사원일 경우 회사의 공물(公物)을 사용(私用)에 쓸것이요, 회사를 이용해서 거래처와의 사이에서 사복(私腹)을 채운다. 가사에 관한 사용인은, 급료가 부족한 그만큼 연료나, 전기나, 요리재료 등을 낭비한다. 그것은 회사나 주인댁을 진심으로 사랑하지 않기 때문이다.

또한, 적당한 휴양일이나 휴양 시간을 주지않고 아침부터 밤까지 줄곧 일만 시키면, 그 사용인도 인간이고 보니 육체적 정신적인 정력을 소비해 버리게 되므로 그 능률은 감퇴되기 마련이다. 적당한 휴양을 준다는 것은 절대로 필요한 일이다.

⑥ 지나치게 간섭하지 않는가…부하나 일꾼에겐 각기 책임있는 직장이나 역할을 주어서 그 책임을 완수하게끔 해야 한다. 그 일에 관해서 너무 잔소리를 늘어놓거나 젓가락질에 이르기까지 일일이 간섭하면, 부하나 일꾼은 자신에 대한 윗사람의 신뢰심(信賴心)을 의심하기 시작하여 싫증이 생긴 끝에 당신을 따르지 않는 것이다. 이상의 뭇점을 반성해서 수양하면, 당신의 인상은 턱의 일대에 살이쪄서 변하여 아랫사람 덕으로 행운을 얻게 되기에 이르는 것이다.

8. 당신의 금운과 재운은 어떨까?

인간은 정신적 생활을 하는 반면으로 물질적 생활도 한다. 인격이 높거나 인정이 두텁다는 인덕(人德)도 필요 하겠지만, 물질이 없이는 하루도 생활을 영위할 수가 없다. 그렇다고 해서 돈을 너무나 귀히 여겨 수전노가 되어서는 물론 재미가 없는 일이지만, 또 한편으로는 돈을 무시하는 사람도 그리 탄복할만한 것이 못된다. 세상 사람들이 운이 좋다느니 나쁘다느니 하는 경우에는 여러 가지 의미가 포함되어 있지만, 재운이나 물질운이 있는지 없는지의 문제가 대체로는 그 중심이 되어 있는 것 같다.

(1) 재산 운에 관계 있는 코…인상(人相)에서 재운(財運)에 관계가 있는 부분은 ① 코끝 ② 양쪽 콧구멍을 덮은 콧방울(小鼻), 콧방울 밑의 법령(法令 : 양쪽 광대뼈와 코 사이로부터 입가를 지나 내려오는 굽은 선) ③ 식록(食祿) ④ 입의 당겨진 모양 ⑤ 볼의 살이다.

이 부분이 전부 잘 생긴 사람은, 우선 부자가 될 자격이 있다. 전부가 아니더라도, 한부분만이나마 완전하면 생활이 궁핍하진 않은 사람이다.

코를 크게 나누어서, ① 두 콧구멍을 덮은 콧방울(小鼻)의 양익(兩翼)과 ②콧등(鼻脊 : 鼻柱)으로 한다.〈제1도〉

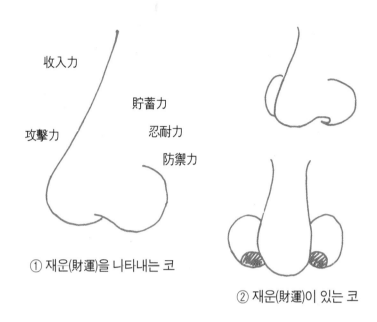

① 재운(財運)을 니타내는 코

② 재운(財運)이 있는 코

콧등은 공격력을 나타낸다. ①의 콧등이 높은 분은 활동적이고 적극적이며 진취의 기상(氣象)이 풍부하다. 콧등이 억척스럽거나 높직한 사람은, 재산이나 물질을 획득하려는 힘의 소유자이다. ②의 양옆 콧방울(小鼻)에는 들어온 돈이나 재물을 내보내지 않으려고 노력하는 방어력이 있다.

이 양옆의 콧방울이 잘 뻗쳐진 사람은 인내심이 풍부한 일꾼이다.

공격력·방어력·인내심이 강한 사람은, 재산가가 될 자격이 있다. 따라서, 공격력이 강하고 방어력이 굳고 인내심이 강한 이는 코끝이 둥글고 양옆의 콧방울 또한 살쪄 있기 마련이다. 이러한 코를 재운코라고도 한다.

이 코 외에 용비(龍鼻)·절통비(節筒鼻·우비(牛鼻)·성냥비(盛襄

鼻)·산비(蒜鼻)·현담비(県膽鼻)등은 모두 양옆의 콧방울이 잘 뻗쳐
져서, 이 코의 소유자는 물질적인 경계심이 강하고 인내심에 있어서,
재운은 풍부하기 마련이다. 〈제3도〉

 여기서 주의해야 할 것은 아무리 양쪽 콧방울이 둥그레하고 살이 잘

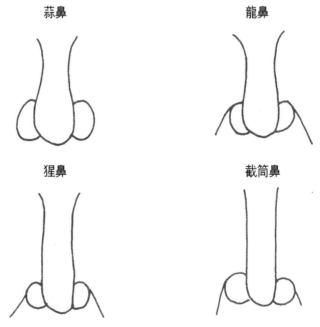

蒜鼻   龍鼻

猩鼻   截筒鼻

③ 재운(財運)이 풍부한 여러 형의 코

올라 있어도 콧구멍이 크면 수입도 있지만 지출도 있으므로 늘 돈이
나갔다 들어왔다 하여 좀체로 돈이 저장되지 않는다는 점이다. 콧구멍
이 너무 큰 사람은 경계심이 부족하며 비밀을 지키지 못하고, 또 어느
한구석에 방심하는 빈틈이 있다.

그런 방심이 있는 한, 부자가 되진 못한다. 이것을 일컬어 노조비(露炊

鼻)라고 하여 빈상(貧相)의 하나로 본다〈제3도〉

 그러면, 부자가 되지 못한다는 것은 고사하고, 물질에 부자유를 느끼는 코는 어떤 모양일까. 물질에 부자유를 느낀다고는 하지만, 하느님은 가난뱅이를 만들려고 원치는 않는다. 다만, 물질을 가볍게 보고 돈을 업신 여기는 마음의 나타남을 가난이라고 할 뿐이다. 따라서 콧방울이 잘 뻗지 못하고 콧등만 높은 코는 빈상(貧相)의 하나다. 〈제4도〉 이 코의 소유자는 자존심이 강하여, 자기의 사회적인 지위를 떨어뜨리지 않으려고 애쓰며 낭비하는 결과로 가난해지는 것이다.

 다음에, 코끝과 코 전체가 오른쪽이나 왼쪽으로 굽어진 편요비(偏凹鼻), 코가 여위어서 등성이(脊)를 솟아 나게 하는 노척비(露脊鼻), 코끝이 뾰족한 매부리코(鷹嘴鼻),콧날이 칼(刀劍)의 등처럼 생긴 검봉비(劍峰鼻), 콧술기의 세군데가 오목(凹)한 삼만삼곡비(三彎鼻)도, 물질을 귀하게 여기지 않는 마음가짐을 반영하는 코로서 빈곤상이다〈제4도〉 다음, 기미가 콧방울의 좌우 어느쪽에 하나 있으면, 물질에 대해서 조심스럽지 못하여 부지불식간에 낭비를 하기 마련인 코다.

 (2) 수입과 관계있는 식록(食祿)·법령(法令)…식록(食祿)은 수입(收入)이라고도 하며, 코밑에 있는 흠(人中)의 양편을 일컫는다. 양쪽의 콧방울에서 두 줄기의 줄(線)이 입술쪽으로 흘러 내려 있는데, 이것을 법령이라고 한다. 바로 이 법령의 안쪽이 식록 수입의 부분이 된다〈제6도〉

 식록이 큰지 작은지는, 이 법령이 크게 벌렸느냐에 따라서 결정된다. 법령이 크게 벌리면 식록의 면적도 넓어지고, 법령이 작게 벌리면 식록의 면적도 좁아지는게 왜 금운(金運)과 관계되는가? 우리가 평생을 노력해서 진취의 기상을 지니고 있으면 콧방울에서 내려오는 두 줄기

盛囊鼻　　　　懸膽鼻　　　　牛鼻

劍峰鼻　　　　露脊鼻　　　　高鼻

三彎三曲鼻　　鷹嘴鼻　　　　偏凹鼻

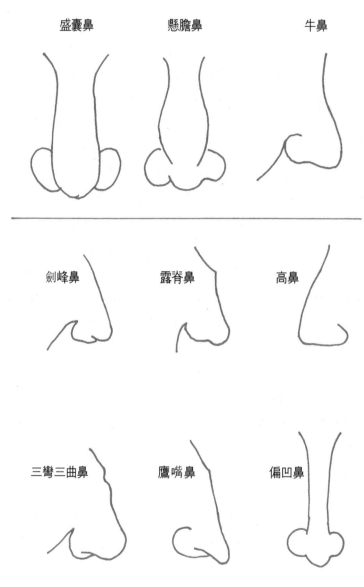

④ 재운이 없는 코의 여러가지

의 줄(線条)에 힘이 들어서 좌우로 벌려진다. 그 반대로 늘 비관하면, 이 줄도 안쪽으로 다가든다.

다음, 코에서 입까지의 거리는 생활력에 대한 낙착력(落着力)과 내구력(耐久力)을 나타내는 것이다. 그 거리가 긴 사람은 생활에 여유가 있고 연구심이 깊으므로 생활력도 왕성하다.

법령에서는, 한편으로 의지력 여하를 보지만 한편으론 직업운도 본다.법령의 줄이 여덟팔자(八)퍼럼 되었고 그 끝머리(末端)가 크고 기세 좋은 사람은 무슨 직업을 가지건 의지가 강하고 연구심도 있고, 수입도 늘고 부하도 많아진다. 또 윗사람한테서도 잘 끌어 올려지는 법이다. 법령은 여덟팔자(八)처럼 벌려져 있으므로, 식록의 부분도 넓다.

법령 전체가 바르게 났더라도 그 말단이 하향(下向)해서 기세가 없어 보이는 사람은, 처음에는 수입운(收入運)이 풍부하지만, 재(財)에 대해

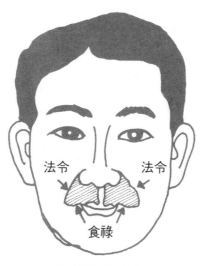

⑤ 식록과 법령

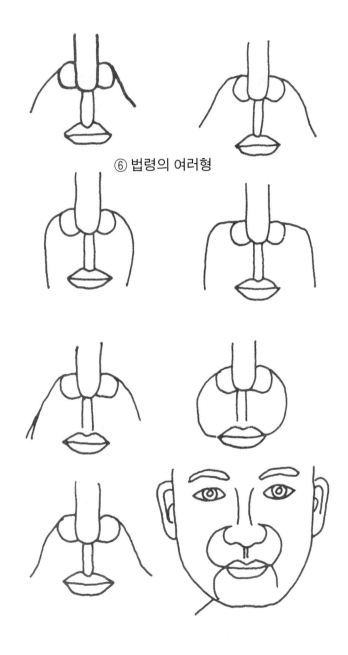

⑥ 법령의 여러형

서 방심하는 나머지, 점차 그 수입이 감퇴한다.

 법령이 입으로 흘러 들어가 있으면, 의지력이 약하고 사회에 대한 활동 능력이 부족하여 항상 자기의 장래를 비관적으로 보는 경향이 있으므로, 그는 점차 수입의 방도를 잃어가게 된다.

 늘 불만을 지니면 법령이 입으로 들어가고, 나아가서는 턱 쪽으로 흘러가 버린다. 턱으로 흐르는 현상을 등사(騰蛇)라고 한다. 이러한 형태의 법령을 가진 사람은 남과 친숙하게 지내지 못하고 신용도 없어서, 으레 고독에 빠지는 결과를 빚어낸다.

 법령의 왼쪽이 길고 오른쪽이 짧은 사람, 또는 오른쪽이 길고 왼쪽이 짧은 이는 철저한 의지력이 부족하다.

 어느 때엔 노력하지만, 때로는 방심 한다는 식으로 자칫 변덕을 부리기 때문에, 그 결과로 직업에 낙착성이 없이 전업(轉業)하기 쉽다.

 법령에 힘찬 기세가 없으면 의지력이 약하다. 좌우 어느쪽이든지 법령이 두 줄기로 되었으면 다정(多情)을 뜻하며, 또 직업의 변화나 실패를 나타내므로 수입운(收入運)도 좋지 않다.

 또 법령의 근(筋)이 안쪽으로 흘러들면, 그는 소심자(小心者)로서 결단력이 부족하여, 자기의 지위나 지반을 차츰 잠식(蠶食)당하는 경향이 있다.

 법령에 기미가 있으면, 경계심이 부족하고 또 의지력이 충분치 못하므로 직업에 있어서나 수입에 있어서 실패를 거듭하기 쉽다.
〈제6도 참조〉

 (3) 복운(福運)과 관계 있는 볼…볼은 물질에 대한 경계심의 여유를 나타낸다. 볼의 살이 홀쭉 패인 분은 마음이 초조하여 금전에 여유가 없다. 사교에 있어서도 성급하고 수입이 있어도 낭비가 쉽다. 〈제7도〉

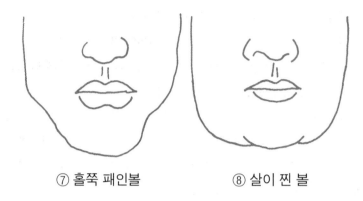

⑦ 홀쭉 패인볼   ⑧ 살이 찐 볼

 반대로 볼에 살이 찐 사람은 지극히 너그럽고 또한 명랑하다. 재산의 운용(運用)도 능란하고, 남과의 사이도 타협적·조화적이므로 남에게서 복운(福運)이 날아 들어오거나 남을 기쁘게 해주고 돈을 획득하는 수완도 가지고 있다. 재미있는 것은, 사람들에게 생활의 여유가 생기면 이볼의 살도 붙게 되어 복상(福相)이 된다는 사실이다.〈제8도〉

 (4) 복운에 관계있는 입…입은 우리의 여러 가지 생각이나 사상의 결론이 집중되는 곳이다. 아무리 그 밖에 복상이 있더라도 입새에 짜임새가 없으면, 결코 그 복운을 보유하지도 못하게 된다.

 크고 작고는 젖혀 놓고, 입이 일직선(一直線)으로 생겨 있고, 항시 입술이 굳게 다물려 있는 사람은 의지가 강하고 신념이 있고, 자기의 마음을 통제하는 인내심도 있으므로, 언제나 복운이 풍부하기 마련이다.

 (5) 복운과 관계 있는 이마의 관자 놀이…흔히 관자놀이라고 일컫는 부분을, 인상에 있어서는 복덕궁(福德宮)이라고 부른다. 이곳은 조화성(調和性)과 원전활탈성(圓轉滑脫性)을 나타낸다. 이 관자놀이 부분이 살쪘고, 상처나 점·기미가 없이 광택이 있는 분은 복운(福運)이 풍부하다. 이 부분이 돌출하고 살이 찐 분은, 재산에 대한 경계심이 있고

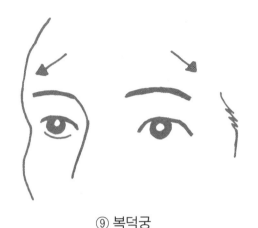

⑨ 복덕궁

낭비하지 않는 성품이므로, 결론적으로 재산복은 있는 셈이다.〈제9도〉
이 부분이 오목하게 패인 분은, 직정적(直情的)이어서 자기의 의지를
노골적으로 표현하여, 정직하긴 하지만 한편 원망성이 결여되어 있다.
또, 성급하고 일의 효과에 대해서 초조하므로, 도리어 자신의 뜻대로
는 되지 않는다. 특히 물질에 대한 신중성이 없고, 물질이나 금전을 가
볍게 보며 낭비하는 경향이 강하므로, 늘 물질에 쫓기다시피 되기 쉽다

9. 복운과 귀의 생김새

귀의 생김새도 또한 재운과 관계가 있다. 귀는 얼굴의 표징(表徵)이
며, 안면의 형태는 대체로 귀의 생김새 모양과 닮기 마련이다.
귀를 셋으로 분류한다. 귀의 윗부분은 얼굴의 이마에 해당하여 명예
심의 욕망을, 가운데 부분은 얼굴의 콧줄기나 광대뼈에 해당하여 권력
이나 지위에 대한 욕망을, 아랫부분은 물질에 대한 욕망을 나타내는
것이다.

그러므로, 물질운(物質運)을 보려면 귓바퀴의 아랫쪽인 귓볼(耳垂珠)
이라는 부분을 중요시해야 한다.

또 귀를 셋으로 나누어서 상부를 지혜, 중부를 의지, 하부를 정(情)이
라고 한다. 따라서, 여러 모로 평균된 좋은 귀인 금이(金耳)·수이(水
耳)·토이(土耳)·기자이(棋子耳)·어깨까지 늘어진 듯 보이는 수견

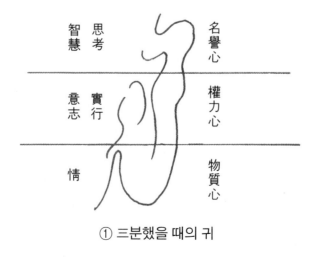

① 三분했을 때의 귀

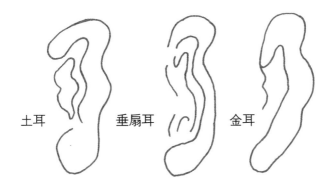

② 복상인 귀의 여러 생김새

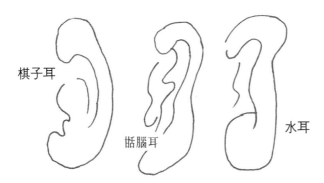

이(垂肩耳), 첨뇌이(甛腦耳)등 〈제2도〉의 귓바퀴는 제법크고 살도 찌어 있다. 이러한 귀의 소유자는, 물질의 운용에 능란하고 사교적 교섭도 원만하므로 복운도 풍성하기 마련이다.

이에 반해서 귓바퀴가 조그만 목이(木耳) · 화이(火耳) · 선풍이(扇風耳) · 서이(鼠耳) · 전우이(箭羽耳), 귀의 가운데 부분이 튀어 나와서 귓바퀴가 없는 저이(猪耳)〈제3도〉, 또는 살이 말랑한 귀 등은 재물에 대한 운용이나 심리적인 결함 때문에 복운을 획득하거나 보유할수 없다.

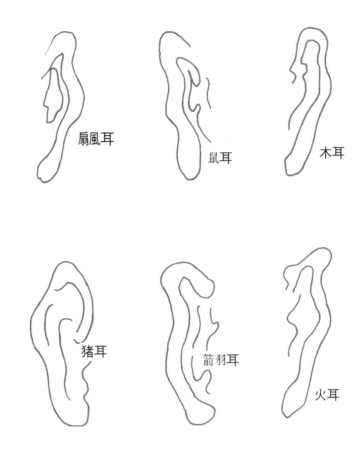

재운에 관해서 지금까지 여러 가지로 풀이했거니와, 그 중에서 하나
의 장점이나 복덕(福德)이 있는 한 부분을 가진 분은, 백빈(百貧)을 면
할 수 있을 것이다.

10. 빈상이거나 현재 빈곤한 자는 어떻게 하면 개운될까?

여기서 말하는 빈곤은, 항상 생활의 여유가 없이 금전이나 물질에 쫓겨 사는 사람을 말한다.

수입이 있으면 돈에 부자유를 느끼지 않는다고 생각하기 쉽지만, 아무리 수입이 있어도 돈에 부자유를 느끼는 사람이 있다. 또 수입이 없어도 돈엔 부자유를 느끼지 않는 이도 있다.

돈에 부자유를 느끼지 않는 비결은 수입에 있지 않고, 지출의 면 즉, 소비 여하에 달려 있는 것이다.

아무리 콧대(鼻柱)의 공격력이 강하더라도, 콧방울(鼻翼)의 방어력 · 저축력이 결핍되어 있으면, 수입이 증가하여도 그 증가율 이상으로 헤프게 돈을 쓰는 경향이 있다.

세상에는, 당당한 신사가 택시만을 타고 다니니까 굉장한 갑부로 생각했지만 그에겐 막대한 빚이 있었고, 반대로 그 택시 운전사는 아주 가난한 듯이 보였지만, 실은 수 천만 원이나 저금이 있고 집도 몇 채나 있더라는 예가 있다. 또, 은행의 지점장보다는 수위가 실속 있는 부자였다는 예도 있다. 이러한 실례는 실로 적지 않았다. 이런것도, 수입이 재산을 만드는 유일한 길이 아니고, 헤프게 쓰지 않고 저축력을 가진 사람에게 재산이 쌓일 가능성이 있다는 진리를 증명하는 것이다. 따라서 만일 당신이 돈에 자유롭지 못하면 다음과 같은 점이 있는지 없는지를 반성해 보아야 한다.

(1) 수입을 믿으며 소용없고 급하지 않은 물건을 사들이지는 않는가…
수입이 많은 실업가나 자기 경영의 상공업자나 그 밖의 자유업자에 비
해서 봉급 생활자는 수입이 정해져 있으므로 그 수입에 따라서 경제를
고려해야 할 것이다. 따라서, 이 정도는 괜찮겠지 하며 아직 수중에 들
어오지도 않은 수입을 지레 셈하여 낙관 하고 지출한다든가 낭비해 버
리는 경향이 있는데 그러한 생활 태도는 결코 진지한 생활이라고 할
수 없다.

이와는 달리 될 수 있는대로 소비하거나 지출하지 않는 사람은 언제
나 돈의 여유가 있게 되는 것이다.

(2) 가난을 감추고 있지는 않는가?…자만심과 저만 잘난 척하는 버릇
은 누구에게나 공통된 일이기는 하지만 자기에게 돈이 없더라도 남에
게 가난뱅이라고 얕잡히면 기분이 좋을리 없는 것이다. 그러므로 부자
인양 보이고 싶은 것은 인지상정이다.

수입에 비해서 너무 비싼 셋집을 얻는다든지 실제로는 힘에 겨운 노
릇인데도 불구하고 의복이나 교제에 있어서 돋보이게 함으로써 부자
처럼 행세하고 싶은 것이다. 그러기 때문에 실속은 점점 가난해진다.
「돈이란 세상을 돌고 도는 것」이란 말과 같이 있다가도 없어지고, 없
다가도 생기는 수가 있는 것이 인생(人生)이고 보면 수입이 없을 때 생
활을 낮추어 놓으면 비교적 간단히 올라설 수가 있는 것이다.

생활을 낮추지 못하는 것은 지나간 화려했던 무렵의 체면이나 인상
(印象)이나 허식이 당신 자신을 속박하고 있기 때문이다. 옳은지 안 옳
은지 모르는 화려했던 옛날의 생활이 다시금 틀림없이 돌아온다고 생
각하여, 마치 그림의 떡을 먹을 수 있다는 듯이 몽상(夢想)하고 있는
까닭이다.

따라서 빚 얻어 쓰는 데 재미를 붙이게 되어 드디어 빚 때문에 아주 망쪼가 들어서 비참한 신세로 떨어져 버리게 된다. 옛날의 명문(名門)이라고 하던 집안이나 구가(旧家)라는 집안 가운데 가계적(家計的)인 허영 때문에 궁핍을 감추고 직업(職業)을 골라 잡으려 하면서도 그 기울어지는 집안을 부흥시키지 못하고 있는 사람이 그 얼마나 많은가.

현재의 됨됨이 그대로 적나라한 그대로의 생활을 할 것. 그리고 노력을 계속한다는 것이 돈에 부자유를 느끼지 않는 비결인 것이다.

(3) 적은 물건이라고 우습게 여기지 않는가…당신은 삼만원·오만원쯤 되는 다소 큰 돈은 생각해서 쓰지만 무 하나, 생선한마리, 백원·오백원같은 교통비, 백원·이백원 짜리 물건을 살 때에는 세심한 주의를 안하는 것이 아닌가. 그 사소한 오십·백원의 차이가 당신의 낭비에 원인이 되어간다. 삼십만원이나 오십만원 같은 뭉텅이 돈을 낭비하는 사람은 대단한 방탕아 이든가 허영가(虛營家)가 아니고선 없겠지만 적은 돈을 몇십번·몇백번씩 헤프게 쓰는 곳에 당신의 낭비가 있고 그것이 돈에 쪼들리게 되는 결과를 가져오게 하는 것이다.

(4) 불시(不時)의 수입은 적은데, 불하는 방침을 쓰고 있는가…고정 수입 이외의 뜻하지도 않은 수입이라고 할만한 것은 흔히 있지 않다. 복권(福券)이 당첨되든가 경마에서 벌었다 하더라도 그것은 한때의 요행이요 대개의 경우는 악전(惡錢)이란 몸에 붙지 않는다고 하듯이 그 당장에 낭비하는 원인이 되거나 또는 사행심을 점점 증가케 해서, 모처럼 얻은 돈을 또 그 때문에 소비해 버리게 된다. 따라서 불시의 수입은 대개의 경우 당신을 가난으로 몰아 넣는 신(神)의 시련이기도 하다.

불시의 수입은 적지만, 불시의 지출은 비교적 많은 것이다. 그것은 인간에게 으레 붙어 다니는 천재·질병·도난·사망 등으로 소요되는 비용이다. 따라서 불시의 지출은 언제 닥쳐오는지 작정되어 있지 않으므로 현재의 수입으로 빠듯하게 생활을 해 나가는 살림 태도로서는 도저히 가난을 면할 도리가 없는 것이다.

(5) 이익보다 손해를 안보도록 하는 방침을 쓰고 있는가…너무 벌겠다고만 생각하고 나아가면 반대로 손해를 보게 된다. 그것은 벌겠다는 욕심한 나머지 상대방의 술책(術策)에 빠진다든지 일 자체의 중심을 냉정히 통찰하지 못하기 때문이다.

그런데 손해를 될 수 있는대로 적게 보려고 마음을 쓰는 그 자중한 태도는 도리어 의외로 돈을 벌게 하는 것이다.

(6) 남의 선동(煽動)으로 움직이는 것은 아닌가…인간의 근성(根性)은 작은 것으로서 조금이라도 돈이 모이면 위세를 부리고 싶은 것이다.

그 점이 남에게 선동되기 쉬운 약점으로서 회사의 창립 위원으로 추켜 올려진다든지 공공 단체의 역원(役員)으로 추천된다든가, 하여간 당신 주위엔 가지가지 허영(虛榮)의 무리가 꾀어든다.

보증인이 되었다가 파산되기 쉽고 가난뱅이가 되기도 한다. 돈이 있는지 없는지를 알고 있는 것은 바로 본인 뿐이다. 실제로 돈이 없는데도 돈 있는 부자인양 취급을 받고는 덮어 놓고 좋아하게끔 되어 버리면 이미 마지막이다.

(7) 빚을 고통으로 여기는지…당신이 남에게 빚을 졌다고 할 때 당신은 그것을 고통으로 여기는가? 고통으로 여기지 않으면 당신의 돈에 대한 관념(觀念)은 영점이며, 동시에 빚은 점점 더 늘어만 갈 것이다.

또한 남의 빚이 많은 것을 오히려 자랑으로 삼는 사람이 있는데 그 사람은 우선 성격적으로 이상(異常)한 사람이며, 이러한 사람은 일생을 가난 속에 살게 될 것이다.

(8) 물질을 귀중하게 여기는지…부자가 되는 방법은, 이자가 늘어가는 계산이나 방법을 연구하며, 저금보다는 공채(公債)가 좋다거나 주권(株券)을 사는 편이 훨씬 이익이 되지 않을까 하고 생각하는 데에 있는 것이 아니라, 물질을 귀중히 여기는 것이야 말로 치부(致富)의 비결이다.

한 자루의 연필도 아껴 쓰고, 의복 또한 곱게 입으며 종이 한 장이라도 귀하게 쓰듯이 물건을 소중히 다루면 그 물건은 즐겨 당신의 것이 될 것이다. 이것만이 물질에 대하여 부자유를 느끼지 않게 되는 유일한 비결임을 잊어서는 안될 것이다.

(9) 수지 장부(收支帳簿)를 연구하고 있는가…매년 또는 매월의 수입은 당신의 노력의 결과인 것이다. 힘껏 일을 해서 얻은 사회적인 보수일 수도 있고, 적은 노력으로 많은 보수를 얻게 되는 경우도 있을 것이다. 여하간에 어떠한 경우든 모두 당신의 노력의 결과임엔 틀림 없다.

이와 반대로 매년 또는 매월의 지출은 당신에게 필요한 생활비나 당신의 낭비를 위해서나 장래를 위한 저금이나, 장래를 위한 어떠한 투자(投資)나, 또는 친구나 친척 사이의 교제비 등에 해당되는 것이다. 우선 이 지출을 냉정히 연구하지 않으면 당신은 곤궁한 사람이 될 것이다.

당신은 교제비라고 하면서 자신의 향락을 위해 유흥비를 낭비하고 있지는 않은가? 또는 장래에 당신을 행복하게 할 수 있는 수양 독서비(修養讀書費)라든지 연구나 집회의 비용을 내지 않으려고 주춤거리지는 않는가?

당신의 극기심(克己心)은 당신의 낭비—즉 차나 담배나 술이나 또는 여러 가지 유흥에 관한 비용과 반비례되고 있는 것이다.

당신은 장래를 복돋아 줄 비용인 저금·보험 등에 수입의 몇 퍼센트
나 지불하고 있는가? 사무실 또는 점포 이외의 집세는 매달 소모비로
서 없어지고 마는 것이다.

당신이 매일 쓰고 있는 용돈이나 점심값, 차값은 수입의 몇 퍼센트에
해당되고 있는가?

자신의 생명의 연장이며 만년의 행복의 토대가 되는 자녀들의 교육비
에 인색하지 않는가?

여하간 여러 가지 생각해 볼 문제들을 당신의 지출장은 밝혀주고 있
는 것이다. 수효나 무게로는 당신의 마음이 나타나지 않지만, 매년 매
월의 지출장의 금액의 유별(類別)은 당신의 마음을 명시해 주고 있는
것이다.

위에 말한 바와 같은 여러 가지 점이 인상(人相)으로 보아 빈상(貧相)
에 속하는 사람들에게는 공통된 심리적 결합인 것이다.

제 3 장
당신의 결혼 · 연애운은 어떠할까?

결혼이란, 남자와 여자가 서로 사랑하고 서로 도와가는 생활을 일컫는다. 가장 친밀한 공동생활이 재미가 없어지게 되고 마침내 파탄이 오게 되는 경우는, 부부중 어느 한 쪽에 반드시 인간으로서의 결점이 있다고 하지 않을 수 없는 것이다.

다음에 들어 보는 사람들은 결혼운이 없어서 대개의 경우에 재혼(再婚)하기 쉬운 사람들이다.

(1) 여상(女相)의 남자…남자는 어디까지나 남성적인 체격과 성격이 필요하며, 여자와 같은 성격의 남자는 결혼 생활에 파탄이 많고, 이성(異性)의 유혹을 받아 실패하기 쉽다.

그 인상(人相)은 ① 여상(女相)이라고 하여 안색이 담도색(淡桃色)으로 아름다운 사람 ② 안색이 때때로 변하는 사람 ③ 얼굴에 개기름이 흐르고 지방(脂肪)이 많으며, 머리털이 가늘고 부드러운 사람 ④ 여자와 같이 고운 사람 ⑤ 머리밑이 짙어서 몹시 까만사람 ⑥ 여자와 같이 목덜미가 깊고 솜털이 많으며 부드러운 사람 ⑦ 수염이 나지 않은 사람, 또는 이와 반대로 수염이 많이 나고 뻣뻣한 사람 ⑧ 여자의 눈썹과 같이 눈썹이 예쁜남자 또는 눈썹이 대단히 옅게 난 남자 ⑨ 속눈썹이 많고 입매가 예쁜 사람 ⑩ 눈언저리가 늘 붉은 사람 ⑪ 피부색이 희고 아름다운 사람 ⑫ 어깨가 처진사람 ⑬ 콧방울에 힘이 없는 사람 ⑭얼굴에 힘이 없는 사람 ⑮ 모든 동작이 여자와 같은 사람—이상의 남자는 색정(色情)이나 연애 문제에 빠지기 쉬우며 게다가 생활력까지 약하여 결혼운이 그리 좋은 편이 아니므로 될 수 있으면 결혼상대로서 택하지 않는 편이 좋다.

(2) 남상(男相)의 여자…여자는 어디까지나 여자답게 상냥하고 친밀하며 애교 따위가 있어야 한다. 그와 반대로 다음과 같은 여성들은 남편을 누르고 이기려 하기 때문에 결혼운이 좋지 않다.

① 모든일에 나서서 간섭하기 좋아하는 사람 ② 성급한 사람 ③ 음성이 크고 힘이 센 사람 ④ 목이 굵은 사람 ⑤ 어깨가 성난 듯이 벌어진 사람 ⑥ 명궁(命宮 = 눈썹과 눈썹 사이)이좁고 심줄이 있는사람 ⑦ 얼굴결이 거칠은 사람 ⑧ 볼이 움푹 패인 사람 ⑨ 광대뼈가 나온 사람 ⑩ 입이 크고 힘이 센 사람 ⑪ 콧방울이 성난 듯이 생긴 사람 ⑫ 아래 턱밑이 불쑥 나온 사람 ⑬ 코가 유난히 높은 사람 ⑭ 눈이 두드러지게 큰 사람 ⑮ 미골(尾骨)이 높은 사람 ⑯ 법령(法令)의 선(線)이 유난히 뚜렷하게 난 사람 ⑰ 이마가 넓고 앞으로 나온사람, 이들의 결혼운은 별로 좋은 편이 아니다.

(3) 여상(女相)·남상(男相)을 가진 사람의 결혼운을 좋게 하려면…이와 같은 사람은 반드시 결혼이 불행하게 된다는 것이 아니고, 결혼 생활에 있어서는 위험성이 많은 성질을 나타내고 있다는 말이다. 따라서

그것을 없이 하려면 합성(合性)이 좋은 상대방을 골라 여성은 그것을 남성적 성질을 남자는 자기의 여성적 성질을 서로 서로 항상 반성하고 수양(修養)한다면 결혼운에도 재앙(災殃)이 미치지 않을 것이다.

(4)어떠한 사람이 연애에 실패하는가…다음에 말하는 사람들은 실패하기 쉬운 성격을 지니고 있다.

연애에 실패한다는 데에는 여러 가지 이유가 있겠지만 그 가운데서 중요한 것은 남자·여자 똑같이 상대자한테 속아서 정조나 재산을 잃어버리는 경우, 서로가 그리워하면서도 짝을 이룰 수 없는 경우, 배우자가 있는데도 불구하고 달리 애인이 생겨서 삼각 관계를 이루는 경우 같은 것이 있겠다.

남자에 있어서는 ① 남성에게는 그다지 친절하지 않으나 여성에 대해서는 매우 친절하고, 여성의 심리를 수람(收攬)하고 농락하는 사람─ 그 대부분은 사기(邪氣)가 없는 얼굴의 사람, 보조개 웃음을 짓는 사람, 살이 쪄서 몸이 디룩디룩한 사람, 목소리가 가냘프고 힐끗거리는 사람, 수염이 없는 사람, 눈썹이 엷은 사람, 뺨이 불그레한 사람. ② 여성에게 쉽사리 마음을 빼앗기기 쉬운 사람─그 대부분은 눈썹의 털이 가늘고 실 같은 사람, 눈빛이 요염하게 빛나는 사람, 눈까풀에는 옆으로 깔린 주름살이 많은 사람, 코가 동그스럼하고 입술이 몹시 두꺼우며 짜임새가 없는 사람, 남자로서 말상(馬相)인 사람, 눈의 둘레가 거무스럼하고 주름살이 많은 사람 등은 흔히 연애(戀愛)에 실패하기 쉽다. 여성의 경우에 있어서는 ① 긴 얼굴이나 네모진 얼굴보다는 동그스럼한 편이 연애에 대해서 위험성이 있다. 그것은 동정이라든가 친절이라든가 하는 인정에 여린 까닭에 자칫하면 몸을 망치기 쉬운 것이다. 이런 형(型)의 부인은 특히 그 점에 유의하지 않으면 안된다. ② 거므스레하고 어딘지 윤기가 있어 보이는 눈, 이것도 동정이라든가 인정에 넘어가기 쉬운 눈이다. ③ 눈이 가늘고 길면서 눈끝이 아래로 처진 사람, 양쪽 눈의 간격이 너무 넓은 사람, 어쩐지 어정쩡한 눈초리를 한 사람은 남자에 대하여 저항력이나 경계력이 부족하므로 여간 조심하지 않고서는 몸을 그르치게 된다. ④ 코가 경단처럼 동그란 경단코이며 콧날이 낮은 사람은 자존심(自尊心)이 결여되어 몸을 그르치기 쉽다. ⑤ 눈알이 검고 시원스럽게 보이는 눈을 가진 사람, 화려하게 치장을 해도 어울리지 않는 사람, 대낮에 보면 곱지 않고 밤에 보면 곱고 예쁜 사람, 말이 많은 사람, 남을 만나면 대뜸 웃는 사람, 앉았을 때에 차분하게 앉아 있어도 손을 노상 움직이고 있는사람, 구부정하게 앉는 사람, 남자에 대해서 어렵잖게 말을 거는 사람. 이러한 사람은 남편에게 유순(柔順)하지 못하고, 자기 스스로 남성을 구하기 쉬우므로 삼각 관계 같은 경우를 빚어내기 쉽다.

(5) 연애에 실패하기 쉬운 사람은 어떻게 하면 좋은가…연애에 실패하기 쉬운 사람은 또한 상대방에게 쉽사리 유혹되어서 경솔한 결혼을 하게 되기가 쉽다. 그리고 장래에 후회할 결혼 생활을 영위하여 한평생을 불행스럽게 보내는 사람이 저지 않다. 그것은 첫째로 냉정히 이성의 성격이나 처지도 통찰할 능력이 없기 때문에 인정에 사로잡혀서 당신의 영지(靈智=영혼이 지닌 슬기)를 가리게 했던 결과로서 나온 것이다. 결혼 문제에 있어서도 자기 마음대로 상대방을 선택하기 보다는 제삼자인 부모 형제라든가 친구에게 선택의 도움을 받는 편이 행운을 얻기 쉽다. 만일에 연애 문제가 일어나면 항상 당신의 주위에 있는 사람의 공평한 비판이나 비평같은 것을 들어서, 가벼이 움직이지 말고, 남자거나 여자거나 정조를 지키도록 힘써야 하는 것이다.

① 연애운이 좋지 못한 여성의 눈

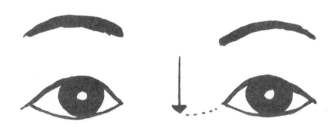

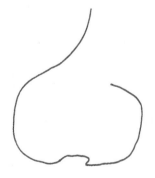

② 연애운이 좋지 못한 경단코

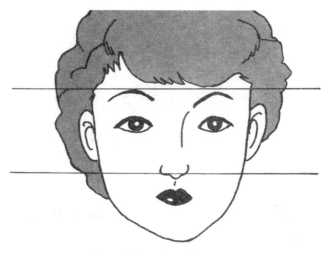

③ 결혼운의 부위(部位)

⑹ 남자건 여자건 배우자(配偶者) 사별(死別)하든가 이혼(離婚)할 인상 (人相)…이상과 같은 결점이 없더라도 아내와 사별(死別)하게 된다든 가 이혼하게 되는 사람이 있다.

이 경우는 반드시 눈썹과 눈썹의 한가운데와 눈 언저리에 나타나기 마련이다.

남자건 여자건 모두 〈제3도〉처럼 눈 아래와 눈씹 사이는 결혼운(結婚 運)을 나타내는 곳으로서 거기에 결점이 있으면 부부의 인연이 변화하 는 것이다. 따라서, 눈끝이나 눈구석의 기미나 흠집, 눈끝이 옴팍 들어 간 눈 같은 〈제4도〉 것은, 사별·이별의 위험성이 있다. 기미 뿐만 아 니라 반점이라든가 피부에 오색(汚色)이나 오점(汚点)이 있어도, 병난 (病難)이나 말다툼 같은 불행을 암시하는 것이다.

또한 수상(手相)에 나타나 있는 결혼선(結婚線)을 보고 배우자의 사별 이나 이별을 보는 방법도 있다.

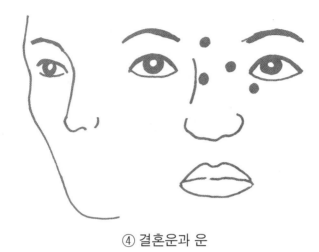

④ 결혼운과 운

　(7) 부부가 함께 벌이를 해서 행복한 사람…이것은 대개 여성의 입장
이지만 보통으로 결혼 생활을 하기보다도 부인 자신이 일정한 직업—
말하자면 사무원 · 미용사 · 요리사 · 의사 · 상공업 같은 직업을 독립
해서 가지고 있다가 결혼한 후에도 역시 그만두지 않고 계속하면서 결
혼 생활이 행복한 사람도 있다. 이런 사람의 상(相)은 부인이면서도 남
자 같은 인상(人相)으로서, 광대뼈가 팽팽하다든가 아래턱밑(下重隅)이
크다든가 입이 크다든가 눈이 크다든가 다분히 적극적이면서 진취적
인 인상(人相)의 여성이다. 이러한 상(相)의 부인은 처녀 시절에 직업
교육을 받을 필요가 있다. 만일 직업 교육을 받지 못하고 현재까지 지
내온 사람은 보통의 월급장이가 아니라 사람을 많이 사용하고 사람들
을 응대(應對)하는 분망(奔忙)한 상인에게 시집가면 남편을 도와 주고
행복한 생활을 하게 된다.
　(가), (나)는 화살표로 나타낸 아래턱밑(下重隅)이나 광대뼈이다. 어떠

한 직업이라도 노력해서 부부생활을 행복하게 영위해 갈 수가 있다.

아무튼, 지(智)·정(情)·의(意)가 반복되는 곳에 당신 자신의 운명이 짜여져 나아가는 것이다. 지·정·의의 정도는 선천적으로 다소 다른 것이어서 천성적인 여러 성격을 낳으므로, 당신 자신은 우선 자기의 지·정·의의 분량에 관하여 조용히 반성할 필요가 있을줄 안다.

(8) 결혼하는 시기(時期)는 몇 살인가, 또 몇 살쯤이 좋은가…남자는 대체로 자동적이며, 자기의 생활이나 가정의 형편에 따라서 어느정도 신축(伸縮)이 있으므로 여기에서는 말하지 않겠다. 여자는 대체로 수동적이며 또한 청혼을 받게 되는 편이기 때문에 적극적으로 남자에게 구혼하게 되는 경우가 별로 없다. 대체로 보아서 청혼을 일찍 받게 되는

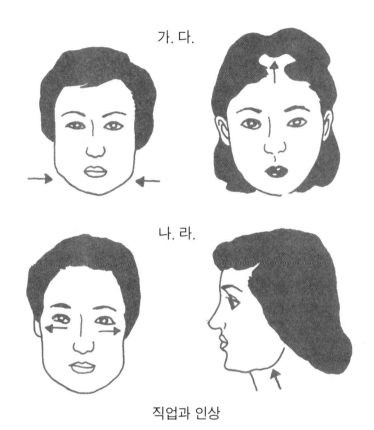

직업과 인상

사람은 상냥하고 애교가 있으며, 마음이 차근하고 목소리가 부드러운 느낌을 준다. 게다가 품행은 바르고, 머리는 동그랗고 등이 두툼하며, 매우 다사로운 느낌을 주는 사람으로서 남이 이끌리게 되는 매력을 지닌 사람이다. 이러한 사람은 그 성격도 다부지면서 온전하여 조혼(早婚)을 하더라도 행복한 사람이다.

다음에, 얼핏 보아 애교가 지나쳐서 미태(媚態)가 많고, 「유혹을 받으면 내 어찌 생각 없으리」하는 따위의 느낌을 주는 사람이나 말솜씨나 동작이 가볍고, 말을 할 때에 덮어놓고 픽픽 웃는 사람이 있다. 이들은 자진해서 결혼을 서둘러 하지만 흔히는 경솔한 결혼으로서 그 결혼 생활은 또한 자기 자신이 파탄을 일으키게 하는 것이다.

만혼(晩婚)의 부인은 얼핏 보아서 어쩐지 칼을 품은 듯 가까이 하기 어렵고 상냥하지 못한 사람, 새침떼기로 애교가 없는 사람, 기품(氣品)이 높아서 아리땁지만 냉정한 느낌을 주므로 남자가 속으로 두려워하고 친해질 수가 없는 사람, 아름다우나 어쩐지 쓸쓸해 보이는 사람, 윤곽이 엷은 사람, 어두운 느낌을 주는 사람, 목소리가 깔깔한 사람 등이 있다.

이러한 사람들은 남을 이끌어 들이는 힘이 부족한 까닭에 청혼을 받는 일이 적은 것이다. 그리고, 청혼 되더라도 남성을 고르는 품이 여간 까다롭지 않으며, 저렇지도 않고 이렇지도 않다고 해서 우물쭈물하는 통에 차차로 혼기를 놓쳐서 늦어지는 것이다. 이러한 사람들은 스물 여섯 살 이후에 결혼하는 편이 행복하다. 또 자기와 상당한 연령의 차이가 있는 남자와 짝을 지으면 행복을 얻기 마련이다.

(9) 만혼(晩婚)으로 번민(煩悶)하는 사람…상당히 나이가 들었어도 아직 결혼을 못한 사람이 적지 않은데 결혼이 늦는다고 해서 결코 불행하다고 할 수는 없다. 다만 여기에서 생각해야 될 것은 당신은 너무도 완전한 남성만을 골라 잡으려고 따지며 애쓰고 있지는 않을까? 당신뿐만 아니라 당신의 부모나 형제까지도 상대방의 남성이 건강하고 수완가이며 품행이 좋고, 재산도 가졌고, 수입도 있고, 딸린 사람이 적으며, 상당한 사회적 지위를 가진 남자를 요구하고 있지는 않는지. 아마도 이러한 조건으로 따지면 당신이 구하려는 남성이란 이 세상에 드물 것이다. 누구에게나 장점도 있겠고, 단점도 다소는 가지고 있는 법이

다. 요컨대 그 결점이 당신의 결혼생활의 장래에 장애를 끼치게 되느냐 않느냐 하는 것이 문제일 뿐이다. 필경 너무 고르기만 좋아 한다는 것은 당신 자신이 절대로 결점하나 없는 사람이 아닌 이상은 무리한 일이 아닐 수 없다. 당신은 그러한 고르기 좋아하는 까다로움 때문에 혼기가 늦어지고 있지는 않을까.

 그러나, 이러한 이유는 아니면서도 혼기가 늦어지는 사람들도 물론 있다. 그러한 사람은 반드시 속으로는 몹시 초조해 한다. 그 초조의 원인으론 부모 형제 앞에서의 체면이라는 가정적 사정도 있겠지만, 부부생활에 의해서 태어나는 어린애의 출산 시기가 늦어진다는 조바심이 일어 난다고도 생각할 수 있다. 오십 년 전의 시골 농촌에서는 십 칠팔 세로서 아들 딸을 낳은 사람도 있고, 서른 살쯤 되면 할머니가 되었다는 자각과 안심으로 눈에 띄도록 노쇠(老衰)해 버리는 것이었다. 그러나 오늘날의 도시 사람들은 남자 예순 살이면 아직 활동 연령이며, 겨우 초등학교를 졸업한 정도의 아들 딸이 있는 사람도 적지 않게 있다.

 일찍 결혼해서 장남이 출생했다고 해서 그 아들이 반드시 뒤를 상속한다고는 정해져 있지 않다.

 어느 부인은 열 아홉 살에 장남을 낳고, 그 아들이 결혼 적령기가 되었을 때에도 자신은 아직 마흔살 안팎의 젊음을 누릴 수 있다고 매우 기뻐했다. 그러나 그 장남은 부인이 서른 살 때에 열한살로 요절(夭折)하고, 서른 다섯 살에야 차남을 낳아서 가까스로 상속을 얻었다. 그런 실례도 있는 것이다. 조혼했다고 해서 반드시 첫아이가 쓸모 있는 것은 아니다. 이 점에 관해서 「레드필드」는 미국에서 태어난 위인들의 출생과 그부모의 연령을 비교하면 부모의 나이가 들어서 태어난 사람일수록 현명하다고 한다.

그 주요인물을 예로 들면,

「워싱턴」은 아버지가 38세 때에 출생, 「링컨」은 아버지가 43세 때에 출생, 「에드워즈」는 32세 때에 출생, 「그에르」는 어머니가 32세 때에 출생, 「프랭클린」은 아버지가 51세 때에 출생, 그리고 「아포오드본」은 아버지가 57세 때에 출생하였으며 부모의 평균 연령은 36세 6개월 이다. 혼기가 늦었다 해서 비관할 것은 없는 것이다.

(10) 결혼으로써 행운을 얻는 사람…남자의 경우건 여자의 경우건 대체로 인상이 좋고, 눈의 둘레나 수상(手相)의 결혼선에 결함이 없고, 또 여자 얼굴 같은 남성이나 남자 얼굴같은 여성이 아니면, 그 결혼운은 행복하다고 보아서 무난하다. 특히 결혼에 의하여 행운을 얻는 사람은 예상외로 많다는 것을 알아야 할 것이다.

양자(養子)로 들어가서 행운을 차지하는 남자는 이마가 약간 앞으로 튀어 나오고도 넓고, 반점이나 기미가 없이 윗 눈까풀도 넓직한 생김새이다. 둘째 아들 이하로 태어났더라도 부잣집에 양자로 들어가서 힘들이지 않고 재산을 상속할 수 있을 것이다. 〈제5도〉

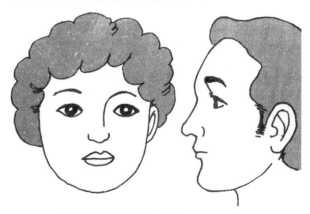

⑤ 결혼운이 좋은 인상

제 2 부

여러가지
인상을 보는 방법

◈상(相—인상, 수상, 골상따위)은 노력여하로 바꿀 수 있다.

어떠한 사람이라도 자기의 얼굴이 꼭마음에 드는 사람은 없다고 한다. 얼굴 전체가 싫은 것은 아니더라도 어딘가 한두 군데는 싫은 점이 있는 것이다.

눈이 싫다든가 입이 마음에 들지 않는다든가 여러 가지 불평 불만이 있다. 그러나 어쩔 것인가. 이 질문에 대하여 두가지의 대답이 돌아오는 것이다.

첫째는 어찌되었건 그것은 부모에게서 얻은 것이니 구태어 바꿀필요

상(相)은 내면에서 바꿀 수 있다.

가 없다는 사람과, 둘째로는 잘 교정만 할 수 있다면 그런 점에 구애되지 말고 정형을 하면 될 것이 아니냐 하는 사고방식이다. 나는 어느쪽인가 하면 전자쪽을 지지 한다.

무릇 인상이라는 것은 대뇌(大腦)작용의 그림자 같은 것으로서, 아무리 그림자쪽을 잘 손질하려고 노력해도, 대뇌의 본질, 즉 인간 자체가 변화되는 것은 아니다. 그래서 그 사람의 운명, 성격도 당연히 변화될 수는 없는 것이다.

알맹이(속에 든 것)를 개선하면 자연히 인상도 개선되는 것이 도리이다. 열심히 책을 읽고 있는 사람의 얼굴은 언뜻 보기만 해도 알 수 있다. 그 사람에게서 총명함이 흐르고 더구나 자신감을 엿볼 수 있는 것이다. 정형을 하기 보다는, 한권의 책이라도 읽고, 교양을 쌓는 편이 현명할 것이다.

피상(皮相＝겉모양)의 정형은 본래의 것이 아니다. 속에 플라스틱 등을 넣을 경우, 겉의 피부는 대관절 어떻게 될 것인가? 오히려 생기를 잃어버려 인상은 더욱 나빠질 뿐이다.

웃지않은 코, 표정이 없는 볼(빰)이 결코 길상(吉相)으로 생각 되기 힘들다. 이런 일로 운세(運勢)가 변해지지는 않기 때문이다.

반대로 정직하지 못하게. 남의 눈을 속이려는 천한 마음씨는 결코 그 사람을 행복하게는 하지 못할 것으로 생각한다.

다만 교통사고 등으로 엉망이 된 얼굴을 정형하는 것은 당연한 일이다. 사고 이전의 얼굴로 교정할 필요가 있는 것이다.

인위적으로 가해진 파괴를 원상태로 정형하여 타인에게 불쾌한감을 주지 않는 것이 중요하다. 그대로 방치해서는 안된다. 그것은 현대의 그 사람의 얼굴이 아니기 때문이다. 알맹이(속)와 겉이 일치되지 않으면 부당 표시가 된다.

여배우 중에는 인기가 하락되거나 나이를 먹게되면 정형하는 사람이 있다. 한 때는 인기를 회복할지 모르지만 결국은 다시 잃게 마련이다.

원래 매력이 없었기 때문에 사라져간 것이다. 그것을 표면(겉)의 팩(pack=피부 미용법의 한 가지)만으로 아무리 손질하더라도 잘 될리가 없는 것이다. 그녀들은 그 후, 타인의 얼굴을 자기 얼굴에 달고 생활하지 않으면 안되는 것이다.

흔히들 이곳의 사마귀가 불길하다고 해서 떼내는 사람이 있다. 그러나 그 다음에는 약간의 상처가 남게 될 것이다.

신경질적인 사람은 될 수 있는대로 초조한 마음을 갖지 말고, 마음을 너그럽게 가진다면 자연히 마음의 여유도 생겨 눈의 잔주름도 없어질 것이다.

웃으면 복이 온다는 말이 있다. 웃으며 살면 자연히 길상(吉相)이 되는 것이다. 우선 속, 즉 알맹이부터 바로 잡자.

이것은 역시 인상이 좋아지는 하나의 요령이라고 생각한다.

(1) 표정은 얼굴의 모양을 바꾼다.

감정이 풍부한 사람일수록 표정이 변하는 것이다. 마음의 내용이 변화되는 정도가, 곧 얼굴의 움직임이 되어 나타난다.

노여움, 기쁨, 슬픔, 영향등. 모든 표정이 일관성(一貫性)을 지니고 지나간다. 그 다음에는 아무것도 남지 않는 것이 보통인데, 커다란 기쁨이라든가 슬픔이라는 것은, 그 무엇인가를 남겨 놓고 가는 것이다.

소름이 끼치는 듯한 참극을 본 사람의 머리카락이 하룻밤 사이에 백발로 변해버렸다는 이야기는 이러한 예의 하나일 것이다.

이렇게 까지 극단적이 아니더라도 우리들의 표정은, 그 무엇인가의 형태로 조금씩 그 사람의 얼굴 모양을 바꾸어가고 있다.

그래서 아브라함 링컨은 「40이 지나면 자신의 얼굴에 책임을 져라」라고 말했을 것이다.

눈을 부릅뜨고 어금니를 꽉 깨문 성난 표정을 계속 유지하고 있는 사람은, 결국은 그 성난 표정이 고정되어 눈에 가시가 생기게 된다. 이것은 제거하려 해도 쉽게 없어지는 것이 아니다.

어렸을 때 불행하게 자라난 사람에게 이따금 이러한 인상이 엿보이는

데 결코 남에게 호감을 살 사람은 못되고 음울한 사람, 성격이 삐뚤어진 사람으로, 사람들이 멀리하게 된다.

이와같이 고정되기 쉬운 표정에 슬픔의 표정이 있다. 줄곧 슬퍼만 하고 있는 사람은 명궁(命宮)에도 세로의 주름이 생기며 그 수도 늘어나기만 한다. 이렇게 되면 표정이 어두어지고 상대에게 좋은 인상을 주지 못하게 된다. 표정 자체가 스스로 움직여 그 사람의 운명을 정해버리는 결과가 되는 것이다.

울상은 가급적 짓지 않는 편이 좋다. 울상을 진 얼굴은 아무리 미인이라도 미인으로는 보이지 않을 것이고 남자라도 최저의 인상이 된다.

놀란 표정은 그다지 얼굴 모양에 영향을 주는 일은 없다. 그것은 놀라는 것, 즉 새로운 사실은 그다지 생기지 않기 때문이다.

오히려 중요한 것은 기쁨의 표정이다. 이것은 반드시 얼굴 어딘가에 남게 되는 것이다. 웃을 때에는 입가의 근육이 움직여 주름이 생긴다. 될 수 있는대로 즐거운 표정을 만들어 둬야 할 것이다. 조금씩 이라지만 그것이 당신의 인상을 좋은 상으로, 더욱 좋은 상으로 이끌어가는 것이다.

「싱글벙글하시오」관상기리면 누구라도 그렇게 말한다. 싱글벙글하여 마음을 편안하게 갖는다는 것은 누구에게도 기분이 좋은 일인 것이다.

인간은 외고집을 부린다고해서 살아 갈 수는 없다. 반드시 타인의 도움이 필요한 것이다. 그때 타인을 당신에게 불러들이는 것은 무엇일까? 그것은 명랑하고도 활기찬 웃음이 있는 얼굴인 것이다. 조금이라도 웃음이 남아있게 노력해야 한다.

그런데 이러한 마음의 움직임을 일절 밖으로 내놓지 않는 경우가 있

얼굴의 표정

다. 즉 포우커페이스(무표정한 얼굴)이다.

전혀 마음속을 겉으로 나타내지 않는 무표정은 타인과의 교제를 단절하고 있는 것이다.

이러한 표정은 곧 버릇이 되어 고정되게 되는 것인데 이런 인상만큼 고약한 인상은 없다. 표정이 움직이지 않는다는 것은 죽었다는 것이다. 사상(死相)에 통하여 즉 대흉(大凶)이다. 인간이면 인간답게 감정의 움직임에 몸을 맡겨 살아가는 것이 진실일 것이다.

무표정한 그 차가움은 그대로 그 마음의 차가움을 나타내고 있는 것이다. 만약 이러한 인상을 만나게 된다면 깊은 교제는 삼가하지 않으면 안된다. 자기에게 이득이 없다면 가차없이 태연하게 잘라내는 인상의 관상이기 때문이다.

(2) 버릇을 보고 사람의 마음을 읽다

버릇이란 자기 자신은 잘 모르는 것으로서, 그만큼 자신의 마음속을 솔직하게 드러내고 있는 것이다. 없어도 일곱가지는 있다는 말이 있는데 누구에게나 버릇은 있다. 이것을 인상과 맞추어 생각하면 매우 확실성이 높은 관상을 볼 수가 있다.

명궁(命宮)의 정도가 좋고, 이마도 반듯한 인상의 사람이 살짝 콧등을 어루만지는 것은 금전적으로 잘되어 간다는 상태를 말한다. 즉 마음속으로는 득의 만만한 표정인 것이다.

「어떠냐 보통 이런 정도이다.」

말하자면 이런 느낌인 것이다. 앞으로도 순풍에 돛을 단듯 금전적인 불안이 없는 상태가 계속될 것으로 보아도 좋을 것이다. 생활력도 있는 명랑한 사람이니까 앞으로 교제하더라도 절대로 손해보지 않을 사람이다.

머리를 긁는 행위는 상당히 많은 사람이 가지고 있는 버릇이다. 실수했을 때에 손이 자연히 움직이는 것이다. 경박한 사람에게 많으며 그

다지 심각한 실수는 없다.

큰 실수를 했을 경우에는 명궁(命宮)에 좋지않은 기색이 나타나고 전택궁(田宅宮)도 좁혀져있고 얼굴 전체에 수심(걱정)이 깔린다.

머리에 손이 가는 실수는 안심하고 듣고 있기만 하면 된다.

대게는 「오늘 만년필을 잊어버려서」라든가, 친구와 만날 시간을 잊고 별안간에 생각이 나서 10여분이나 늦게 황급히 뛰어가는 경우이다. 별로 대단한 실수는 아니다.

이러한 실수를 하는 사람은 대게 호인에게 많다. 별로 악의가 있는 사람이 아니라서 가끔 성가심을 당하더라도 교제하여 무방하다.

흔히 이마에 땀이 많이 나는 사람이 있다. 뚱뚱한 사람으로 풍채는 당당하지만 겁이 많은 사람이다. 눈에 빛은 있으나, 자기도 모르는 사이에 자신감이 사라지고 안면에 쇼크상태를 일으킨다.

유사시에는 믿을 사람이 못되고, 불리한 입장에 처했을 때는 태연하게 친구를 배반하는 인상이기도 하다.

얼굴이 붉어지는 사람은 순진한 마음의 소유자이다.

얼굴색이 하얗고 눈도 건전한 느낌의 사람은 정의의 인사이지만, 소위 비단 손수건이지 실용적은 못된다.

A를 A이다. B를 B라고 말하기는 좋아하지만 융통성이 없는 사람이라고 생각하면 좋을 것이다.

남자로서는 적극적으로 여성을 설득시키는 사람이 못되고, 반대로 여자에게 설득당하고 마는 타입이다.

입과 입술에 관한 버릇은 어떤 버릇이라도 좋지 않다. 일찍 이유(離乳)한 유아는 반드시 입술을 핥는다. 어른도 입술을 빠는 사람이 있다. 이사람의 마음 속에는 노여움, 또는 후회의 감정이 잠재하고 있다.

미간에 주름이 있는 경우에는 지금도 그 불만이 폭발하려는 흉상(凶相)이다. 즉 힘으로 싸움을 하는 사람의 얼굴이다. 한 대 딱하고, 얻어맞기 전에 도망쳐야 한다.

입이 휘어지는 버릇도 좋지 않다. 자조(自嘲)하는 경우에 흔히 생긴다. 이마에 우울감이 감도는 이런 버릇이 생길 때에는 뭔가 좋지 못한 일을 하고 있다고 생각하면 된다.

손톱을 깨무는 것도 좋지 못한 버릇이다. 이 사람은 마음 속에 뭔가 불만이 있다. 뭔가 충족되지 못한 일이 있기 때문에 손톱을 씹는다. 이런 버릇이 있는 사람으로 턱이 뾰족한 사람은 고독하다.

오직 한 사람만 외롭게 외톨이가 된 사람이다. 성격은 음성(陰性)이지만 친구를 강하게 찾고 있는 사람이다. 도움이 되어 준다면 당신에게는 믿음직스러운 친구가 될 것이다.

(3) 웃는 얼굴과 우는 얼굴

웃는 얼굴의 대표, 불교로 말한다면 수호신에 해당되지 않을까? 독기가 없는 웃음이다. 경사스런 정도이지만 그다지 지성은 느끼지 못한다.

이런 웃음을 짓는 사람은 소박한 사람이다. 농촌에 많은 타입으로서

요즘은 점점 적어지고 있다. 웃음소리가 높고 명랑하니 이왕 웃을 바에야 이런 웃음소리를 내고 웃고 싶을 정도이다.

 그러나 여성은 너무 입을 크게 벌리고 웃어서는 안된다. 모나리자처럼 뭔가 남성으로 하여금 생각케하는 웃음이 최고일 것이다. 그렇지 않으면 남자는 걸려들지 않는다. 그것을 악용하는 웃음도 있다는 것을 잊어서는 안된다. 무리하게 묘한 표정으로 애교를 떨며 입가는 웃고 있으나, 눈이 웃지 않는 것은 진정한 웃는 얼굴이 아닌 것이다. 뭔가 마음에 독기가 있는 사람은 입가에는 웃음 지을 수 있으나 눈동자까지는 신경이 미치지 못한다.

 상담(商談)할 때, 이처럼 웃지 않는 눈동자를 보면 가급적 깊이 들어가지 않는게 좋을 것이다. 열심히 웃는 얼굴을 지으려고 하는 것은, 그

우는 얼굴은 눈으로 울고 입으로도 운다.

밑바닥에 뭔가 이상한 것이 숨어 있다고 생각하면 될 것이다.

 남자의 웃음에도 모나리자의 미소와 비슷하면 뭔지 모르게 요사스러움을 느끼게 된다.

 부동산의 거래에서 이러한 웃음 전술에 걸려 사기를 당하고 자기의 많은 재산을 날려버린 사람을 알고 있는데 그는, 「소리없이 웃는 남자에게 조심하라.」고 말하고 있다. 수억의 재산이 교활한 웃음에 의하여 사라져 버리는 경우도 있는 것이다.

 웃음이라는 무서움에 비하면 우는 얼굴은 그다지 무서운 것이 못된다. 우는 얼굴을 남에게 보이는 것은 대개 좋지 못한 일이 생겼을 때이다. 그러나 이젠 그 이상 슬픈 일이 잇따라 일어나지 않는 것이 세상인 것이다. 진정한 눈물은 그 사람의 슬픔을 한장 한장 벗겨가는 진정제이다.

 물론 가짜로 우는 얼굴도 있다.

「당신과 이별하기는 슬퍼요」

 물론 그녀는 틀림없이 울고 있다. 그러나 진실로 그녀가 슬프다면 입도 울고 있어야 할 것이다. 흐느끼는 그것이 없다면 진짜로 우는 얼굴은 아닌 것이다. 웃기는 입으로 웃고, 눈으로 웃는다. 울 경우에도 눈으로 울고 입으로도 운다.

 그냥 눈물이 나올 정도로는 진정한 슬픔이 마음에 있다고는 생각할 수 없는 것이다. 또 그 정도로 슬픔을 억제할 수 있는 사람은 마음이 굳센 사람이다. 그러나 우는 얼굴은 어쨌든 하나의 일이 끝났음을 말하고 있는 것이다.

(4) 인상에 의한 상성(相性)판단

다른 항목에서 이미 설명했지만 중국의 오행에 의한 인상술은 이 상성(相性)을 보는 하나의 방법이기도 하다.

오행은 목, 화, 토, 금, 수의 다섯 성(性)에 사람의 얼굴을 나누어 목성의 사람과 화성의 사람은 상생(相生)으로 상성(相性)이 좋다하고, 목성의 사람과 토성의 사람은 상극으로 상성이 나쁘다고 보는 방법이다.

오행은 제각기 추상화되어 상징화된 개념이라서, 만약 그 사람의 인상이 그중 어느 곳에나 해당이 된다면 그 상성과 상극의 관계는 상징적으로 또는 대충 합치되는 것이다. 오행이 맞는다는 것은 이 원리에 의한 것이다.

그럼 좀 더 현대적으로 말해서 구체적인 얼굴의 상성을 조사해 보자.

얼굴과 얼굴에 의한 상성의 판단이다. 여성이 둥근 얼굴형의 사람은 온순하고 원만한 인품이 많은 것이다. 이런 타입의 여성은 대게 어느 타입의 남성에게도 어울린다. 순응성이 높아 자신이 자신을 콘트롤하고 상대의 기분을 잘 맞추는 타입이다.

따라서 둥근 얼굴의 남성과 결혼하면 서로 상대를 존경하여 평화롭고 집안 싸움이 없는 가정이 된다. 가장 우수한 가정 안전형이라고 할수 있다. 텔레비전에서의 홈 드라마적인 가정이 된다. 둥근 형의 여성이 모난 형의 남성과 인연은 맺으면 여성은 가냘프고 나긋나긋하게 요염한 자태로 기대어 주부라기 보다는 언제까지나 애인과 같은 분위기를 자아내게 된다. 한편 남성쪽은 이처럼 오직 자기만을 좋아하는 것이 즐거워 크게 정력적으로 일하여 훌륭한 보호자가 되려고 노력한다.

내조의 공이 되지 못하고, 아내는 아무런 일도 하지 않으면서 항상 남편을 격려하는것 같다. 훌륭한 사람 중에도 의외로 이러한 타입이 많은 것이다.

이러한 타입의 전형은 씨름꾼이나 프로의 야구선수, 또는 프로레슬러의 부부에서도 볼 수 있다.

여성이 둥근 형의 경우이고 남성이 3각형 형의 타입도 잘 살아 갈 수 있는 한쌍이다. 이 타입은 자신이 적극적으로 일을 하는 것이 아니고 생활력도 약하다. 때문에 아무래도 여성쪽에서 리드해가게 되는 것인데 하나의 팀에는 리이더가 있고 또 거기에 따라가는 즉 리드 당하는 사람이 있다는 것이 그 팀을 강하게 하는 것이다. 강자끼리가 부딪치면 불꽃이 튈 것이고, 약한자 끼리라면 아무일도 못한다.

그런 뜻에서 이 한쌍은 좋은 것이다. 그러나 세상의 통상의 상태와는 달리 남성의 입장과 여성의 입장이 거꾸로 되어 있다.

여성이 4각형의 타입이고 둥근형의 남성은 매우 교묘하게 어울린다

요즘 이 4각형의 여성이 늘어나고 있다. 옛날에는 계란형의 여성이 많았는데 현재에는 10~20%의 여성이 이 타입에 해당된다.

의지는 강하고 자기의 주장을 명백하게 관철시킨다. 좋긴 나쁘건 스트레이트로 맞아들어가는 것이다.

그것은 슬며시 받아드리는 것이 둥근 형의 남성이다.

융통성도 있고 협조심도 있어서 다툼은 결코 발생하지 않는다. 적당히 달래고 교묘하게 처리해간다. 여성쪽은 여성 자신이 그런 성격을 알고 있기 때문에 어느정도의 어리광도 있는 것 같다.

여성이 4각형이고 남성도 4각형인 경우는 타협을 보기가 힘들다. 양쪽이 모두 자기 주장이 강하여 서로 고집을 부려 타협이 잘 되지 않는

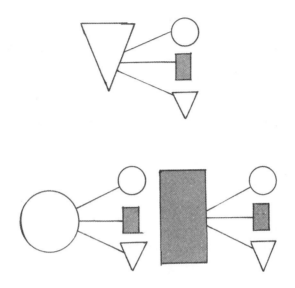

다. 양쪽이 모두 생활력도 있어서 개성이 강렬하여 자석의 동극(同極)
의 동지 처럼 서로 반발하는 것이다.

 힘의 강함이 강할수록 반발력도 강하다. 이런 점에서 둥근 형의 여성
과 둥근 형의 남성도 같을 수는 없는 것이다.

 개성이 강한 사람끼리의 상성은 서로 다른 개성의 사람이 좋다. 극단
적으로 고집이 센 사람에게는 극단적으로 마음 약한 사람이 좋다는 말
이다. 4각형의 여성과 역삼각형의 남성과의 배합은 완전히 여인천하
가 되는데 이상하게도 잘 살아가게 된다. 여성 쪽은 씩씩하고 적극적
으로 일을 처리하면 남성쪽도 자신의 활동에 대하여 간섭하지 말라고
는 하지 않는다. 여성이 역삼각형의 가느다란 형인 경우에는 왕왕 히
스테릭한 기질의 사람이 많다.

남성이 둥근형의 경우에는 다소 잔소리를 듣더라도 한쪽귀로 듣고는 한쪽귀로 흘려보내 의외로 잘 산다. 그것은 남성이 낙천적이라서 아내의 히스테리도 어느 정도는 융화가 된다. 「알았어, 이젠 그만해」등등 말하며 수습하기 때문이다.

홀쭉한 형의 여성과 4각형 남성과의 배합은 앞의 전술한 배합과 비교할 때 비교적 원만하게 남성은 호탕하고 여성은 세심하여 잘 되어가는 것이다.

가는다란 형과 가느다란 형의 배합은 어느 배합에 비교하더라도 몹시 불리하다. 웬만한 일이 없는 한 남성도 여성도 자기의 상대로는 자기와 같은 타입의 사람을 선택하는 일이 없다. 스스로 좋다 싫다 하며 자신의 최적의 상대를 찾아내고 있는 것이다. 그러나 만약 홀쭉한형 대 홀쭉한형의 배합이 생길 경우에는 절대로 좋지 않으니 명심하라. 비슷한 부부라고 말하는 경우가 있는데 이것은 둥근형과 둥근 형의 경우에 해당되는 말이다.

(5) 당신은 결혼할 수 있는가?

여성에 비하여 남성은 얼굴이 고운 사람만을 좋아하는 사람이 많다. 때문에 여성이 미인으로 태어나면 평생을 상당히 이득을 보게 된다. 그런데 머리가 여성의 매력의 포인트가 되는가 하면 어떤땐 눈과 입이다. 이곳이 귀엽고 사랑스런 여성은 빨리 결혼하는 경향이 있다.

눈이 아름다운 사람은 결혼 후의 생활에도 혜택을 보는데 결혼 상대를 발견하게 된다. 또 눈과 눈의 간격이 넓은 사람은 밝은 기질의 상으로서 결혼생활에 순응성이 있고 상대의 남성과도 조화가 잘 되는 타입이다. 이것을 남성도 선천적으로 알고 있기 때문에 이런 상의 여성의 결혼은 빠른 것 같다.

눈이 큰 사람은 반하기 쉬운 성질로 정렬가라서 욱 하고 흥분하기 전에 냉정한 심정으로 상대를 다시 보기를 바란다. 그렇게 해도 늦지는 않다. 이런 눈의 사람은 대개 조숙한 사람으로 연애나 섹스의 경험도 빠른 사람이 많다. 물론 결혼도 빠르다고 할 수 있다.

대체적으로 빈틈이 있는 것 같은 여성쪽이 남성으로서는 쳐들어가기가 쉬워 그 때문에 결혼하는 기회가 많은 것도 사실이다.

여성은 첫 체험을 하면 목이 굵어진다고 한다. 때문에 약혼시절에 갑자기 여성이 살찐 느낌이 들고 목이 굵어지면 첫 경험을 끝낸 것으로 보아도 좋을 것이다.

이런 상의 사람으로서 인중(人中)에 가로로 주름이 있는 사람은 비교적 쉽게 몸을 허락하는 사람이 많은 것 같다. 눈썹이 콧방울의 양쪽 가장자리의 위치에서 시작되는 사람은 부정(不貞)한 상이라고 한다. 이 상의 독신 여성은 상대의 남성에게 유혹당하지 않도록 주의가 필요하다. 또 이런 상의 소지자로서, 큰 눈과, 큰 입과 두터운 입술의 사람은 자기 자신이 적극적으로 남성을 원하게 되는데 나중에 후회하는 경우

가 많다. 입술이 두터운 사람은 아무래도 애정이 깊으니까, 한 번 깊은
사이가 되고 나면 설령 불륜의 상대자라 하더라도 쉽사리 벗어나지를
못한다.

이른 결혼도 좋으나 그러나 너무 졸속주의(拙速主義)는 곤란하다. 될
수 있는대로 결혼이라는 것은 두번, 세번씩 하지 않는 것이 좋다.

혼기가 늦는 타입에는 다음과 같은 것이 있다.

입이 크고 더구나 어쩐지 혐오감이 드는 느낌, 입의 가장자리가 쳐진
사람 등은 기회를 놓치기 쉬운 타입이다. 여성으로서 눈초리부분(처첩
궁「妻妾宮」)에 주름이나 상처가 있는 사람은 불행한 결혼을 하게 되는
경우가 있다. 결혼에는 신중을 기해주기 바란다.

이마가 극단적으로 넓은 사람은 혼기가 늦어지는 사람이 많다.

「저런 미인인데도........」

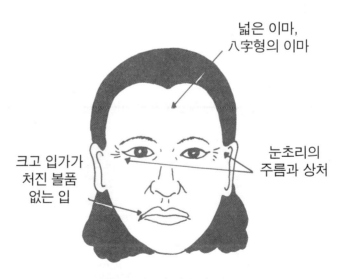

넓은 이마,
八字형의 이마

눈초리의
주름과 상처

크고 입가가
처진 볼품
없는 입

결혼운(運)이 나쁜상(相)

하고 여러 사람으로부터 말을 듣게 되는데 이상하게도 인연이 먼 것 같다. 얼마동안 교제를 계속하는 사이에 남성쪽에서 기권하는 케이스가 많다.

이마가 넓은 사람은 이상이 비교적 강하여 그것이 남성에게 있어서는 저항이 되는 것이다. 여자는 지나치게 현명해도 좋지는 않다.

또 머리카락이 여덟팔자로 난 사람은 이마의 중앙이 아래로 처지게 되어 이런 상의 사람은 자기 주장이 명백하며 주장을 쉽게는 굽히지 않는다. 상사나 손위의 사람에 대해서도 반항하는 상이다. 극히 주의가 필요한 상으로서 남성은 그 못된 성격을 제육감으로 느끼게 되는 것이다.

어떤 사람은 앞머리를 느러뜨려 이러한 이마를 가리면 된다고 말하지만 그것은 단지 수단이지 근본적으로는 마음가짐에 달렸을 것이다. 그러나 별로 기대할 것은 못된다.

덧니가 있는 여성은 결혼 후에 기회를 보아 치과에 가는 것이 좋다. 덧니가 혼기와 관계되는 것은 아니지만 과부상의 타입에 속하니까 교정하는 것이 바람직하다.

또 인상은 아니지만 여성이면서 남성과 같은 목소리의 소유자는 노처녀가 될 상이다. 나쁘게 말하면 과부가 될지도 모른다.

남자가 남자와 같은 목소리를 듣게 되면 매력은 고사라고 오히려 기분이 나빠지기 때문이다.

「그까짓 남자, 하나 둘쯤은…」하고 생각하는 여성도 있다. 반대로 남자 한 사람도 잡지 못하고 방황하는 여성도 있다.

혼기라는 것이 있어서 어떤 시기가 지나면 혼담도 사라지고 마는 것인데 세상 사람중에서 절반은 남자라고 생각하며 마음을 돌리도록 하

자. 깊히 상심만 하다보면 마음뿐만 아니라 자신의 얼굴 까지도 우수에 쌓여 점점 미워지기 마련이다.
「웃으면 복이 온다」라는 말도 있으니 우선 명랑하게 웃도록 하라.

⑥ 금운(金運)을 얼굴에서 본다

 먼저 금운의 발상지로 생각되는 코, 이 코가 납짝하다면 어쩔 도리가 없다. 단념해야 한다.
 그렇다고 해서 너무 높은 코도 생각할 문제이다. 코가 너무 높은 사람은 코의 살집이 나쁘고, 얇고 풍만한 느낌이 없는 경우가 많다.
 만사가 적당히 잘 되어가서 금운이 강한 사람은 높지도 않고 낮지도 않다. 코의 높이는 지성을 나타낸다. 높은 사람일수록 지성이 우수하지만 말이 많다. 너무 지나친 지식인이 되면 결코 돈을 벌지 못한다. 즉 교양이 방해하기 때문이다. 한 모에 500원하는 두부를 팔기 위하여 어떻게 하면 빠르게 그리고 멋있고 보기좋게 빨리 팔 수 있느냐를 생각하게 되기 때문이다. 그런 것은 생각지 말고 오직 꾸준히 팔면 되는데 코도 높고 자존심도 강한 사람은 그런 매매를 못하는 것이나.

또 코가 너무 낮아도 안 된다. 코는 생활력은 말하며 여기에 자기 주장이 없다면 에너지 부족으로 생각되기 때문이다. 콧대가 강하지 못하면 금운은 굴러들어오지 않는다.

코구멍이 위를 향해도 좋지 않다. 앞에서 볼 때 콧구멍이 그대로 보이는 상은 돈을 아무리 벌어도 어디론지 물처럼 사라지고 만다.

어린이의 코는 대게 위를 향하고 있으나 이러한 코의 사람을 아이들 같다고 한다. 즉 좋게 말하면 순진한 마음, 나쁘게 말하면 계획성이 없는 것이다.

사람에 따라서는 낭비하는 사람도 있고, 또는 쇼핑을 좋아하는 사람도 있다.

코의 색깔이 푸르고 창백한 것은 좋지 않다. 이것은 어딘가 몸의 상태

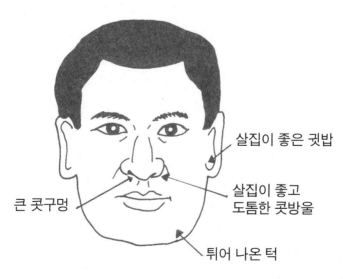

큰 콧구멍

살집이 좋은 귓밥

살집이 좋고
도톰한 콧방울

튀어 나온 턱

금운(金運)이 있는 상(相)

가 나쁠 때이니 몸의 상태가 나쁠 때에 금운이 따를 리 없다. 코가 검은 빛을 낼 때는 큰 거래 등은 보류하는게 현명하다.

붉은 코의 사람이 있는데 코끝이 붉어지면 극히 조심하라.

코가 아무리 잘 생겨도 입이 단정하지 못하면 금운이 없다. 입이 벌어져 있다는 것은 놀랐을 때나 아니면 정신이 공백이라는 증거이다. 입을 벌리고 있는 사람은 이 점에 주의하라.

얼굴의 균형으로 말하면 턱이 빈약해서는 안된다. 턱이 가늘고 빈약한 사람은 스스로 금운을 놓치고 있는 경향이 있다. 신경질적이고 여윈 사람에게는 복의 신은 오지 않는다. 또 귓밥이 크면 좋은 상인데 억지로 귀를 당겨 크게 하려는 버릇이 있는 사람이 있다.

이것은 양쪽의 균형이 잡히면 문제가 없지만 한쪽만이 이상하게 커졌을 경우는 일시적으로 좋아지더라도 결국 잘되지는 못한다.

구비된 것은 구비된 것으로서 받아들일 아량이 없으면 오히려 금운이 스스로 물러나는 것은 당연한 일이라고 생각한다.

코는 적당한 높이가 좋다고 말하는데 금운이 좋은 코는 살집이 좋아 금갑(金甲)이라고 불리우는 콧방울이 도톰하다. 이 콧방울은 용돈이 생기게 하는 것이다. 단단해보이는 코, 즉 모양이 뚜렷한 섯까지는 좋은데 그 중에는 살이 너무 쪄 형태가 뚜렷하지 않을 경우가 있다. 이런 경우 회상금은 아니더라도 좋은 일이 있음에는 틀림이 없다.

어쨌든 살이 풍부한 사람의 인상은 복상(福相)이다.

코구멍이 큰 사람은 클수록 큰 사업을 하거나 큰 회사에 근무하게 된다. 들어갈 때는 크게 들어가는데 한편 돈도 많이 쓰는 상이다.

콧구멍이 작은 사람은 쓰는 돈도 적다. 큰 금운은 붙지 않으나 적은 돈에는 부자유가 없다.

여성은 대게 작아 원래가 절약가임을 말하고 있다.

그러나 그중에는 콧구멍이 큰 여자도 있다. 이러한 사람은 여사장의 상인데 다른 부분의 상과의 관련도 있으나 경영 능력을 가지고 있는 사람이다.

금운이 있는 코는 상처난 얼굴, 또는 사마귀가 없다. 상처가 있는 사람은 아무리 벌어도 돈을 모으지는 못한다. 좀 생기면 반드시 어딘지 돈이 필요한 일이 생기게 마련이다. 이에 반하여 상처나 검버섯이나 사마귀가 없는 사람은 자연히 돈을 저축하게 된다.

코의 색깔이 연분홍색일 때 금운이 왕성할 때이다.

금운이 붙느냐 안붙느냐는 자기의 마음의 문제이다. 입언저리가 단정하면 수리의 균형에 잡힌 얼굴이 되어 돈도 저축이 되고 재산도 늘어난다. 한편 금운이란 기회이기도하다. 명궁(命宮=눈썹과 눈썹사이)이 빛나는 것처럼 보일 때 또는 색깔이 전과는 다르다고 생각될 때 이때가 찬스이다. 귀가 묘하게 가렵다든가 자기도 모르게 귀에 손이 잘 갈 때는 돈이 생기든가 나가든가 하는 상이다. 이러한 상은 돈의 이동을 말한다. 부자라는 말을 듣고도 이런 상의 사람은 돈은 있으나 주색에 골몰하며 지적인 놀이를 못하는 사람이 있다.

명화(名畵)의 콜렉션이라던가 골동품을 모으는 미적인 행위가 풍부하면 귀 전체, 아니 얼굴 전체가 좋아지는 것이다.

(7) 아름다운 여자와 아름다운 남자

미인선발대회에 출장하는 미인이 요즘은 스타일도 스타일이지만 역시 중요한 것은 얼굴 모양일 것이다.

얼굴은 대게 8개 부문으로 나누어진다. 눈, 귀, 코, 입, 눈썹, 머리카락, 턱, 이마의 8개 부문이다.

미인이 되려면 균형도 잡혀야 하지만 이러한 부분이 미인의 규격에 합격하지 않으면 안 된다. 미인의 조건을 부분으로 열거하면 다음과 같다.

눈=눈이 크고 맑으며 눈매가 또렷해야 한다.

귀=보통의 형으로 크지도 작지도 않은 평범하고 그다지 눈에 띄지 않는게 좋다.

코=콧날이 서 있고 좀 커야 한다.

입=큰 입이 좋다.

눈썹=여러 형이 있는데 진정한 미인의 눈썹은 초승달 모양의 눈썹이라야 한다.

머리카락=곱슬머리카락은 좋지 않다.

턱=계란형이 좋다.

이마=넓은 편이 좋다.

이 모든 조건을 구비한 사람은 그다지 없고, 참된 미인의 확률은 1/256정도가 아닌가 싶다.

　미인이란 얼마 없다. 그러나 미인의 얼굴은 매우 비슷하다. 얼굴의 각 부분이 규격화 되고 있기 때문에 아무래도 전체적으로 비슷한 것이다.

　인상으로 말한다면 이런 상의 사람은 상당히 활동성도 있고, 적극성도 있는 사람인데 너무도 모든 점이 구비된 탓인지 오히려 난점이 되고 만다.

　또 자신의 미모를 믿고 남을 멸시하는 경향도 있다. 젊어서는 그래도 좋을 것이다. 그러나 나이를 먹어 감에 따라 미모가 쇠퇴되고 보면 어쩔 수 없는 운명만이 남게 되는 것이다.

　눈이 계란형이면 끝이 좋지 못함을 말한다. "미인박행"이니 "미인박명"이라는 말도 있듯이 미인은 상당히 조심하지 않으면 불행한 결과를 초래하게 된다. 충만된 것은 그이상 충만 되지 못하기 때문이다.

　미남도 역시 남자의 상으로서는 좋지 않다. 남자는 부담 없고 남자다우면 된다.

　입이 크면 활동력이 있다. 남자는 기량이 아니고 배짱이고 담력이고, 요즘의 여성은 남성에 대하여 미의 요구에 강하다. 그러나 역시 남자

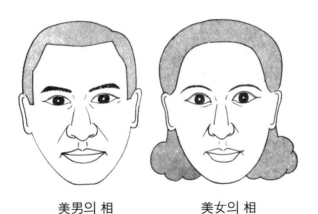

美男의 相　　　　美女의 相

는 배짱이 있어야 한다. 또한 경쟁에 뛰어들어 승리하는 거대한 턱과 넓은 이마, 큼직한 코에 상징적인 활력이 필요함은 물론이다.

"나는 미남자다" 하고 자만하면서 매일 남성용 화장품을 사용하고 하루에도 몇번씩 거울을 보는 남자에게는 결코 좋은 운이 찾아 들지 않는다.

좀 이상한 말이지만 미남, 미녀에게는 문제점이 있는 상이다.

(8) 사람을 고용하는 얼굴과 고용당하는 얼굴

사람을 고용하려면 상당한 활동력이 필요하다. 내부에 그만한 활동력을 가지고 있는 사람의 상은 스스로 국한되는 것이다.

한번 보기만 해도 아, 이 사람이 고용자고 저 사람이 고용주라고 알 수 있는 구조로 되어 있다. 과장된 점은 있어도 이것은 하나의 진리를 말하고 있는 것이다.

그럼 사람을 고용하는 쪽의 얼굴의 특징을 써보자.

우선 얼굴의 세가지 균형이 잡혀있는 경우가 많고 턱의 살집이 보기 좋다. 이마는 넓고 완만하게 도톰하며 관록궁(官祿宮)이 높은 사람은 남을 고용하는 상이다. 이러한 상, 옆주름이 3개가 있으면 그야말로 힘의 날개이다. 직장에서도 부장급 이상이다. 일반의 회사라면 중역이나 사장이 이러한 이마의 소유자이다. 미간에 있는 한 개의 세로주름은 현침문(懸針紋)이라고 하여 이 사람도 역시 남을 고용하는 입장의 사람이다. 이러한 명궁(命宮)과 이마의 주름은 역시 고생했다는 표시로서 관리직이라는 것이 결코 쉬운 입장이 아니라는 것을 나타낸 것이다. 그러나 그 고생을 고생으로 생각치 않는 마음씨가 그들에게는 있는 것이다. 명궁의 상이 좋은 사람은 남을 고용해도 성공한다.

그 색깔의 좋음이 사람을 부려먹는 자신을 말하고 있기 때문이다. 실력이 있으니까 그 상이 얼굴에 나타난다고 생각하면 된다. 눈이 큰사람, 큰 입으로 입이 단정한 사람도 남을 고용하는 타입이다.

귀가 크고 더구나 단정하게 생긴 사람도 역시 길상(吉相)이다. 반대로

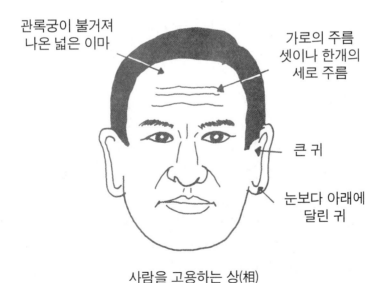

관록궁이 불거져 나온 넓은 이마

가로의 주름 셋이나 한개의 세로 주름

큰 귀

눈보다 아래에 달린 귀

사람을 고용하는 상(相)

남을 고용하는 입장에 있더라도 귀가 작은 사람은 고생이 그치지 않는
다. 귀의 위치가 눈보다 아래에 붙어 옆에서 보았을 때 약간 뒤쪽에 있
는 귀는 경영자이다.

이런 상으로 법령(法令)이 깊게 나와있는 사람은 대회사에서 수천명
을 고용하는 자리에 앉을 사람이다.

물론 이러한 사람의 턱도 상이 좋은 것만은 사실이다.

한편 남에게 고용당하는 사람의 타입은 턱이 빈약하고 약한 느낌이
든다. 이곳이 단단하지 못한 사람은 대성하지 못한다.

또 눈이 작은 사람도 별로 좋지는 않다. 화려함을 즐기지 않는 성격은
표면에서 일할 자격이 없음을 말하는 것이다.

큰 입은 좋으나 단정함이 문제이며 이것이 시원치 않으면 단순한 대
식가에 불과하다. 이마에 검버섯, 상처, 주름이 있는 사람도 남을 고용
하는 사람은 되지 못한다.

가장 중요한 곳에 그런한 것이 있다는 것은 운이 이미 그 사람에게서
떠났음을 나타내고 있기 때문이다.

(9) 섹스와 인상

섹스와 그 사람의 활동력과는 크게 관계가 있다.

활동력이 있는 남성은 일도 할 수 있고 운이 좋은 인생을 보낼 확률이
높은 것이다.

인상과 섹스는 명쾌한 관계에 있다. 인상이 나쁘면 섹스도 가망이 없
어진다. 주로 섹스는 눈 아래의 남녀궁(男女宮)에서 점을 치는데 이곳
이 섹스의 상태를 가장 잘 나타내는 곳이다. 이곳이 거무틱틱하게 흐

려 있다면 이제 그 사람의 성격인 스태미너는 남아 있지 않다고 생각해야 할 것이다. 핑크색으로 빛나고 생기가 감돌면 2회이건 3회이건 O.K라는 상이다. 남녀궁은 직접적인 섹스의 활동력으로 되어 있다.

그 이외의 부분선에서는 대머리가 된 남성은 모두 섹스를 좋아하며 더구나 강한 사람이 많은것 같다.

주위를 살펴보면 한 두 사람은 대머리가 있을 것으로 생각된다. 그들은 의외로 젊은 부인이 있거나 작은 부인이 있기도 하다. 남성 홀몬은 수염부분을 지배하며 머리카락은 여성홀몬을 지배한다. 여성 홀몬보다 남성 홀몬이 많아지면 벗겨진다. 남성 홀몬이 많을수록 색을 좋아하고 섹스가 강해져 대머리는 강하다는 말이 된다.

같은 이유로 가슴에 난 털이 짙은 남성은 그 물건(?)도 훌륭하다. 그 중에는 사이즈는 부족할지 모르나 강도만은 누구에게나 지지 않을것이다.

콧방울에 생기가 있는 남성은 코도 훌륭하지만 남성 자신도 훌륭하다. 코는 남성의 성기를 뜻하는데 입이 큰 사람, 이마가 M 字형인 사람, 수염이 짙은 사람 등은 모두 섹스에 강한 사람이다.

남성도 여성도 치아가 나빠지거나 틀니를 하면 섹스는 약해진다. 눈,

음경, 치아의 순서는 아니지만 이 모두가 자연의 섭리라고 할 수 있다.
여성의 섹스 부분에 대해서도 얼굴에서 추측할 수가 있다. 입이 크면
그부분에 탄력이 없다는 속설이 있으나 그것은 거짓이다. 입은 클수록
좋다. 오히려 그 편이 탄력이 좋다고 조차 말하고 있다.

 역시 섹스의 현상을 명백하게 제시하고 있는 것은 남녀궁이다. 멘스
일 때 거기에 깊숙한 그늘이 생기는 것이다.

 그 이외에 고장이 있을 때는 거기에 좋지 못한 빛이 떠오르게 된다. 젊
고 살갗이 깨끗한 사람이라도 이런 상으로 변하는 경우가 있다. 너무
지나친 것이 아닌가 하고 공연한 추리도 할수 있는 것이다.

 흔히 여성을 말할 때 새끼손가락을 세워 표현하는데 새끼손가락이 휘

아내만으로 부족한 대머리

어지거나 상처를 입었을 때는 여성의 성기에 이상이 생긴다. 휘어진 정도에 따라 자궁 후굴(後屈)이라든가 전굴(前屈)이 되는 상이다.

귀의 홈 부분은 여성의 홈에 해당한다고 하여 이 형으로 그것(성기)까지도 판단이 된다.

귀는 여성에게 있어서 성감대의 하나로 귀를 자근자근 씹으면 여성의 성감은 높아진다. 그만큼 성기와 직결되고 있는 것이다. 귀의 위치에 따라 여성의 성기가 위에 달렸는지 아래에 달렸는지 하는 점(占)도 있다.

귀가 눈의 선보다도 위에 있는 사람은 그것은 아래에 있고, 아래에 있는 사람은 위에 달려 있다고 말하고 있다.

눈이 큰 여성은 정렬적이고 설득하기도 쉬우며 또 확 흥분하는 사람이다. 눈의 흰자위가 파랗고 맑은 여성은 불감증이나 히스테리가 있는 여성이다. 인중(人中=코밑의 대로의 주금)의 가로주름은 섹스가 약한 여성이고 혼전교섭형이다.

눈썹과 눈썹 사이가 좁은 여성은 쓸만한 좋은 여성이라고 한다.

좋은 편의 상으로서는 입술이 두터운 여성이 특히 감도에 우수하며, 아랫입술이 윗입술보다 나온여성은 섹스를 좋아한다. 그러나 도가 지나치면 몸을 망친다. 또 입술의 색깔은 섹스에 통하는데 핑크빛으로 적색에 가까운 것이 길상으로 되어 있다.

윤기가 없는 흰 사람은 냉증이나 불감증으로 별로 좋지 못한 상이다.

(10) 태어나는 아기가 아들이냐 딸이냐?

인상쪽으로는 실체(實體)가 있고 그것이 상에 나타나는 것을 보고 점

을 친다. 그래서 갓난아기의 성별을 맞추는 것은 관상의 문제이기도 한 것이다.

신혼하자 곧 임신하면, 아들이냐 딸이냐 하고 즐거운 추측을 하는데 낳는 본인의 입장으로 보면 여러 가지 불안과 기대가 뒤섞여 걱정이다.

이 점(占)은 50%의 확률로 적중되며 어느쪽이 태어나도 좋으니까 구태어 남의 흠을 뜯을 필요는 없는 것이다. 편한 마음으로 점을 쳐보라. 맞으면 축하하고 안맞으면 미안하다고 하면 되니 말이다.

보는 곳은 임산부의 남녀궁을 본다. 어두운 곳에서는 잘 못보는 경우가 있으니 밝은 네서 보자.

남녀궁의 우측이 좌측에 비하여 도톰하고 색깔이 연한 연지나 다홍색일 경우에는 아들이다. 이 반대로 좌측의 남녀궁이 도톰하고 이 색깔일 때는 딸이다. 상당히 어려운데 임신 3개월이나 5개월 정도가 가장 알기 쉬운 시기이다. 또 눈초리가 올라가고 내려가는 것으로도 판단하는 방법이 있다. 임산부의 오른쪽 눈초리가 올라가면 아들이고 왼쪽눈초리가 올라가면 딸이라고 한다.

이것은 마음이 냉정해야 한다. 시끄러울 때나 마음이 내키지 않을 때는 중지해야 한다. 또 순산할지는 인중(人中)을 본다.

혼히들 임산부의 눈이 날카로와지면 아들이고 정다워지면 딸이라고 한다. 그 근거가 되고 있는 것은 남자의 고환에서 나오는 남성 홀몬에 의해 눈초리가 올라간다고 말하고 있다.

생각하면 진리가 있는 것 같다. 그러나 어떤 표정이 정답고 날카로우냐를 비교하는 것은 결코 용이한 일이 아니다.

(11) 주근깨와 인상

혼히 "주근깨 미인" 이라 하여 주근깨는 특히 여성의 경우 미인이 될 요소의 하나처럼 거론되고 있다. 그러나 인상학상으로는 주근깨는 길상(吉相)보다 오히려 흉상 쪽이 많다.

광대뼈=여기에 있는 주근깨는 별로 운명에 영향은 끼치지 않으나 코위에 있으면 명백한 흉상이다.

특히 여성은 부부, 가정의 운이 혜택을 못받는다. 의외로 이 타입의 여성은 홀륭한 혼처가 생겨 경제적으로도 여유가 있어 보기에는 행복한 것 같아도 남편은 다른 여성과 외박하는 경우가 많다. 따라서 부부간의 애정도 결국은 냉각되는 시기가 오고 금전에만 의지하는 일생을 보내게 된다. 남성의 주근깨는 다른 모든 길상을 약화시킨다.

(12) 어린이의 얼굴로 장래를 판단한다.

남자 어린이의 장래에는, 홀륭하게 성공하는 두 가지 타입이 있다. 소위 눈, 코, 입의 균형이 잡힌 얼굴의 어린이, 이런 인상의 어린이로서

공상적으로 보면 앞이마보다도 후두부가 튀어나온 어린이는 이공계
(理工系)에 어울린다.

 회사에 근무하는 셀러리맨이 되더라도 영업방면 보다는 연구소라든
가 현장 쪽에 어울리는 타입이다. 반대로 앞 이마가 나온 어린이는 대
인관계가 좋기 때문에 영업방면에 어울린다. 사람에 따라서는 세일즈
의 천재와 같은 능력을 가진 사람도 있다.

 아무튼 균형이 잡혔다는 것은 장래에 큰 인물이 되는 첫째의 조건이
라는 것을 알아두자.

 부모에게 물려받은 골격으로 턱뼈가 큰 어린이는 관상학으로 말하더

라도 부동산 관계에 어울린다. 보통의 회사라면 총무관계가 적격이다.

 턱이나 아래턱이 튀어나온 어린이로서 귀가 앞을 향하고 있는 인상의
어린이는 음악 관계에 어울리는 사람이다.

 눈의 위치가 비교적 아래에 붙은 어린이는 향상될 소질이 충분히 있
다. 전체적으로 밖을 향하고 있는 느낌의 눈, 코, 입을 가진 어린이는
외향적인 사업에 대성하고, 반대로 작은 어린이는 내향적이니까 기술

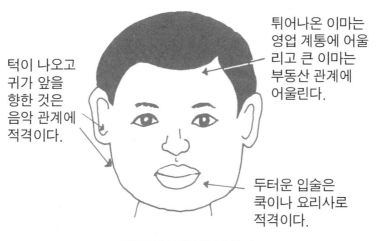

튀어나온 이마는 영업 계통에 어울리고 큰 이마는 부동산 관계에 어울린다.

턱이 나오고 귀가 앞을 향한 것은 음악 관계에 적격이다.

두터운 입술은 쿡이나 요리사로 적격이다.

어린이의 얼굴을 점친다.

적인 테크닉을 주체로 한 직업에 어울린다.

이것은 인상이 아니지만 손바닥이 큰 어린이는 세밀한 일에 어울리며 손재주가 좋다. 반대로 손바닥이 작은 어린이는 큰 일, 큼직한 일, 즉 정치가로서 적격이다. 특히 지구의 어디든지 가서 석유 발굴 등의 사업에 어울린다고 할 수 있다.

태어날 때부터 입술이 두터운 어린이는 레스토랑의 쿡이라든가, 요리점의 요리사가 적격이라고 생각한다.

입술이 발달되어 크다는 것은 그만큼 큰 미각이 발달되어 있는 상(相)이다. 그 중에는 요리학원의 선생이 될지도 모를 일이다.

눈과 눈 사이가 좁고 턱이 단단한 어린이로서 몸짓도 크고 운동신경이 발달된 어린이는 장차 스포츠로 입신하는 것도 가능하다.

손재주가 있다는 것은 대뇌의 발달과 관계가 매우 깊다. 이 두가지는 상호작용을 하면서도 손재주는 대뇌 쪽에서 치밀함을 생겨 나게 한다는 것이다. 그래서 어릴 때 손재주가 있는 사람은 물론, 물건을 만드는 기술자 같은 직업에도 어울리지만 눈치 빠르고 이해심이 빨라 기술직 뿐만 아니라 어떠한 직업에도 능력을 발휘할 수 있다.

 어린이가 왼손잡이라고해서 걱정하는 사람이 있는데, 외국인은 한국인에 비하면 더욱 많은 왼손잡이가 있는 것이다. 결코 비관하거나 열등의식을 가지게 해서는 안 된다. 무리하게 교정을 하면 반드시 대뇌 쪽의 발달에도 영향을 끼쳐 좋은 결과는 얻지 못하게 된다. 왼손잡이 어린이는 어른이 되면 기술 계통의 즉 손으로 물건을 만드는 직업이 많고 또 그 방면에서 성공하고 있는 것 같다. 좀 외고집을 부릴 경우가 있어서 구태어 결점을 찾는다면 그것이 결점일 것이다.

눈이 가늘고 코와 입이 작은 어린이는 수예나 미용사등에 어울린다.

눈이 크고 눈, 코가 반듯한 어린이는 탤런트나 배우로서 적격이다.

눈이 좋다는 것은 시력이 좋다는 뜻이다. 눈썹께가 도톰한 어린이는 비행기의 조종사 등 교통기관 관계의 직업에 어울린다.

여자 어린이로서 눈이 크며, 입과 코가 잘 다듬어진 어린이는 탈렌트 라든가 배우에 어울리는 상이지만 요즘은 너무 경쟁이 심하니까 그런 각오로 진출을 시켜야 한다. 몸도 건강해야 하고 더구나 근성이 없으면 성공하지 못할 것이다.

그들 스타의 배후에는 몇 백, 몇 천이라는 사람이 도사리고 있는 것이다. 사람을 밀어서 떨어뜨리는 경우가 있더라도 과감하게 밀고 나가는 격렬함이 필요하며, 아름답다는 것은 그 최저의 조건이 되기도 하는 것이다.

눈이 가늘고, 입이 작은 여자 어린이는 수예라든가 미용등의 직업에 어울리는 타입이지만 보통의 OL이 희망이라면 중소기업 쪽에 오히려 능력을 발휘하게 될지도 모른다.

여성의 태반은 근무를 하더라도 용돈을 마련하기 위해서 이거나 또는 여행을 가기 위함이지 기술을 배워서 장차 뭔가 하겠다는 경우는 극히 드물다. 오히려 마땅한 신랑감을 구하기 위하여 직장에 나오는 경향이 강하기 때문에 다음에 나오는 장(章)에서 "당신은 결혼할 수 있는가"의 항을 읽어주기 바란다.

그러나 한국의 여성도 차차 변해가고 있다. 결혼식도 올리지 않고 동거 생활을 하는 사람, 결혼을 하더라도 맞벌이를 하며 자식은 두지 않겠다는 부부도 간혹 보인다. 이런 점을 보더라도 여성의 직업에 대한 감각을 새롭게 할 때라고 생각한다.

컴퓨터의 키이펀치(천공수「穿空手」)등은 시대의 인기직업이지만, 요즘은 직업병을 운운하는 때라서 힘이 드는데 머리카락이 짧은 사람보다는 긴 사람에게 어울린다. 머리카락이 짧은 사람은 마음이 담백하고 좀 성급하지만 긴 사람은 차분하고 신중하기 때문이다. 마찬가지로 갈쭉한 얼굴보다는 둥글거나 계란형의 쪽에 적성이 있다.

여성의 동경의 직업인 스튜어디스에는 눈이 큰 사람이 많이 보이는데, 보기에는 즐거운 직업처럼 보이지만 사실은 대단한 중노동이다.

더구나 밀실안에 갇혀있는 직업이라서 체력이 약한 사람은 결코 근무를 하지 못할 것이다.

스튜어디스가 될 사람은 눈이 가느다란 사람이 없을 것으로 생각 되어 안심이지만 눈이 가는 사람이든가 눈과 눈의 사이가 너무 넓은 사람은 피하는게 좋다고 생각된다.

얼굴이 균형을 잡혀 있는 상(相)의 사람은, 역시 내면적인 균형도 잡혀 있어서 언제나 마음이 평온하여 사소한 일에 동요되는 일은 거의 없다. 더구나 상식도 발달되어 있어서 대부분의 남성이 원하고 있는 신부상(像)이다. 이 상(相)이야말로 여성으로서는 최고의 상일지도 모른다.

(13) 남편을 발전시키는 여자의 얼굴

산수(셈본)처럼 1+1＝2가 된다면 세상 살기가 쉽다. 부부처럼 한 남자와 한 여자가 함께 만드는 팀은 결코 산수처럼 제대로 풀려나가지는 않는다. 1+1＝0이 되기도 하고 또는 1+9＝9가 되기도 하는 것이다. 그것이 부부지간의 묘(妙)라고 할 수 있다.

그런데 남성은 자기의 아내에 의해 어떻게든 변하게 된다고 한다. 흔히 듣는 이야기에, 지금까지는 사이가 좋았던 형제지간이었는데 제각기 부인이 생기자 그야말로 무서울 만큼 사이가 험악한 형제 지간이 되고 서로의 교제(왕래)까지도 완전히 끊어버렸다는 이야기가 있다. 타인이 들어왔기 때문에 어려운 것이다. 그 형제는 제각기 자기의 아내쪽으로 이끌려가서, 결혼 전의 사이좋은 형제지간으로는 되돌아갈 수가 없게된 것이다. 이런 경우등. 그러한 사태로 진전이 되어도 여전히 자기만이 정당하다고 서로가 믿기 때문에 수습할 도리가 없는 것이다. 잘 선택해야 할 것은 아내(妻)이다. 자신의 지위나 입장조차도 경

우에 따라서는 허물어 뜨리는 경우가 있는 것이다.

어떻게하면 이런 일을 피할 수 있을까? 그것은 역시 그 여성의 상(相)에 현모양처가 될 수 있는 요소와, 악처가 될 수 있는 요소가 나와있는 것이다.

눈이 큰 편이 가급적이면 좋다. 특히 극단적인, 즉 불균형은 안되지만 좌우의 눈의 크기에 좀 차이가 있는 눈이 좋다. 활발하고 양성(陽性)이면서도 반드시 남편을 정성껏 섬기는 순종함이 있기 때문이다.

큰 눈은 주위의 보람을 자기들 부부에게 이끌어 들리는 작용을 하고 당신이 그 중심인물로 존경을 받는 느낌이 되기 때문이다.

입술은 도톰한 입술이 좋다. 입술은 성생활을 표시하는 것이라서 풍부한 입술에는 풍족한 섹스가 따르기 마련이다. 이 세상에 섹스를 싫어하는 남편은 없으니 아무리 어울리지 않는 부부 지간이라 할지라도 멋있게 평균적인 부부가 되어 잘 살아갈 수가 있는 것이다.

반대로 좀 어울리는 부부라면 아내는 남편을 앞세워 존경하고 남편은 아내를 아끼고 보살피는, 세상에서도 드문 원앙의 한쌍이 생기는 것이다. 부부의 사이가 원만하여 트집을 잡을 사람은 없다. 이러한 부부는 점차 주위에서 받들어지는 것이다. 그것은 남편의 출세라고 하는 구체적인 형태까지도 취하게 된다. 이처럼 남편을 사회에 돋보이게 하는 상(相)의 여성은 또한 웃사람 앞에서도 더욱 향상되어 선망의 대상이 되기도 한다.

인중(人中)이라는 것은 자운(子運)을 나타내는데 그것이 좋은 사람은 자식복이 있음을 말한다. 착한 자식은 부부에게 있어서 격쇠이상의 작용을 한다. 인생이라는 것은 "업힌 아이에게 배워"라는 말처럼 어떤 점에서는 자녀들에 의해 교육되는 것이다.

사랑의 어버이가 되지 못하면 한 사람 몫을 다했다고 할 수는 없다. 착한 자녀를 낳는 여성, 이것은 남편을 출세시키는 여성이라고 해도 과언은 아닐 것이다.

또 둥근 턱의 여성도 복이 있는 상이다. 대개의 여성은 계란형이라든가 둥근형의 턱을 가진 사람이 많은데 그 중에는 모난 턱의 여성도 있다.

이런 상의 여성은 남편을 출세시키기 보다는 자신이 직접 일을 하고 싶은 의욕을 가지고 있다. 남편의 운세를 지워 버리는 것은 아니지만 남편의 운세 쪽이 희미해질 우려가 다분히 있는 것이다.

계란형의 턱은 그런대로 평범하여 특히 남편을 사회적으로 돋보이게 하는 턱이라고는 할 수 없다. 모난 형과 둥근 형, 그 중간의 형이 남편을 출세시키는 턱이다. 어느 정도의 적극성이 있고, 더구나 남편의 운세를 돋보이게 이끌기 때문에 좋다는 것이다.

이상의 몇 가지 점을 종합하면 명랑하고 온순하면서도 어느 정도의 강한 의지가 있는 현명한 여성이라는 말이 될 것이다.

이러한 여성을 아내로 맞이한 남편은 가령 그 사람의 자질이 뛰어나지 않더라도 상당한 지위에 오를 수가 있는 것이다.

앞으로는 우리나라에서도 가까운 장래에는 미국형의 사회로 변해갈 것 같다. 그렇게 되면 비즈니스의 면에까지 아내의 활약이 은근히 요구되게 되어갈 것이다.

재수가 붙었을 때는 재수가 떨어지지 않게 해야 한다. 어떻게하면 재수가 자기에게 붙어있을까? 이것은 한마디로 실수를 하지 말아야 한다. 조금이라도 잘 되는 일을 계속하면 재수는 물러나지 않는다.

(14) 양자(養子)의 상(相)

 가계(家系)의 관념이 없어져 양자얻는 이야기는 거의 없어졌다. 양로원에라도 가는 편이 편안하다고 생각 했을지도 모른다.

 양자로 갈 사람도 요즘은 주저하게 되지만 그렇다고해서 전혀 양자가 없는 것은 아니다. 천생의 양자로 갈 팔자의 사람도 있다. 이러한 사람은 보면 곧 알 수 있다. 눈썹이 희미하기 때문이다. 눈썹의 바탕살이 보이는 사람은 형제운이 좋지 않다. 따라서 일찍 형제와 이별하는 상이다. 내가 알고 있는 친구의 아들로서 국립대학 의학부에 다니는 사람이 있었는데, 역시 눈썹이 희미하고 외로운 상이었다.

"아, 이 사람은 양자로 가겠군"

하고 생각 했었는데 집안이 의사의 집안이라서 양자로 가는 것은 이상했다. 그래서 이유가 되지 않는다고 생각했었는데, 졸업하던 해에 부친이 사망하고 이런 저런 이유로 그 병원은 문을 닫고 말았다.

그러나 그는 결국 어느 병원의 양자(데릴사위)로 들어가 생활을 유지
하였다. 너무도 관상이 딱 들어맞아 나는 깜짝 놀랐다. 그래서 역시 운
명의 힘에는 거역할 수 없음을 절실히 깨달았다.

(15) 남편의 발을 당기는(출세를 저해하는) 여자의 얼굴

아내가 남편의 출세고 뭐고 망가뜨리는 여성이 있다. 남편이 하는 일
과, 아내가 하는 일이 모조리 같은 경우에는 결코 좋은 결과를 얻지 못
하게 된다.

예를 들면, 급히 화장실에 가려고 했는데 간발의 차이로 상대가 먼저
들어간다면 결코 좋은 기분은 될 수 없다. 나는 이렇게 생각한다고 생
각했는데 아내가 같은 생각을 남편보다도 먼저 말해버리는 경우도 역
시 기분은 나쁘다. 고집이 센 남녀가 부부가 된다는 것은 가장 좋지 못
한 배합이라고 할 수 있다. 남성이란 원래 고집이 세며 능동적이다. 그
런데 이와같은 남성적인 상(相)의 여성은 대개 남편과 상극되는 상이
된다. 그럼 그러한 상을 좀 구체적으로 설명해 보겠다.

눈썹이 한일자로 되어 있으면 좋지 않다.

일직선으로 되는 눈썹은 강한 외고집을 말하는 것으로서 남편과 자주 충돌하게 된다. 남편을 무시하고 업신여기는 상(相)이다. 무시당한 남편이 아내에게 좋은 감정을 가질리는 만무하다.

그리고 길다란 눈썹도 좋지 못한 상이다. 원래 눈썹은 형제의 운(運)을 점치는 곳에 있어서 길다란 눈썹이란 형제운이 강함을 말하는 것이다.

그래서 언제까지나 친정 식구들을 잊지 못하여 남편과는 마음을 터놓

한일자(一)형의 눈썹

을 수가 없다. 즉 자기의 남편보다도 친정부모와 형제 쪽을 믿게 되는 마음 자세가 된다. 이러한 여성은 곧 "우리 친정에서는…"하고 말하며 남편의 기를 꺾어버린다.

여기서 남편은 자신감을 잃게 된다. 그리하여 결국 남편은 아내의 언동 여하로 자신의 존재를 확인하고 딱한 입장이 되어버린다. 그것이 하루 이틀 세월이 지나다 보면 발전성이 있는 싹은 뻗지를 못하고 시들어 버린다.

처첩궁(妻妾宮)에 상처나 검버섯이 있는 여성도 길상(吉相)은 아니다. 본시(本是) 어느 부분에 있건 주름이나 검버섯이나 상처가 있는 것은 좋지 않다. 여기에 결점이 있는 여성은 아무래도 부부생활이 원만치 못하다. 자식 복의 혜택도 받지 못한다.

눈초리 쪽으로 뻗어가는 주름을 어미(魚尾)라고 하는데 여러개의 주름이 있는 것은 다음(多淫)의 상(相)이라 바람을 피우고 간부(奸夫=샛서방)을 둔다면 남편으로서는 자신의 지위도 체면도 쑥밭이 된다. 이 것이야말로 남편의 앞길을 막는 악상(惡相)이라고 할 수 있을 것이다.

툭 튀어나온 입은 좋지 않다. 있는 것 없는 것을 가리지 않고 마구 지껄이기 때문에 설화 사건을 일으키기 쉽다. 남편이 잠자리에서 약간 이야기 한 회사의 비밀을 줄줄 지껄여 내리는 무신경함이 있기 때문이다. 또 코 밑의 인중(人中)에 더러움이 있어도 좋지 않다. 이곳은 생식기를 뜻하는데 더러움이나 검버섯이 있으면 냉강증임을 나타내는 것이다. 즉 남편에게 기쁨을 주지 못하는 상(相)이다. 코 밑을 주의하는 것은 여자가 주의하는 것이 아니고 남자가 주의해야 할 일이다.

1+1=0이 되지 않게 선택할 때에는 충분히 유의하지 않으면 안 된다. 서로 상극(相剋)되는 상은 서로의 불행을 초래할 뿐이다.

(16) 재수가 있는 얼굴과 없는 얼굴

요즘 대개의 사람은 고스톱을 하는데 인상대로 하고 있는 사람을 보면 재미있다. 그 얼굴을 보기만해도 구태어 승리여부를 조사할 필요는 없다. 재수가 붙은 사람은 싱글벙글하고 재수없는 사람은 씁쓸한 얼굴을 하고 있다. 포우커처럼 고스톱도 능숙해지면 그다지 표정에 기쁨이나 슬픔을 드러내지 않는다. 그 참고 있는 표정속에서도 재수가 붙은 사람과 없는 사람은 구별되기 때문이다.

일반적으로 재수가 붙은 얼굴은 웃는 얼굴이다. 그러나 그 반대쪽은 웃을 리가 없다. 만약 웃는다면 그것은 쓴웃음일 것이다.

재수가 붙으면 아무리 피곤해도 피곤을 모른다. 그것이 또 좋은 결과를 낳게 된다. 일도 잘 진척된다. 이런 때는 눈이 웃고, 볼은 두둑해 지는 것이다. 누구라도 욕탕에서 나왔을 때는 혈색도 좋고 기분도 좋은데 이런 맑은 기분에 여유가 있을 때 비로소 재수가 붙는 것이다. 항상 주의깊게 주위를 살피며 조심하는 것이 필요하다.

일의 찬스, 돈벌이의 찬스, 이모든 것이 당신의 눈앞에 굴러다니고 있는 것이다. 그것을 잡느냐 잡지 못하느냐에 따라 기쁜얼굴, 슬픈 얼굴이 되는 것이다.

거울을 보고 빛나는 연지색이 한군데 있으면 무조건 전진해야 한다. 특히 명궁에 핑크가 나타날 정도라면 기회는 왔다고 보아도 좋다. 대담하게 활개를 쳐보아야 한다.

하늘 높이 올라감에 따라 당신의 운세는 더욱 열려짐과 동시에 인상도 자신만만한 얼굴이 될 것이다.

운이 붙은 얼굴이라는 것은 일면 자신만만한 얼굴이다.

상(相)에 나타날 정도라면 이미 행운은 결정되고 있다고 해도 무방할 것이다. 운이 붙었을 때 밀고나가는 이것이 인생의 요령이다. 기회에 강한 사람일수록 운은 따라다닌다.

(17) 상대를 알고 자기를 안다

손자 병법에 「자기를 알고 적을 알면 백전이 두렵지 않다」라는 말이 있다. 상대를 모르면 승부도 안되고 자신의 힘도 충분히 모르면 싸울 수도 없다. 현대에도 이 원리는 손자의 시대와 조금도 다름이 없다. 상대를 알고 자기를 알기 위해서 인상은 객관적인 자료를 제공해주는 것이다.

하나의 예를 들어보자. 어느 고급 양장점의 마담은 한 번 손님을 보면 그 손님이 어떤 옷을 원하고 있는지 또는 전혀 살 의사가 없다는 것까지 안다고 했다.

 왜냐? 즉 고급 상점이라서 겁먹은 듯이 들어오는 사람은 별로 돈이 없
는 사람이라고 한다. 침착성없이 눈을 두리번거리는 사람은 환영할 수
없는 상으로 생각한 모양 같았다.
 반대로 돈이 있는 사람은 눈썹 위의 복덕궁(福德宮)이 핑크빛으로 빛
나고 명궁(命宮)에는 불그스레한 윤기가 감돌아 첫눈에 알 수 있다는
것이다.
 상대의 주머니 사정을 알 수 있어서 이 사람에는 2만원 짜리를, 저
사람에게는 10만원 짜리를 권하게 되는 것이다.
 중요한 것은 어떤 가격부터 권하느냐인데 고급품을 사기 위하여 온사
람에게 값싼 것을 권해서는 안되고, 겨우 용기를 내어 들어온 사람에
게는 10만원짜리 고급품을 권해도 안되는 것이다.
「목소리에 기세가 있고, 곧장 걸어가는 사람, 이러한 사람에게는 최고
급품을 권해야 한다」
 이것이 마담의 말이다. 목소리에 기세가 있다는 것은 좋은 옷을 산다

는 기쁨 때문일 것이다. 손님은 값에 대해서는 신경을 쓰지 않기 때문이다.

손님의 주머니 사정이 직접 매상에 관계되는 예이다. 인상을 보는 것도 중요한 일이다.

그러나 그뿐만 아니라 말을 거는 타이밍을 언제 하느냐? 수십년간 장사를 해도 쉽사리 자신있게 "이것이다"라는 포인트는 발견되지 못하는 모양 같았다.

마담은 그날 그날의 아침에 거울을 보고 남녀궁이 이상한 빛깔이 없고 명궁도 밝을 때에는 손님이 들어 온 순간, 말을 건다고 한다. 그것이 가장 좋은지 마담의 밝은 심정이 손님에게도 전해지는 것이다.

그러나 이따금 멘스일 때는 남녀궁의 색깔도 좋지 않고 또 명궁도 묘하게 희미하게 희어 화장도 잘 안먹을 때에는 될 수 있는대로 소극적인 태도를 취했는데 이것이 역시 백전도 두렵지 않는 전법 같았다. 또 정치가가 사람을 처음 만날 때에는 상대를 여하히 평가 하느냐, 여기서 눈과 눈 사이에 불꽃이 튄다.

순간적으로 상대의 기량을 판단하고 다음 순간에는 이쪽에서 꺼낼 조건을 결정하지 않으면 안된다. 그런 경우 역시 잘 보는 것은 눈이라고 한다. 다음이 코, 다음이 턱의 선이다.

정치가에게는 네모진 턱의 사람이 많고 드물게 턱이 작은 사람도 있는데 이런 사람은 대게 말년의 정치운이 좋지 않다. 역시 정치가는 사람위에 사는 사람이니까 노복궁(奴僕宮)이 우수하고 건장한 사람이 아니면 안된다.

바로 그점을 정치가들은 서로 간파하는 것이다. 인상을 정리하며 머리속에 넣어두는 것이다.

회의 전에 이미 싸움을 시작했다고 보아도 좋다. 또는 이미 결정 되었을지도 모른다.

(18) 건강과 질병을 얼굴로 판단한다

명의는 얼굴을 보기만해도 경험적으로 어디가 아픈지 안다고 한다. 결국 명궁이 건강이라든가 질병이 명백하게 나타나기 때문이다.

병에 걸리기 전에는 안색이 나쁘고 피곤에 지친 얼굴이 된다. 그 피곤한 부분에서 어디가 나쁜지 판단한다. 동양식의 인상에서는 얼굴이 전신을 투영하여 아픈 곳을 규명하는 방법을 취하고 있다.

남성에게는 얼굴이 심장, 코는 척추와 복부, 흉부, 눈썹은 양팔, 입은 생식기가 된다.

여성은 남성과 반대가 되어 거꾸로 도립시켜 촬영한다. 명궁이 생식기가 되고 콧방울이 유방이 된다.

감기에 걸려 목이 이상할 때는 명궁 근처에 적색이나 핑크빛의 짙은 색깔이 생긴다. 감기에 걸린지 오래 되면 질애궁(疾涯宮=코의 가장 낮

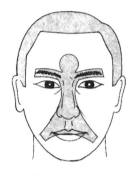

남성의 투영도   여성의 투영도

은 곳)에 좀 검고 탁한 색과 붉고 오돌토돌한 것이 생긴다.

간장의 피곤은 눈의 흰자위가 붉게 탁해진다. 콧등이 일그러진 사람은 등골이 일그러지는 경우가 있고, 요통이 있는 사람은 코에 불규칙한 종근(縱筋)과 콧등이 휘어지고 붉은 점같은 것이 생긴다.

미간의 세로의 주름이 서너개 이상이 되면 초조감이 지나친 노이로제다.

(19) 사고로 검붉은 곳이 많은 얼굴

현재처럼 자동차 사고가 많다 보니 사고도 여러 가지가 있다.길을 걸어가다가 위에서 철근이 떨어진다든가, 위를 향해 걸어가다가 맨홀에 빠져 다리를 삔다든가 뜻밖의 사고를 당하는 경우가 있다. 이런 종류의 사고를 조사해 보면 무슨 생각에 잠기다가 사고를 초래하는 경우가 있다. 무엇인가 열심히 생각하다보면 보아도 안보이고 들어도 못 듣게 되어 주의가 산만해진다.

골똘히 뭔가 생각하는 사람은 극히 주의해야 한다. 인상적으로 볼 때

이러한 사람은 이마가 튀어나온 사람에게 많다. 양미간이 넓고 영리한 사람일수록 기반은 좋지 않다. 또 사고라든가 상처가 많은 사람을 조사해보면 전연 사고와는 다른 타입도 많다.

 우선 얼굴의 균형이나 좌우의 눈의 크기가 다르다든가 목이 약간 한쪽으로 기울어 있다는 등등이다. 또 상을 찡그리며 사물을 보는 사람도 좋지 않다. 시야가 좁은 경우를 생각하기 때문이다. 한 번 사고를 당한 사람은 그 후에 두 세 번은 당한다.

 첫째의 타입은 운동신경이 둔한 사람, 이 타입은 비만한 얼굴의 사람에게 많다. 운전에도 자신이 없으니까 겁먹듯이 하다가 사고를 일으키는 것이다. 그러나 그다지 큰 사고를 내지 않는 것이 특징이다. 반대로 큰 사고를 일으키는 상은 눈이 가늘고, 작은 사람에게 많다. 안경을 쓰지 않는 사람에게 많은 것 같은데 확실한 데이터는 없다.

 눈썹이 도중에서 끊어지거나 털의 방향이 달라진 사람, 눈썹이 희미한 사람의 상은 좋지 않다. 명궁의 간격이 너무 넓은 사람과 너무 좁은 사람은 특히 주의하기 바란다. 이러한 사람은 멍청하거나 언제나 조급하다. 남보다 조금이라도 앞으로 나가려는 운전사의 심리에 자기도 모르는 사이에 끌려들어가고 있는 것이다 명궁의 색주름, 상처는 질병의 판단도 되지만 사고나 상처의 경우도 잘 나타나기도 하고 사라지는 곳이다. 광대뼈가 나온 사람도 사고에 주의해야 한다.

 이마가 지나치게 좁은 사람이라든가 이마의 상처, 여드름이 있는 사람, 귀가 작은 사람은 처음에 말한 균형의 부름에 속하니 특히 주의가 필요하다.

 특히 한 번 사고를 일으킨다고 생각하면 운전사로서의 소질이 문제가 있는 것이다. 그리고 그것은 반드시 상(相)이 되어 나타난다.

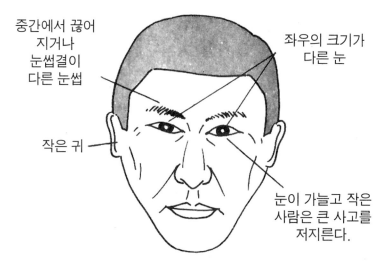

사고나 부상이 많은 상(相)

제 3 부

중국식 인물
통찰법의 노우하우

제1장 「六韜」
상대방의 속마음을 보는 방법

　중국의 ‘육도’라는 옛날 병법서에는, 상대의 속마음을 읽는 방법이 기록되어 있다. 밖에서 본 것만으로는 본심을 알 수 없는 법이다. 교양이 없는 자는 감정을 곧 나타내고 또 좋고 나쁜 것을 이야기하는데. 산전수전 다 겪는 사람들은 좋고 싫은 감정을 겉으로 나타내지 않는다. 때문에 좋지 않은 인물을 좋은 인물로 생각해버린다거나 ‘좋은 인물을 멀리하는 일조차 있다.

　그러므로 사람의 내심을 간파하는 방법을 알아두지 않으면, 상대의 인물을 분별할 수 없다. 하물며 사람을 고용할 경우, 재능이 없는 사람이 입으로만 그럴듯하게 꾸며대는 데에 끌려 고용한다면 안된다. 또 사악한 대장(大將)을 선량한 사람으로 생각해서, 그 부하가 되어도 일생의 손실이 크다.

　혹은 사람과 협력하는 경우, 사기꾼을 좋은 상대로 생각해서 신뢰해서는 안된다.

　때문에 사람과 접촉할 경우는 다음과 같이 해서 상대의 내심을 통찰하는 일이 필요하다. 표면은 군자인 체하고 꾸미고 있는 상대의 인물을 통찰하는 법이다.

　‘육도’라는 병법서는 주나라 문왕(文王)의 스승이고, 주(周)의 건국에 공적이 큰 태공망 여상(太公望呂尙)이 설명한 형식으로 되어있는데, 만약 그것이 사실이라면 세계최초의 병법서 (기원전 12세기)가 된다. 그러나 사실은 위의 시대(3세기)에 만들어진 것으로 생각된다.

1. 問之以言, 以觀其詳
(말로 물어서, 그 자세함을 본다)

상대에게 질문해보고, 어느 정도 이해하고 있는가, 잘 이해하고 있는가를 본다는 뜻이다.

입사시험의 면접시험 때, 시험관이 여러 가지를 질문하는 것도 그 하나이다. 그러나 사람과 대할 때 무턱대고 시험관인 체 뽐내며 마구 질문하는 것은 실례가 된다. 상대가 눈치 채지 못하도록 물어봐야 한다. 새로이 사람을 쓸 때에 상대의 경력을 잘 듣는다. 상대방도 이력서란 것을 낸다. 그러나 이런 형식적인 것을 한 걸음 뛰어넘어, 상대의 속마음을 캐어서 알아내는 일이 필요하다.

인물을 보는 데도 형식적인 질문만이 아니라, 속마음을 꿰뚫어 보는 유용한 질문이 필요하게 된다.

'취미는?' 이라든지 '가족은?', '무엇을 좋아합니까?' 같은 형식적인 질문보다 '당신은 이 문제에 대해 어떤 생각을 하고 계십니까?' 혹은 '이런 어려운 일을 타개해 나가려면 어떻게 하면 좋겠습니까?'와 같이 보다 길고, 보다 그 사람의 재능과 생각이 잘 나타날 수 있는 일을 질문하고, 그 답에 의해 상대의 능력이라든지 사상을 통찰하는 편이 보다 확실한 것이다.

사무상에 있어서 무엇인가 중대한 문제에 부딪혔을 경우, '자네라면 어떻게 해결하겠는가? 와 같은 질문을 부하들이나 동료에게 할 경우, 평소에는 좋은 말을 하는 사람이라도 그다지 좋은 답을 말하지 못한다. 또한 평상시 말이 없는 사람이 의외로 좋은 타개책을 말하는 경우도 있다. 이같이 어려운 일이 닥쳤을 때에는 외견(外見)이나 평상시 언행과는 다르다는 것을 알아두어야 한다.

2. 窮之以辭, 以觀其變
(말로 끝까지 밝혀, 그 변화를 본다)

이 말은 '밝혀서 순간의 반응을 관찰 한다' 라고 번역이 된다.

보다 깊고 보다 넓게 추구해서 하나를 답하면 또 그 다음을 질문해 보고, 상대의 변화를 잘 관찰하는 것이다. 자신이 없는 자는 쭈뼛쭈뼛하고, 거짓말을 하고 있는 자는 눈동자를 이리저리 굴린다. 그 표정의 움직임을 잘 관찰해 두면 상대의 인물을 알 수 있다.

거래에 있어서 무엇인가 그럴듯한 조건을 내세우는 자는 위의 방법을 사용하면, 거짓말이라는 것이 표면에 나타난다.

거짓말은 신용을 잃게 한다. 어떠한 경우라도 거짓말을 해서는 안 된다는 것을 가르쳐주고 있다.

노련한 세일즈맨은 처음에는 어떤 일의 하나를 알려주고, 상대가 관심을 가지면 그만큼 둘을 알려주고, 셋을 알려주는, 이러한 테크닉을 사용하는 것이다. 어지간한 사람은 바짝 뒤쫓으면 포로로 만들 수가 있는 것이다.

더구나 '한비자' 의 '내저설상(內儲設上)' 에는 다음과 같은 말도 적혀 있다.

'挾智而問. 則不智者至, 深智一物, 衆隱皆變' (지혜를 감추어서 물으면, 지혜가 없는 자도 앎에 이른다. 하나를 깊이 알면, 많은 숨겨진 것이 모두 변하게 된다)

이것은 알아도 모르는 체하고 물어보면, 알지 못했던 것까지 알 수 있게 된다는 말이다. 또 이렇게 해서 하나의 일을 알면, 다른 많은 숨겨진 것까지 알 수 있다는 말이다.

윗사람은 때때로 알고 있는 일을 모르는 체 질문해 보고, 상대가 어떻게 대답하는가, 그것에 의해 상대를 간파해 보도록 한다. 난처한 질문을 해서 그 반응을 보기도 한다. 이것도 상대의 마음을 보는 하나의 방법이다.

3. 與之間諜, 以觀基誠
(상대에게 첩자를 보내어, 그 성실함을 본다)

첩자를 슬며시 파견해 내통을 꾀하고, 혹은 반역하는 일을 꾀해보고, 상내의 성실함을 관찰해 보도록 한다.

오늘날에도 사람을 보내 물질로 유혹해 보고, 혹은 특별한 거래를 진행시켜 상대의 성실성을 시험해 보는 사람이 있다.

부장이 자기 부하의 신뢰성을 시험하기 위해, 전혀 다른 사람을 보내 그 부장의 험담을 하여 그 부하가 험담에 동조하는지 어떤지를 시험해 보는 사람도 있다. 이러한 복잡한 일을 해서 인물을 알아보려고 하는 사람도 있기 때문에 험담에는 동조하지 않는 것이 좋다. 특히 중국의 권력투쟁에는 잘 사용되어온 방법이다.

4. 明白顧問, 以觀其德
(명백하게 의견을 물어, 그 덕을 본다)

비밀을 털어놓고, 상대를 관찰한다는 말이다. 상대가 곧 제삼자에게 그 비밀을 이야기 해버리는 것 같은 사람이라면 지금 이후 깊게 접촉해서는 안되며, 협력해서 일할 상대도 못된다. 입이 무거운지 가벼운지 시험해 보려면, 무엇인가 비밀을 털어봐보는 것이다. 그러면 평소 '나는 입이 무겁다' 하는 사람의 경우에도, 그 들은 비밀을 밖의 사람에게 곧 전하는 예가 많다.

그것에 의해 상대의 인물이 신용할 만한 사람인가 아닌가를 판별할 수 있는 좋은 방법이다.

한(漢)의 경제(景帝) 때 벼슬한 주문(周文)이란 사람은 남의 말을 밖으로 내뱉지 않는 사람이었다. 경제는 주문의 인물을 꿰뚫고 있었다. 경제가 아직 태자였을 때, 주문은 사인(舍人)이라는, 태자에 속한 하급관리였으나 점차로 승진되어, 경제가 즉위하자 즉중령(卽中令)에 채용되었다. 〈 '사기' 의 '장숙열전(張叔烈傳),에 의한다.〉

경제가 무엇인가 제후들과 비밀 이야기를 하고 있을 때도 옆에 가까이 두었으나, 한 번도 그 이야기가 밖으로 나간 적이 없었다 한다. 때문에 경제는 주문을 신뢰하여 점점 승진할 수 있었던 것이다.

물론 그 정도로 경제가 신뢰하기까지는 태자 때부터 경제에게 '明白顧問, 以觀其德' 의 사람 마음의 통찰법을 몇 번이나 시험 당했을 것이라 생각된다. 주문은 그 시험에 모두 합격한 것이 된다.

5. 使之以財, 以觀其廉
(부림에 있어 재물로써 하여, 그 청렴함을 본다)

재정을 담당케 해서 정직한지 어떤지를 본다는 말인데, 유혹에 빠지기 쉬운 자리에 있으면서 청렴한지 어떤지를 본다는 말도 된다.

유혹에 빠지기 쉬운 자리에 있게 되면, 처음에는 그렇지 않은 사람도 언젠가 빠지게 되는 수가 있다. 그러한 자리에 있을 때 그 인물을 통찰해 본다는 것이다.

기원전 477년에 성립된 델로스동맹에 있어서 공부금(貢賦金)의 관리였던, 아리스테디스의 공정함은 역사에 남을 정도로 유명하다.

델로스동맹은 페르시아의 침입을 격퇴시키기 위해 만들어진 동맹으로, 동맹에 가입한 그리이스의 각 폴리스는 함대와 선원을 제공하거나 또는 돈을 내어 함대를 유지시켜, 에게해의 안전을 꾀하였다.

그런데 여기에는 각 폴리스의 부(富)와 인구에 비례해 공평하게 기부금을 부과해야 하며, 그 돈을 관리하는 성가신 일을 할 사람이 필요하게 되었다. 사심을 채우려면 얼마든지 채울 수 있는 자리이기도 했다. 기부금에 조금만 편의를 붙여주면, 커다란 이익이 들어온나. 또 보관하는 돈을 조금이라도 유용하면 보석이 손에 들어온다.

이때 각 폴리스사람들은, 이러한 일들을 일체 하지 않는 사람으로서 아테네의 무장 아리스테디스를 선발했다. 그는 '가난한 사람인 채로 취임해서 더욱 가난해져 은퇴했다'라고 평가될 정도로 공명정대하게 임무를 수행했던 것이다.

이 같은 그가 '정직한 사람'이란 세평을 아테네 이외의 사람들에게까지 받게 된 것은 당연하다.

그는 그 전에도 몇 번이나 재정을 다루는 자리에 있었으나 청렴결백해서 한 번도 자기 배를 부르게 한 일이 없었다 한다.

6. 試之以色, 以觀其貞
(색으로써 시험하여, 그 곧음을 본다)

미녀를 가까이 두어보아, 인물의 단단함을 관찰한다는 말이다.

보통 견고하다고 말하는 사람도 여자와 술에는 약한 것이다. 특히 학자로 칭하는 사람 중에는 주색에 약한 사람이 눈에 띈다.

대학교수의 연회석에 가보면, 평소에는 견실한 사람이라 생각했는데 마치 사람이 바뀐 것처럼 행동하는 것을 볼 수 있다.

은(殷)나라의 주왕(紂王)은 명군이었으나 여자에 약했다.

특히 달기(妲己)라는 여자가 후실이 되고부터는 달기의 말만 들어, '주지육림(酒池肉林)' 안에 있게 되었다. 또 매일 밤 연회를 베풀어 그만 폭정으로 달리고 말았다.

군자인 체하는 사람이 의외로 여자에게는 약한 사람이 많다. 이런 사람은 여자를 가까이 해보지 않으면 알 수 없다.

7. 告之以難, 其觀以勇
(어려움을 알려서 그 용기를 본다)

곤란한 일을 하게 하여, 용기가 있는지 어떤지를 관찰한다는 말이다.

평소에는 결단력이 있다고 말하는 사람도, 곤란한 일을 만나면 그만 푸념이 나오는 것이다. 특히 평소에 순종하는 사람일수록 곤란한 일에 부딪히면 어쩌지 못할 정도로 낭패한다. 때문에 인물을 시험하는 데에는, 어려운 일을 주어서 시험해 보는 것이 예로부터 자주 쓰여진 방법이다.

8. 醉之以酒, 以觀其態
(술로 취하게 하여, 그 태도를 본다)

술에 취하게 해보아, 그 태도를 관찰하는 일이다. 금방 입이 가벼워지거나, 불평을 말하거나, 남의 험담을 하는 사람이 있는데 그러한 사람은 술 취하지 않으면 아무 말도 하지 않는다. 그러나 그런 사람은 마음속에 언제나 불만을 품고 있거나, 질투를 느끼거나, 남을 끌어내리려는 마음이 있을지도 모른다. 술 취하면 본성이 나타난다는 말처럼 취하면 그 사람의 본성이 나오는 것이다.

어느 정도 단단하다고 하는 사람도, 술이 들어가면 그만 언동이 가벼워진다.

알렉산더 대왕이 술 취하면 절대로 사람을 만나지 않았다한다. 아마 이것은 '醉之以酒, 以觀其態'의 시험에 당하지 않기 위해서였는지도 모른다.

알렉산더는 술을 좋아했다. 이 때문에 실수도 많았다. 강인한 의지, 결단 있는 실행력, 고금 최고의 명장으로 불리우는 이 위대한 영웅도, 술이 들어가면 실수를 했기 때문에 이것을 피하기 위해 취하면 막사로 들어가 사람과 만나지 않았던 것이다.

그래서 그 위대하다는 평판은 더욱더 신비에 싸인 것이 아닌가 생각된다.

이상 8가지의 일을 시험해 보아 그 징후를 관찰해 보면 인물을 판단할
수 있다고 '육도'에서는 말하고 있다.

이 같은 중국식 인물감정도, 외형으로 판단하는 것이 아니라, 마음속
을 꿰뚫어 인물을 판단한다는 방법을 취하고 있는 것이다. 이 8가지의
방법은 현재에 있어서도 인물을 감별하는 데에 커다란 역할을 한다.
그 기술을 현대인에게 맞게 적용시킨다면 훌륭한 인물감별법이 될 것
이다.

제2장 「孫子」
상대방의 본심은 이렇게 읽는다

말이나 행동, 또 사실로 나타난 겉만을 보고 판단해버려서는 안된다. 지금 나타난 면만을 보고 사람을 감별하면 커다란 잘못을 범하는 수가 있다. 중국의 인물 감정에는, 나타난 면의 이면을 읽는 법이 전해지고 있다.

예를 들면 전에 없이 강한 말을 내뱉을 때는 반드시 그 사람은 무엇인가 뜻밖의 일을 당해 곤란한 처지에 있기 때문이다.

결국 마음과는 반대로 강한 척하고 있는 것이다.

'손자' 의 '행군편(行軍編)' 을 보자.

1. 敵夜呼者, 恐也.
(적이 밤에 부르는 것은 두려워 함이다)

밤이 되어서 적이 요란한 구호를 외치고 있는 것은, 공포를 없애려고 하기 때문이란 말이다. 결국 밤이 되어, 서로 '야, 가자' 라든지 '무서울 것은 아무것도 없어' 라고 말하거나 격려하는 것은, 언제 공격을 받을지 몰라 공포를 감추려고 하기 때문이다. 무서움을 참지 못하기 때문에 강한 척 말하고 있는 것이다. 한편 서로 격려하고 있는 것처럼 보이는 것은, 두려움을 참지 못하기 때문에 용감한 말을 하는데 불과하다.

소년시절, 담력을 시험하려고 묘지 등 컴컴한 곳을 지날 때 터무니없이 큰 소리로 노래 부르며 걷는 심리상태와 같다. 무섭기 때문에 침착하지 못하고 무엇인가 용감한 말을 하는 것이다.

때문에 척후에 나가 적의 상태를 정찰하는 사람은, 적이 괴성을 지르고 있으면 공포를 느끼고 있기 때문이라는 것을 간파하지 않으면 안 된다.

2. 旌旗動者, 亂也
(기가 움직이는 것은, 어지럽기 때문이다)

적진에서 깃발이 마구 움직이는 것은, 무엇인가 내부에 다툼이 있거나, 혼란이 있다는 증거이다.

남의 사무실을 방문해서, 2, 3일마다 책상의 위치가 바뀌는 회사는 무엇인가 내부에 분쟁이나 대립이 있다고 보아도 틀리지 않는다. 또는 실적부진으로 애태우는 간부가 기를 쓰고 회복하려 하고 있다고 생각해도 좋다.

3. 吏怒者 倦也
(관리가 노하는 것은 권태로움 때문이다)

간부가 부하를 마구 호통 치거나 욕을 해대고 있는 것은, 모두가 싫증나서 해보려는 기분을 잃고 있다는 증거이다.

무슨 일로 회사를 방문할 때, 상사가 부하직원을 호통 치며 욕하는 것은, 보는 사람에게도 좋지 않을 뿐 아니라 그런 직장은 의욕이 상실된 직장이다. 또한 그러한 상사는 좋은 통솔자도 아니다. 늘 부하에게 호령하는 세일즈맨에게 좋은 리더쉽을 기대할 수는 없고, 또 그런 사람은 그 이상의 자리로 승진하지도 못한다.

개인에 있어서도 가족에게 화풀이 하거나, 주위의 사람에게 신경질을 부리는 사람은, 이미 그 마음이 이상심리에 빠진 것으로 보면 틀림없다.

4. 諄諄翕翕, 徐與人言者, 矢衆也.
(거듭해서 찬찬히 이르고, 다른 사람에게 한가하게 말하면, 무리를 잃게 된다)

장군인 자가 부하에 대해서 장황하게 이야기하고 있는 것은, 부하의 마음이 그 장군을 떠난 증거이다. 언뜻 화기애애한 것처럼 느끼게 되나, 그 이면을 들여다보지 않으면 안 된다.

조합의 결속이 굳어, 과상의 발이 먹혀들어가지 않는 회사의 과장은, 부하를 기분 좋게 하려고 애쓴다. 결국 부하에게 장황하게 말해서 언뜻 화기애애해 보이나, 부하는 이미 그 과장 등 상사를 상대하지 않는 것이다.

5. 數賞者, 窘也. 數罰者, 困也.
(상을 자주 주는 것은 궁색함 때문이요, 자주 벌주는 것은 곤궁하기 때문이다)

상장이나 상금을 남발하고 있는 지도자는 막다른 곳에 있다는 증거이
다. 반대로 마구 벌을 가하고 있는 지도자도 막다른 곳에 있는 증거이
다.

요즈음 상장이나 상금을 남발하는 상사나, 툭하면 화를 내는 상사는
그릇이 작거나, 배짱이 없는 사람으로 봐도 좋다.

6. 先暴而後畏其衆者, 不精之至也
(먼저 사납게 하고 그 무리를 두려워하는 것은, 미숙함에 이른다)

먼저 폭언을 내뱉거나 마구 꾸짖으면서, 나중에 부하가 결속해서 자
신에게 도전해오지 않을까 무서워하며 눈치를 보는 지도자는, 마음이
안정되어 있지 않는 미숙한 사람으로 봐도 좋다.

강한 채 말하며 부하를 윽박지르거나 또 폭언을 해대도 조금 지나면
작은 소리로 말 하거나, 혹은 부하가 보복을 해오지 않을까 두려워 눈
치를 보는 과장이 있다. 이런 사람은 미숙한 사람으로 큰 인물이 될 가
능성이 없는 사람으로 봐도 틀리지 않는다.

7. 辭卑而盆備者, 進也, 辭强而進驅者. 退也.
(말을 겸손하게 하고 준비를 더하는 것은, 나아가려 함이요, 말을 강
하게 하고 나아가 몰려고 하는 것은, 물러나려 함이다)

상대가 겸손한 말을 하며 한편으로는 착착 준비를 하고 있는 것은, 머
지않아 진격해 오려고 하는 것이다. 반대로 상대가 강한 체하는 말을
하며 진격의 준비를 보이고 있는 것은, 기회를 보아 퇴각하려고 함이

다.

 짐짓 강하게 말하는 자에게는 강한 면이 없다. 내심은 무서워하고 있는 것이다.

 겉에 나타나 있는 사람이나 말에 마음을 움직여서는 안된다는 말이다. 그 속에 있는 것을 간파해야 한다.

 이처럼 손자는 형태를 보고, 또 언동만을 보고 상대를 관찰하지 않는다. 그 뒤에 있는 것을 읽어내어 상대를 관찰하고 있다.

인물의 관찰에 있어서도 여러 가지 거래에 있어서도 마찬가지이다. 속에 있는 본질을 간파하지 않으면 안된다. 특히 상거래에 있어서 손자가 설명하는 상대방 마음속의 움직임을 아는 7가시의 방법을 익히고 있다면, 상대에게 속거나 이용당하지 않는다. 또한 상대편이 망해가고 있는 것을 알지 못하고 납품해 대금을 받지 못하는 일도 없게 된다.

제3장 「吳子」
상대방의 인물을 관찰하는 키포이트

위(魏)의 무후(武侯)가 오기(吳起: '오자'의 제자)에게 물었다.

'吾欲觀敵之外, 以知其內, 察其進, 以知其上, 以定勝負. 可得聞乎'
(나는 적의 바깥을 보고, 그 안을 알고, 그 나아감을 살피고, 그 멈춤을
알아서, 승부를 정하고자 한다. 가히 이것을 들을 수 있겠는가?)

이것을 번역하면, '적의 겉모습을 보고 속사정을 판단하며, 적의 진행
방법을 보고 어떻게 멈추는가를 추측하여, 그것에 의해 승리를 할 수
있을지 어떨지를 사전에 판단한다는 생각인데 이러한 것을 알 수 있을
까?' 하는 말이다.
여기에 대해 오기는,

'敵人之來, 蕩蕩無慮, 旌旗煩亂, 人馬數顧, 一可擊十, 必使無措' (적이
옴에 있어 무질서하여 생각이 없고 기가 어지럽고 인마가 자주 돌아보
면, 가히 하나로써 열을 칠 수 있습니다. 반드시 아무 조처도 없습니다)

즉, '습격해오는 적의 모습이 무질서하고 침착함이 없고, 깃발은 어

지럽고 인마와 함께 여기저기를 보며 두리번거리는 것 같으면, 확실한 방침도 전략도 없는 증거이다. 이런 적은 한 칼로 열 명의 적을 격퇴시킬 수 있고, 더구나 상대는 아무런 대책도 갖고 있지 않다' 라고 말했다.

'諸侯未會, 君臣未知, 溝壘未成, 禁令未施, 三軍洶洶, 欲前不能, 欲去不敢, 以半擊倍, 百戰不殆' (제후가 모이지 않고 군신이 불화하고 구루가 완성되지 않고 금령이 베풀어지지 않고 삼군이 흉흉하며 앞으로 나갈 수도 없고 감히 물러갈 수도 없으면, 반으로써도 배를 물리칠 수 있고 백번을 싸워도 위태하지 않습니다)

즉, '아직 찾아오는 제후도 없고, 군신의 사이도 멀고 진지도 완성되지 않고 위령은 행해지지 않고 있다. 더구나 장병이 모두 두려움에 떨어 전진도 퇴각도 하지 못하는 상태이다. 이러한 적이라면 반의 병력으로도 충분히 승리할 수 있고, 백번 싸워도 패하지 않는다' 라는 말이다.

이 말은 '오자' 의 '요적편(料敵篇)' 에 나오는 일부분인데, 이것은 현재의 개인 인물관찰법에 적용시켜 보면, 吾欲觀人之外, 以知其內 '라는 말이 된다. 즉 사람의 외관을 보고 사람의 내면까지 볼 수 있을까? 하는 무후의 질문이 된다.

여기에 대해 오기의 대답은, '침착하지 못하고, 두리번거리며 여기저기를 보는 사람은 일정한 방침이 없는 사람입니다. 누구와도 친하게 교제하려고 하지 않는 사람은, 남에게 협력을 구하지 않는 사람입니다. 즉 방문해 오는 사람도 없고, 방문할 상대도 없는 사람은, 남들과

연합하는 일을 할 수 없습니다' 라는 말이 된다.

오기는 '논장편(論將篇)' 에 있어서 적장의 인물을 분별해서 싸우라고 설명하고 있다.

'凡戰之要, 必先占其將, 而察其才, 因其形而用其權, 則不勞而功擧, 基將愚而信人, 可詐而誘, 貪而忽名, 可貨而賂, 經變無謀, 可勞而困, 上富而驕, 下貧而怨, 可離而間, 進退多疑, 其衆無依, 可震而走, 云云 ' (무릇 싸움의 요체는 반드시 먼저 그 장수를 점쳐 그 재주를 살피고, 그 나타남에 의해 그 권세를 사용하면, 힘쓰지 않고도 공을 올릴 수 있습니다. 그 장수가 어리석고 사람을 믿으면 가히 속여서 꼬일 수 있습니다. 탐욕하여 이름을 가벼이 여기면, 가히 재물로 매수할 수 있습니다. 변화를 가벼이 여겨 계책이 없으면, 가히 수고롭게 하여 곤궁하게 할 수 있습니다. 위가 부하고 교만한데 아래가 가난하여 원망하면, 가히 이간할 수 있습니다. 신뢰에 의심이 많아 그 무리가 의지함이 없으면, 가히 두렵게 하여 도망가게 할 수 있습니다, 등등)

이것을 번역하면, '싸움에 있어서 상대 장수의 인물을 잘 파악해, 그 재능을 추리하고 그 언동에 대응해서 임기응변의 전략을 세운다면, 힘들이지 않고 전과를 올릴 수 있게 된다. 즉 상대가 사람의 말을 가볍게 믿는 인물이라면, 속이는 일이 가능하다. 탐욕으로 수치를 모르는 인물이라면 돈으로 매수할 수 있다. 단순하게 맹진하는 사람이라면, 계책을 이용해 명령을 받고 바쁘게 움직이게 하여 지치게 할 수도 있다. 또 자신은 부유하며 사치스러우면서도, 부하는 가난하여 불평을 말하고 있다면 적장과 적병과의 사이를 이간시킬 수 있다. 더구나 적장이 우유부단해서 결단에 갈피를 잡지 못하여 부하가 의지하는 중심을 잃게 된다면, 위협하여 패주시킬 수도 있다' 는 말이다

이처럼 적장의 인물을 빨리 간파해서, 거기에 대응한다면 싸움도 용이하게 할 수 있다고 오기는 말하고 있다. 그러나 적장의 인물을 잘 알수 없을 때는 어떻게 하면 좋을까? 미리 각지에서 정보를 모아 인물을 관찰해서, 거기에 대응할 전략을 써야 하는데, 아무리 해도 상대방의 인물을 알 수 없을 때가 있다. 그때는 어떻게 대응해야 할까?

무후는 거듭 묻고 있다.

'兩軍相望, 不知其將, 我欲見之, 其術如何' (양군이 서로 바라보고 그 장수를 알지 못할 때, 나는 그것을 알고자 한다. 방법이 어떠한가?)

양군이 대치하고 있어도 상대를 알 수 없을 때가 있다. 적장의 인물을 어떻게 하면 통찰할 수 있을까, 그 기술은 어떤 것이 있을까?

여기에 대해 오기는 대답하고 있다.

'令賤而勇者, 將經銳當之, 務於北, 無務於得, 觀敵之來, 一坐一起, 其政以理, 其追北佯爲不及, 其見利佯爲不知. 如此/將者, 名爲智將, 勿與戰矣, 若其衆讙譁, 旌旗煩亂, 其卒自行自止, 其兵或縱或橫, 其追北恐不及, 見利恐不得. 此得愚將. 雖衆獲 (천하면서 용기 있는 자로 하여금 날랜 군사를 거느리고 그것을 시험하게 하여 패하는데 힘쓰고 이기는데 힘쓰지 않습니다. 적이 오는 것을 보아 한번에 앉고 한번에 서서 그 다스림에 있어 바름으로 하며, 그 뒤를 쫓는데 있어 거짓 미치지 못하게 하며 그 이로움을 보고도 거짓 모르는 체합니다.이와 같은 장수는 이름

하여 지장이라 합니다. 더불어 싸우지 마십시오. 만약 그 무리가 떠들썩하여 기가 어지럽고 그 뒤를 쫓으매 미치지 못할까 두려워하고 이로움을 봄에 얻지 못할까 두려워합니다. 이는 우장이라 합니다. 비록 많다 하더라도 잡을 수 있습니다)

즉, 신분이 낮으면서도 용기 있는 자들로 뽑아낸 정예의 군사를 붙여, 미끼의 싸움을 거는 것이다. 적이 나온다면 오로지 도망가도록 명령해 두고, 이기지 않도록 시킨다.

결국 '유혹해서 반응을 본다' 라는 뜻이다. 쫓아오는 적의 움직임이 매우 정연해서 이편이 도망해도, 일부러 추격하지 않는 체하며 깊게 들어오지 않는다. 또 유혹해도 괘념하지 않고 이기려 하지 않는다면, 그 적장은 지혜로운 장수이다. 함부로 싸워서는 안 된다. 그러나 유혹에 걸려 곧 적장들이 떠들썩하게 기를 흩날리며, 군졸들도 자기 멋대로 움직이며, 이편이 도망가면 마구 추격해오고, 이길 승산이 보이면 마구 덤벼든다면, 그 적장은 어리석은 장수이다. 쉽게 무찌를 수 있다는 말이다.

이처럼 유혹해 보고, 무엇인가 도전해보아 반응을 관찰한다는 것이 좋다는 말이다. 이 '유혹해서 반응을 본다' 는 방법을 현재의 상거래에 있어서도, 또 상대의 인물관찰에 있어서도 자주 이용되는 방법이다.

예를 들면 융통성이 없는 상대에게 미끼를 살짝 던져 그 반응을 본다는 것이다.

"H사의 구매과장은 과거의 거래를 중시해서 신규거래는 일체 하지 않습니다. 그래서 좀체 물건을 팔 수 없습니다." 라고 말하는 부하 직원에게, "미끼를 던져 보시오. 골프가 소용없다면 좀 더 편안한 무엇인가

를 제시해 보시오. 그래도 무시하는 것 같으면 종래의 거래선과 무엇
인가 정실관계가 있다는 것을 알아야 합니다.”
라는 부장의 말처럼 현대사회에 있어서도 잘 적용되고 있다.

제4장 중국식
진승(陳勝)의 인물통찰법

진나라 말기 하남의 양성(陽城)이라는 곳에 진승이란 농부가 있었다. 자신의 밭을 가지지 못한 소작인이었다.

어느날 논두렁에서 친구에게 말했다.

"나는 위대하게 된다 해도 과거의 일은 잊지 않을 거야."

이 말을 듣고 친구는 코웃음을 치며,

"소작인 주제에 위대하게 된다는 것은 다 뭐야? 이상한 말을 하네."

라고 말하니, 진승은 크게 한숨은 쉬며,

"아, 연작(燕雀)이 어찌 봉황의 뜻을 알리오."

라고 탄식했다. '燕雀安知鴻鵠之志哉' 의 이 말은 중국에 있어서나 우리나라에 있어서나 고금을 통해 유명한 말이다.

'사기' 진섭세가(陳涉世家)에 나오는 말로, 소인배에게 큰 인물의 마음속을 알게 하려고 할 때 잘 사용된다.

진승은 징용되어, 국경경비를 위해 북방의 어양(漁陽)이란 곳까지 가게 되었다. 진승은 대장이란 사람이 교언영색(巧言令色)에 약한 인물이란 것을 꿰뚫어보았다. 진승은 대장을 추켜세워 소두(小頭)라는 자리를 따냈다.

같은 소두에 오광(吳廣)이란 사람이 있었다. 오광은 진승이, 범인에게는 없는 눈빛, 앞을 읽는 힘이 있다는 것을 알고 '형, 형' 하며 불렀다.

이 점은, 진승도 오광도 같은 농민출신 이었으나, 상대의 인물을 평가하는 힘이 있었다고 말해도 좋다.

어양으로 가는 도중 홍수가 나 길이 모두 막혀버렸다. 대장은 '지금으로서는 명령받은 날짜에 어양까지 도착할 수 없다. 이렇게 되면 나는 다리가 잘리는 벌을 받게 된다. 모두 도망가자' 라고 말하며 어디론가 가버렸다.

진승과 오광은,

'대장이 다리가 잘린다면 우리들은 귀가 잘리는 것으로 끝나지 않을 거야.'

이렇게 생각하며 마음을 정했다.

때마침 진나라는 백성들 사이에 불평불만이 만연해 있었다. 진승은 일동을 향해 연설을 했다. 진승은 학문을 한 적은 없으나, 대중의 마음을 사로잡는 말을 잘했다. 이 점은 지도자로서 재질이 있었다고 말할 수 있다.

"우리들은 무슨 수를 써도 기한까지 어양에 도착할 수는 없습니다. 기한까지 도착하지 않으면 진나라의 관리들은 법에 따라 벌을 줄 것입니다. 우리들의 목을 참할 것입니다. 그렇다면 한번 깃발을 올려보지 않겠습니까? 죽어도 상관없습니다. 어차피 죽을 목숨이라면 큰일을 해서 세상을 놀라게 해보는 것도 좋지 않을까요? 왕도 장군도 특별하게 씨가 따로 있는 것은 아닙니다. 같은 인간입니다. 우리라 해서 될 수 없는 것은 아닙니다."

라고 일장 연설을 하자, 모두 '하자, 하자' 라고 이구동성으로 찬성했다. 그리고 독립국으로서 국호를 '대초(大楚)' 라 했다. 진승은 장군이 되고 오광도 도위(都尉)의 자리에 올랐다.

더구나 이때 진승이 말한 '王侯 · 將相寧有種乎'〈왕후 · 장상이 어찌 그 씨가 있겠는가〉라는 말은 유명해졌다.

주나라 때까지는 계급의 차가 심해서, 명가나 대족 출신이 아니면 중요한 자리에 오를 수 없었다. 그 후 점차로 차별이 없어지다가 진승의 이 말에, 누구라도 실력이 있으면 왕도 제후도 될 수 있다는 사상이 중국 전체에 널리 퍼지게 되었다.

그런데 일찍이 그전부터 현인으로 평판이 높았던, 위나라 대량(大梁)의 장이(張耳)라는 사람과, 진여(陣餘)라는 사람도 진승의 군대에 합세했다.

진승은 유정천(有頂天)이 되었다. 이제까지 진의 가혹한 법률에 신음하고 있던 백성들은 진승에게 호응해 잇달아 반란을 일으켜 진의 지방 관리를 추방했다. 이것을 보고 진승은 국호를 '장초(張楚)'로 고치고 왕위에 올랐다. 이때 장이와 진여는,

"왕위에 오르는 일은 급한 것이 아닙니다. 그것보다도 먼저 천하에 사심이 없는 것을 보여, 초나라 왕의 자손을 세운 다음 형편을 보는 일이 급합니다."

라고 충고했으나 진승은 귀를 기울이지 않았다.

"저 사람은 생각보다 인물이 되지 않았다. 좋은 일을 해서 인심을 사는 것은 좋으나, 천하를 잡을 만한 인물은 아니다."

장이와 진여는 이렇게 서로 말했다.

진승은 무신(武臣)이란 자를 장군으로 앉히고, 장이와 진여에게는 교위(校尉)라는 자리를 주었다. 그리고 조나라의 땅을 평정하자, 스스로 조왕(趙王)이라 칭했다.

이것을 보고 장이와 진여는, 빠른 시일에 진승의 막하에서 도망치기로 결의했다.

장이와 진여는 젊을 때부터 죽마고우(竹馬故友)의 사이였다. 두 사람은 진승을 단념하여, 장이는 한나라 쪽에, 진여는 초나라의 적미방(敵味方)이란 곳에 떨어져 있었는데, 인물을 통찰하는 일에 뛰어나, '진승은 영웅의 재간이 없다. 간웅도 되지 못한다. 머지않아 멸망하는 소인배에 불과하다' 라고 인물 감정을 했다.

장이와 진여가 진승을 단념하고 도망쳐버린 후, 오광은 부하에게 살해되고, 진승도 마부로 변장한 장가(莊賈)라는 진의 자객에게 살해되었다. 그 밑의 부하들도 진나라 군대에게 항복해버렸다.

범증(范增)이란 사람은 다음과 같이 말하고 있다.

"진승은 모처럼 진타도(秦打倒)의 첫 번째 기세였으나, 인물이 크지 않아 망해버렸다. 그 잘못의 첫째는 초왕의 자손을 왕으로 하지 않고 스스로 왕이 되었기 때문이다. 그는 기다려야 한다는 것을 알지 못했다. 이른바 진승은 왕이 될 그릇은 아니었다"라고. (범증은 진승과 같은 시대의 사람이다.)

중국에서는 옛날부터 목적을 향해 쏜살같이 달리는 사람은 재각(才覺)이 없는 것으로 보고 있다. 목적과 행동을 직결시키지 않고, 목적과 행동과의 사이에 임기응변의 술책과 계략, 재치를 갖추지 않은 사람은 큰일을 할 사람이 아니라고 보고 있었던 것이다. 그 점에 있어서 진승은 저돌적이며, 계략이나 재능이 희박한 사람이라고 장이도 진여도 범증도 판단한 것이다.

제5장
풋내기로 낙인찍힌 항우

 중국 역사상 유명한 '홍문회(鴻門會)'〈항우와 유방, 두 영웅이 함곡
관(函谷關)에서 처음으로 만났을 때의 일〉의 때, 항우의 병사는 40만,
유방의 병사는 10만밖에 되지 않았다.

 범증은 항우의 군사(軍師)로 있었다.

 "항우님, 장군님에게 장차 제일 적수가 될 인물은 유방입니다. 이번에
이렇게 함곡관에서 만나게 된 것은 하늘이 주신 좋은 기회입니다. 유
방을 없애버리십시오."

라고 진언했다.

 그런데 유방 쪽에서 무슨 일인지 수하를 보내 항우를 잔뜩 추켜세우
자 천성이 좋은 항우는,

 "동생의 신분이 된 이상, 동생을 토벌하지는 않겠다."

라고 말하며 매우 기분 좋아했다.

 이윽고 양자의 회담을 축하하는 연회가 벌어졌다. 이때도 범증은 몇
번이나 항우에게 눈짓을 하며 허리에 찬 칼을 집어 올려 죽이려고 기
도 했으나, 항우는 취해서 기분이 좋을 뿐이었다.

 그동안 유방은 손 씻으러 간다고 자리를 떠서는, 그대로 뒷문으로 도
망쳐버렸다.

226 /사람을 한번 보고 아는 법

유방이 자리를 뜨자 기분을 망쳐버린 항우는,
"유방은 어찌 됐느냐, 용변이 너무 길다."
라고 말하자, 뒤에 남아있던 유방의 신하들이,
"항우님이 환대해 주셔서 예의 없이 많이 마셔, 몹시 취해 지금쯤은 어디엔가에서 골아 떨어졌을지도 모릅니다.
라고 말했다. 이 말을 들은 범증은 유방이 그 자리의 공기가 심상치 않음을 알고 도망쳤다고 생각했다.
"쫓아가도 이미 늦었다."
이렇게 생각한 범증은, 일이 되어가는 낌새를 알지 못하는 항우를 보고,

'唉, 豎子不足謀. 奪將軍天下者, 必沛公也.' (아아, 수자는 지모가 모자라는구나, 장군의 천하를 빼앗을 자는 반드시 패공이로구나)

라고 장탄식했다. 豎子란 마음이 유치한 풋내기란 의미이다.
즉 '아아, 이런 풋내기와는 함께 일을 못하겠구나, 이번에 항우가 천하를 반드시 패공(유방)에게 빼앗길 것이다' 라고 탄식했다.
원문인 '홍문의 회' 에는 유방쪽의 번쾌(樊噲)라는 사람이 활약했다거나 하는 더 복잡한 일이 있으나 〈아이쿠, 계책이 모자라는구나〉를 쉽게 설명하기 위해 생략했다.
항우의 군사로 있던 범증은 이미 이때에 항우의 인물을 통찰하고 포기하고 있었다.
이 홍문회 이후 천하를 다툰 항우와 유방을 본다면, 항우는 멋진 장부이며 가문도 좋고, 또 전술에도 용맹성이 뛰어났다. 또 양족의 힘을 군

사적인 면에서 비교해 보아도 항우쪽이 강해, 언제니 유방은 패해서 도망갈 뿐이었다. 그러나 속을 들여다보면 항우는 직선형의 타입이고, 직선적이 사고를 하는 사람이었다. 그러나 유방은 지혜와 꾀를 가진 곡선적인 사고의 사람이었다.

때문에 항우는 상대를 미워하면 한없이 미워하고, 신용하면 끝까지 신용했다. 이 같은 성격으로는 언젠가 유방에게 패해버린다고 범증은 읽었던 것이다.

범증이 읽은 대로 항우 쪽이 세력은 컸으나, 점점 쫓겨가 최후에는 해하(垓下)까지 퇴각했다. 전력(戰力)은 떨어지고 식량은 부족했다. 도망자도 속출했다. 항우는 성안에 갇히게 되고, 한나라 군사는 성 주위를 포위하고 있었다.

밤이 되어 사방의 한군에서 흘러나오는 초나라 노래를 듣고 항우는 놀랐다.

"불길하구나, 한군 중에 저렇게 많은 초나라 사람이 있는가?"

하며 후실인 우미인(虞美人)에게 명해 춤을 추게 하면서 '우(虞)야, 우야, 앞으로 어떻게 될지 모르겠구나'라고 탄식하였던 것이다.

羽, 夜, 聞漢軍四面皆楚歌, 大驚曰, 漢皆已得楚乎. 何楚人多也.
〈항우가 밤에 한군의 사면에서 나오는 초가(楚歌)를 듣고 크게 놀라 가로대, 한이 모두 이미 초를 얻었는가? 어찌 초인(楚人)이 많은가?〉

결국, '漢軍의 사면에서 초나라 노래를 부른다'라는 말의 의미는 초나라 사람까지도 한군에 가세해서 한의 진에서 초의 노래를 부르고 있다는 뜻이다. 항우는 '모두가 적에게 둘러싸여 버렸는가'라고 탄식했다.

이것이 '사면초가'의 출전 고사이다. (주위가 모두 적으로 둘러싸여 자신이 고립된 것을 말한다.)

역시 앞에서의 '수자, 계책이 모자라다'의 말은 상사나 동료가 그다지 인물이 탐탁치 않아 무엇인가 함께 일을 하는 데에 그 재능이 없음을 알고 포기할 때 잘 쓰여 진다.

"재간이 있다고 생각한 과장이었으나 함께 일하는 동안에 사람이 미숙하고 생각이 얕으면, '수자, 계책이 모자라다'라고 말할 수 있다."

우리들도 친구나 부하직원들로부터, '수자, 계책이 모자라는구나'라는 말을 듣지 않도록 해야 한다.

제6장
맹상군(孟嘗君)과 빙환(馮驩)

휘장 뒤에 인물시험관을 두다

전국 말기 제나라의 왕족으로, 설(薛)의 영주였던 맹상군이라는 사람은, 식객을 잘 대접해 그 수가 수 천명에 달했다고 전해지고 있다.

그는 신참인 식객 희망자와 대면할 때에는 뒤에 있는 휘장에 부하를 두어, 문답의 요점을 필기하게 하거나, 눈의 움직임, 태도를 채점하게 하여 대면 후,

"어떻게 생각하는가?"

하고 먼저 휘장 뒤의 부하에게 묻는 것이다. 이렇게 서로 의견을 종합하여 식객으로 좋을지 가부를 결정했다고 한다.

또 반드시 상대의 부모형제에 관해 묻고, 그 주소를 휘장 뒤의 사람에게 기록하게 해서, 직접 사람을 보내 선물을 하는 척하며 뒷조사를 한다.

때문에 식객 희망자는 자신의 신변이 조사되는 것도 알지 못하고, 부모형제가 선물을 받은 것만으로 감격한다고 한다.

식객이란 자택 안에 묵게 하는 문인(門人)이다. 식사를 내고, 때로는 용돈도 준다. 하루 종일 놀게 해두나, 일이 있을 때에는 임무를 주기도

한다. 청년들은 뜻을 얻지 못하면 유력한 정치가의 집에 모여 식객을 자처하며 때가 오기를 기다린다. 당시의 중신들은 많은 식객을 거느리는 것을 자랑으로 여기고 있었다. 그 수가 수십명에서 수백명 또 '식객 3천명'이란 사람도 있었다.

그중에서도 유명한 사람이 여기에 나오는 제나라의 맹상군, 초나라의 춘신군(春伸君), 위나라의 신릉군(信陵君), 조나라의 평원군(平原君)이다.

어느 날 빙환이라는 꾀죄죄한 사람이 식객으로 묵고 싶다며 찾아왔다. 특별한 재능이 있는 것 같아 보이지 않았으나, 태도나 말씨가 의젓했기 때문에 식객으로 두기로 했다. 그리고 열흘이 지나 관리인을 불러 물었다.

"그동안 빙선생은 어떻게 하고 있나?"

"그 사람이 궁상에 대해서는 그 유례를 찾아보기 힘듭니다. 소지품이라면 칼 하나인데, 그것도 자루를 새끼줄로 묶은 변변치 못한 것입니다. 그 칼을 두드리며, '장검아, 돌아갈까? 내게는 생선도 안 주는구나' 하며 노래를 부릅니다."

"재미있는 사람이구나, 방법이 없다. 생선이 나오는 2등숙사로 옮겨 줘라."

라고 말했다. 그리고 또 5일이 지나자 맹상군이 물었다.

"어떤가, 이번에는 조용해졌는가?"

"아니요, 변함없이 칼을 두드려대며 '장검아, 돌아갈까? 외출하는 데 차도 없구나, 하며 노래를 부릅니다,"

"곤란한 놈이군. 불평만 말하고 있구나. 방법이 없다. 1등숙사로 옮겨 줘라."

라고 말했다. 그로부터 또 5일이 지나, 맹상군이 물었다.

"이번에는 즐거워하는가?"

"아니오. 아직도 칼을 두드리며 노래를 합니다. '장검아, 돌아갈까? 가족과 지내지 못한다면……' 이라고 합니다."

이 말을 듣고 맹상군은 기분이 좋지 않았다. 어찌하든 마음을 쓰지 않고 방치해 두었다. 빙선생의 일은 마음에 두지 않고 일년이 지났다. 그 사이 빙환 쪽에서도 한마디 진언도 하지 않았다.

맹상군은 이때 제나라의 재상으로 일하면서, 일 만호의 영주였으나, 식객 3천명을 거느리고 있으니 영지에서 올라오는 조세 수입만으로는 수지가 맞지 않았다. 그래서 특별한 수입의 방법으로서 주민에게 돈을 빌려주어 이자를 받아 수입을 올리려고 했으나, 맹상군은 인정이 많아 이자는 고사하고 원금도 제대로 받지 못하게 되었다. 이 일로 대부금 회수의 책임자로 누굴 쓸까 고심하고 있는데 식객 숙사의 관리인이,

"빙선생이 어떨까요? 이렇다 할 재능은 없으나, 말재간만큼은 어지간히 뛰어난 사람입니다."

라고 말했다. 그래서 빙선생을 불렀더니, 히죽 웃으며 승낙했다.

빙환은 마을로 내려가 돈을 빌려간 사람들을 한자리에 불렀다. 마을 사람들은 빙환의 심상치 않은 모습에 무서움을 느끼며 금방 이자를 가지고 왔다. 그러자 빙환은 그 돈으로 사람들을 모아 술잔치를 했다. 술이 충분히 돌자 증서를 꺼내어, 이자를 지불한 사람들에게는 며칠까지 원금을 반환하도록 기한을 정하고, 이자를 지불하지 않은 사람의 증서는 태워버렸다. 모두들 머리를 조아리며 감사했다.

맹상군은 빙환이 증서를 태워 없애고, 더군다나 받아들인 이자로 모두 먹고 마셨다는 이야기를 듣고 격노했다. 속히 빙환을 불러들인 후

힐문했다. 그러자 빙환은,

"빌려간 사람의 지불능력을 확인하기 위해 연회를 벌였습니다. 제가 가서 쏘아보아도 이자를 갚지 않는 자는 10년을 재촉해도 갚지 못할 자들입니다. 무리하게 받으려 한다면 다른 나라로 야밤에 도주해버릴 것입니다. 그러면 영주님의 이름도 떨어집니다. 그것보다도 지불능력이 있는 자들로부터 하루 빨리 원금을 반환시키도록 해야 합니다. 지불능력이 없는 자들에게는 은의를 베풀어 명군의 이름을 높이 해두면, 백성은 의욕이 생겨 이후 조세에도 좋은 영향을 줄 것입니다. 눈앞의 대금이나 이자의 일은 잊어버려주십시오."

이런 빙환의 생각에서 나온 영민회유책에,

'아, 저 사람은 쓸만 하구나. 저런 사람은 정말이지 구하기 힘든 인물이다.'

라고 생각하며 맹상군은 빙환의 얼굴을 찬찬히 보았다. 그리고 인물이라는 것도 겉으로만은 알 수 없다고 느꼈다.

빙환이 식객이 되고 싶다고 온 날, 평소처럼 맹상군은 휘장 뒤에 측근을 두고 빙환의 인물을 시험했다.

"선생은 멀리서 오셨는데, 무엇을 배우셨습니까?"

라는 맹상군의 말에 대해,

"가난한 이 몸을 맡겼으면 합니다."

라고 말할 뿐 달리 이런저런 재능이 있다고는 말하지 않았다. 그래서 휘장 뒤에 있던 사람과 의논하여,

"이렇다 할 재능도 없는 것 같고, 소개장도 없으니 전사(傳舍) 〈3등 숙사(宿舍)〉가 좋을 듯 싶은데, 어떻소?"

맹상군의 이 말에,

"전사로도 충분합니다."

했던 것이다. 그래서 전사에 묶게 했던 빙환이었다. 이런 그가 이처럼 생각이 뛰어난 것에 놀란 것이다.

인물감별은 본성을 간파하는 일

이 빙환에 대해서는 후에 일화가 있다.

진과 초가 제의 국력을 약화시키려고 제왕과 재상인 맹상군 사이를 이간시킬 여러 가지 계략을 써왔다. 그중에서도 첩자가 퍼뜨린, '제나라에서의 실권은 왕에게 없고 재상인 맹상군에게 있다. 더구나 다른 나라에서는 왕의 평판은 그다지 좋지 않으나,.맹상군의 평판은 매우 좋다. 무슨 일이 든 맹상군이 왕보다 더 유명하다, 라는 소문에 왕은 질투를 느꼈다. 첩자가 뿌린 이런 소문에 왕후도 맹상군을 미워했다. 왕은 환관들과 짜고 맹상군을 파면해 연금 상태로 만들었다.

결국 제나라 왕에게는 사람을 통찰하는 눈이 없었다고 말 할 수 있다.

오늘날에도 2세 사장들은 이런 일에 곧잘 편승해, 옛날부터 일하던 유능한 중역들을 쫓아내기도 한다. 2세 사장은 옛날부터 일하던 중역이 자신보다 평판이 좋다는 말을 들으면, 질투에 눈이 어두워지나 보다.

자, 맹상군이 파면 당하자, 그렇게 많던 식객들이 차례차례 떠나버렸다. 식객들은 맹상군이 재상의 자리에 있는 동안 제나라의 관리가 되려고 노리고 있었는데, 맹상군이 실각하자, 자신의 이력에 흠이 생기기라도 하듯 재빨리 떠나갔던 것이다.

그러나 빙선생과 다른 곳으로 갈 데가 없는 식객들은 남아 있었다. 하루는 빙선생이,

"나에게 진나라까지 태워다 줄 수 있는 수레를 한 대 빌려 주십시오. 주군을 다시 원래의 지위에 오르도록 무슨 일이든 해야겠습니다.

라고 말했다.

빙환은 선물과 수레를 가지고 진나라로 가서 진왕 앞에 나가 변설을 펼쳤다. 빙선생이 설명하는바 골자는,

"국가는 인재를 모으지 않고서는 소용없습니다. 인재를 모으면 군대가 강해지고 재물도 생깁니다. 이웃나라들을 제압할 힘이 생깁니다……."

였다.

"제나라가 맹상군을 파면시킨 일을 알고 계십니까?"

"듣고 있었소."

"제나라가 강한 것은 맹상군의 힘이 크다는 것도 알고 계십니까?"

"그렇소."

"그렇다면 왜 그를 불러 신하로 쓰지 않으십니까?"

"맹상군이 올까? 와 준다면 그보다 더 좋은 일은 없는데……."

"예, 옵니다. 빨리 사자를 보내 수레 열대에 황금 백일을 실어 선물하십시오. 맹상군은 삼격해 할 것입니다. 맹상군이 진의 고관이 되면, 나중에 제나라를 진왕의 손에 넣는 일은 당연합니다."

〈일(鎰)은 일(溢)로도 쓴다. 1일은 20량, 또 24량이라고도 한다.〉

"좋아, 빨리 선물과 사자를 보내라."

진나라 왕은 부하에게 명했다.

진을 떠나자 빙환은 급히 제나라로 돌아와, 왕 앞에 나가 말했다.

"맹상군은 황금으로 움직일 사람이 아닙니다. 또 제왕을 배신할 사람도 아닙니다. 그런데 제가 들은 바에 의하면, 진왕은 열대의 수레에 백

일이라는 많은 황금을 실어 사자를 보내 맹상군을 재상으로 추앙하려고 하는 것 같습니다."

"백일이라는 황금을?"

"그렇습니다. 맹상군은 그 이상의 가치가 있다고 이웃나라 왕은 보고 있는 것이 아닐까요?"

"그렇군."

"맹상군이 재상이 된 나라는 강해졌습니다. 그렇죠?"

"그렇지."

"그러면 저는 이만……."

빙환은 궁정을 나왔다. 제왕은 재빨리 전위를 국경에 보내 진의 사자가 오는지를 살피게 했다.

"진의 사자가 수레 열대를 이끌고 오고 있습니다."

라는 소리를 듣고,

"이것 큰일이군."

제왕은 곧 맹상군의 집으로 사람을 보내 입궐하도록 일렀다.

"내가 나빴소. 곧바로 재상으로 복직하시오. 또 영지 외에 천호의 영지를 더 하사하겠소."

하며 사죄했다. 인물이 크지 않은 제왕은 번복도 빨랐다.

진의 사자가 제나라 영호에 들어오자, 맹상군이 다시 재상에 올랐다는 말을 듣고, 수레를 이끌고 되돌아갔다 한다.

재상의 지위에 다시 오르고, 영지도 늘어난 맹상군은 빙환에게 말했다.

"내가 객을 좋아해, 무려 3천명이나 되는 식객을 두고 있었는데, 파직 당하자 모두 내게 등을 돌리고 떠나버렸습니다. 지금 다시 돌아온다면 얼굴에 침을 뱉어 주고 싶습니다."

"그러면 안 됩니다. 돌아오는 자는 쾌히 받아들이십시오."

"선생, 그것은 또 무슨 말입니까?"

"인간이란, 세력이 있는 사람에게는 많이 몰려들어도, 그 사람이 세력을 잃으면 모두 등을 돌리는 것입니다. 이것이 인간의 본성입니다. 특히 눈앞의 이익만을 보는 자일수록 빨리 변하는 법입니다. 주군은 지금까지 이런 인간의 본성을 잊고, 식객을 길러 왔습니다. 이런 본성이 인간에게 있다는 것을 모르고, 언제 어디서라도 자신을 위해 일 해줄 것이라 생각하고 인물을 감정해 왔습니다. 그러나 그것은 틀린 일입니다. 사람을 감결하는 데에는 이러한 인간의 본성 속에 이 사람은 어떠한 것을 가지고 있나를 간파해야 사람을 바로 볼 수 있습니다."

빙환의 이런 말에 맹상군은 고개를 끄떡였다.

"삼가 빙선생의 말을 따르겠습니다."

라며 고개를 숙였다.

세력이 있는 사람에게 모여들고, 그 사람이 실각하면 떠나가는 것이, 바로 인간의 가장 큰 본성 중의 하나다. 그 본성 가운데 은의를 중시하는 인물인가, 신의를 중시하는 인물인가 아닌가를 결정하는 요소가 있는 것이다. 그것을 통찰하지 못하면 안된다는 빙환의 인물감별법은 또 하나의 진리인지도 모른다.

이야기는 바뀌어, 맹상군이 진나라 소왕(昭王)의 사자로 갔을 때 소왕은 '제를 멸망시키는 데에는, 이 맹상군을 사로잡는 길밖에 없다' 라고 생각해 맹상군을 감금시켜 버렸다.

이때 맹상군이 데리고 간 식객 중에 훔치는데 능숙한 이른바, '양상(梁上)의 군자' 가 있었다. 이 사람이, 소왕에게 헌상한 호랑이의 모피

로 만든 외투를 훔쳐내, 소왕이 총애하는 후실에게 주어 환심을 사 탈
출할 수 있었다. 그런데 함곡관 관문(關門)을 통해 빠져나올 때는 이미
밤중이었다. 뒤에서는 소왕의 부하들이 추격해왔다. 그러나 관문은 닫
혀 있었다. 난처해하고 있을 때 식객 중 흉내 내기를 잘하는, 특히 동물
의 울음소리를 잘 내는 사람이 있었다. 그가 닭울음소리를 2, 3번 내자
주위의 닭들이 일제히 울었다. 관문은 닭이 우는 아침이 되어야 열게
되어 있었다. 그러자 문지기가 벌써 아침이 되었나 하며 문을 열어 주
었다.

이 이야기가 유명한 '夫鷄鳴狗盜之出其門, 此士之所以不至也'〈왕안
석 '맹상군전(孟嘗君傳)'〉이다. 인간은 무엇인가 쓸 만한 점이 있는
것, 계명구도(鷄鳴狗盜)의 무리로도 쓰는 데에 따라 쓸모가 있다는 말
이다. 언제 무슨 구실을 할까 하고 의심되는 사람도 식객으로 데리고
있던 맹상군의 사람 보는 방법과, 활용하는 방법을 칭송하는 일화이
다.

이것이 계명구도의 고사이다. 결국 닭의 울음소리를 흉내 내 사람을
속이거나, 개처럼 물건을 훔쳐내는 천한 사람도 쓰기에 따라 쓸모 있
는 일을 할 수 있다는 뜻이다.

제7장
인물 감정(鑑定)의 명수들

인물 감정의 눈을 흐리게 하다

초나라의 춘신군도 사기의 '춘신군 열전'에 의하면 '식객 3천명, 식
객의 상급 사람들은 모두 진주로 장식한 구두를 신고 있었다'라고 적
혀 있을 정도로 많은 식객을 양성하고 또 그 사람들을 사치스럽게 잘
대접하였다 한다.

춘신군은 오랫동안 초의 재상을 맡고 있었다. 인물 감정에 있어서도
스스로 자부하고 있었다.

그런데 이런 춘신군이 조나라에서 온 이원(李園)이란 사람에게는 감
쪽같이 속아 넘어간 것이다.

이원에게는 여동생이 있었다. 이 여동생을 춘신군의 후실로 주었다.
이 후실은 곧 아기를 가지게 되었다. 그런데 이원은, 국왕인 고열왕(考
烈王)에게 후사가 없는 것을 알고 그 여동생을 후신군에게서 빼돌려
고열왕의 후궁으로 주었던 것이다.

고열왕도 그 후궁을 총애했고, 이윽고 아들을 낳았다. 그 아들이 태자
로 즉위하게 되었다. 여동생도 비(妃)가 되고, 이원은 고관이 되었다.
태자는 춘신군의 아들인지도 모른다.

그동안 고열왕은 병이 들었다.

"이원은 고열왕이 죽으면 권력을 한손에 움켜쥐고, 춘신군을 없애버리릴 일을 꾀하고 있다."

라는 소문이 퍼져 있었다. 그러나 춘신군은,

"이원은 그런 일을 할 자가 못된다. 마음 약한 놈이다. 그리고 나와는 사이도 좋고, 오랫동안 교제해 왔다. 그 자를 왕에게 소개시켜 준 사람은 바로 내가 아닌가."

라며 소문을 부정하고 있었다.

이윽고 고열왕은 죽었다. 그러자 이원은 성안의 권력을 움켜쥐고 입궐하는 춘신군을 포박하여 죽여 버렸다. 그리고 그의 일족도 모두 살해해버렸다.

이원의 여동생이 낳은 태자가 즉위하니, 바로 초의 유왕(幽王)이다. 유왕은 춘신군의 아들이라 말하는 사람도 있으나, 사실을 알고 있는 사람은 이원과 그의 여동생 뿐이었다.

사기의 저자인 사마천은 춘신군 열전의 후기에서,

"춘신군같이 영지(英智)인 사람이 이원에게 농락당할 당시에는 그는 이미 노쇠해 있었다.

"끊어야할 때 마땅히 끊지 않으면, 도리어 그 어지러움을 받는다 '라는 말대로 되었다……."

라고 그 일을 말하고 있다.

사람이 결단하지 않으면 안될 때에 결단하지 않으면, 도리어 어지러움을 받게 된다는 말은 춘신군의 사람 좋음을 빗대어 말한 것이다. 더

구나 인물 감정에 자부심을 갖고 있던 그가 어째서 이원의 인물을 간
파하지 못했을까? '노쇠했던 것이다' 라고 사마천은 논평하고 있으나,
거기에는 옛날 사랑했던 여자의 오빠라는, 인물 감정을 흐리게 하는
요소가 있었던 것은 아닐까?

결국 뛰어난 지혜를 지닌 사람이라도, 무엇인가 그것을 흐리게 하는
요소가 작용하면, 상대의 밑바닥에 있는 악함을 간파할 수 없게 된다.

반면, 여동생을 상대에게 주어 그 애정에 의해 상대의 지혜를 가리게
해, 자신의 야심이나 흑심을 통찰하지 못하도록 하는 계책도 있는 것
이다.

중국에는 이원처럼 사악한 계책을 사용해, 상대의 인물 감정의 눈을
흐리게 하는 사람도 있었던 것이다. 〈사마천은 '끊어야함이 당연한데
끊지 않는다면 거꾸로 화를 입는다' 라는 말을 좋아했는지, 제나라 도
혜왕 세가(悼惠王世家)의 소평(召平)의 말에도 인용하고 있다. 인간은
결단해야 할 때에, 결단을 망설이면 여러 가지 혼란에 빠져버린다. 사
람과의 교제에 있어서도 또 여러 대인관계에 있어서도 이렇게 말할 수
있고, 경영인 모두에게도 말할 수 있는 어귀이다.〉

재상에 어울리는 인물의 5가지 조건

공자의 제자 중에 이극(李克)이란 학자가 있었다. 위나라 문후(文候)
에게 벼슬하며, 온후하고 청렴 공평했다. 문후는 이극을 중요시 여겨
정치 고문으로 여러 가지를 상담했다. 특히 이극은 인사에 대해서 공
평한 의견을 말했다.

누군가를 어떤 지위에 발탁하려고 할 때, 자의반 타의반 뜻하지 않은

인물을 추천해 돌이킬 수 없는 일을 저지르게 된다. 그 점에 있어서 이극은 공평무사했다. 때문에 문후의 신뢰는 두터웠다.

어느 날 오랫동안 재상을 하던 사람이 죽어, 문후가 이극에게 후임에 관해 물었다.

"후임의 재상으로는 적황(翟璜)과 위성자(魏成子), 둘밖에는 없다고 생각하는데 선생은 누구를 적임자로 생각하시오?"

"제가 감히 말씀드릴 수는 없습니다. 국가에 있어서 중대한 인사입니다."

"그러니까 상담하는 것입니다."

"곤란하게 누구도 훌륭한 인물로서는……."

"염려 말고 이야기하시오. 국가백년의 계획을 결정하는 중대 인사입니다."

"그러면 말씀 올리겠습니다. 재상으로서 어울리는 인물에는 다음 5가지의 기준이 있다고 생각합니다. 첫째, 그 사람이 불우할 때, 어떠한 사람들과 친하게 지냈는가. 같이 불우한 사람들과 서로 불평불만을 털어놓았던 사람은 안됩니다. 불우할 때에도 마음이 바르며 청렴을 좋아하는 사람들과 친하게 지냈던 인물이야말로 가치있는 인물로 보아야 합니다."

"과연!"

"두번째는, 그 사람이 부유하게 되었을 때, 그 재물을 누구와 나누었는가. 뇌물을 주는 인물 같으면 곤란합니다. 또 자신보다 위의 사람에게 잘 보이려고 선물하는 것도 안됩니다. 돈이 있다면 돈이 없는 인물을 양성해두고, 자선을 위해 돈을 내놓는 사람이어야 한다고 생각합니다."

"과연!"

"세째로는, 고위직에 있을 때 누구를 등용했는가. 믿음직스럽지 못한 사람을 등용했는가, 지혜롭고 청렴한 인물을 등용했는가에 의해 그 적격성이 결정됩니다."

"과연!"

"네째, 그 사람이 궁지에 몰렸을 때, 부정을 하지 않았는가를 봐야만 합니다. 사람은 어려운 때에는 지푸라기라도 잡으려 하기 때문에, 정·부정에 관계없이 모든 수단을 사용하는 것입니다. 이러한 때의 태도와 행동을 잘 생각해봐야합니다."

"과연!"

"다섯째는, 그 사람이 가난했을 때 굶주렸던 것을 보는 일입니다. 가난하고 굶주리기 때문에 영리한 사람도 어리석게 됩니다. 또 가난해서 부자에게 아첨하는 수도 있습니다. 이러한 때 어떻게 했는가, 비굴하게 굽신거렸는가를 잘 살펴야 합니다. 이상의 다섯 가지 조건에 비추어보아, 적절한 인물을 선택하면 좋을 것이라 생각합니다. 그렇다면 제가 말씀드리지 않아도 누가 좋을지 알게 될 것입니다."

"과연. 잘 알았소. 덕분에 결심했소."

라고 문후는 말했다.

이극은 외출해서 돌아와 적황의 집에 들렀다. 적황을 후임의 재상에 관해서 왕이 이극에게 하문한 것을 듣고 있었기 때문에 재빨리 물어왔다.

"주군이 귀공에게 재상 인사에 대해 하문하셨소? 도대체 누가 결정될 것 같소?"

"그렇습니다만 저는 누구라는 것을 아뢰지는 않았습니다만, 먼저 위성자가 물망에 오르게 되지는 않을까요?"

"그것 참 이상하네, 어떻게 생각해도 내가 위성자에게 뒤진다고는 생각하지 않는데……."

적황은 금방 성난 기색을 나타냈다.

"무릇 주군을 보좌하는 사람의 중요 임무의 하나는, 좋은 인재를 추천하는 일입니다. 병법가인 오기〈오자의 저자〉를 서하의 사령관에 추천한 것은 나입니다. 또 악양(樂羊)을 추천한 것도 선생을 추천한 것도 내가 아닙니까?"

사기, 손자의 '오자열전'에 의하면, 오기가 위의 문후에게 일하고 싶다고 나갔을 때, 문후는 이극에게 물었다. '오기라는 자는 어떤 인물인가?' 이 물음에 이극은 '오기는 명예심이 강하고 색을 좋아합니다만, 병(兵)을 거느리게 하면, 사마양저(司馬穰苴)도 위나라를 넘보지 못할 것입니다.' 이 말을 듣고서 문후는 오기를 장군으로 삼았다. 그러므로 오기를 등용시킨 일에는 이극의 추천이 있었다는 것을 알 수 있다.

이극은 적황을 조심하고 있었다.

"위성자는 봉록의 9할을 다른 사람을 위해 쓰고, 자신은 1할로 지내고 있습니다. 그 9할로 자하(子夏;공자의 제자, 공자보다 44살이나 적다. 공자에게서, 군자의 유자가 되어야지 소인의 유자가 되어서는 안 된다는 말을 듣고 문후의 유자가 되었다)를 위시하여 그 제자인 단간목(段干木), 전자방(田子方)등의 학자를 추대하는 일을 할 수 있었습니다. 그 세 사람은 모두 나를 선생이라 하며, 내가 추대한 사람들이 모두 중요한 위치의 신하가 되었다고 했습니다. 유감스럽게도 당신과 위성자는 격이 다릅니다."

이 말에 권력욕이 강한 적황도 머리를 떨어뜨릴 수밖에 없었다.

 이극이 말한 재상에 적합한 인물의 5가지 조건은, 그 후 중국의 여러 나라에서 재상을 결정할 때의 조건으로서 언제나 적용되고 있다. 결국 재상에 적합한 인물은 이 5가지의 조건을 갖추고 있는 사람이어야 한다는 것이다.

제8장
인물 감별과 인간관계

上德不德, 是以有德. 下德不失德. 是以無德

위의 글을 '노자' 38장 첫 부분에 나오는 말이다.
(으뜸의 덕은 덕을 의식하지 않으므로 덕이 있을 수 있다. 낮은 덕은 덕을 잃지 않으려 함으로 덕이 없다)
사마천은 사기에서 다음과 같이 설명하고 있다.

"덕이 높은 사람은, 덕이 있다고 그 덕을 스스로 의식하거나 보이거나 하지 않는다. 때문에 덕이 몸에 붙어 있는 것이다. 덕이 낮은 사람은 덕이 있다고 스스로 의식하거나 사람에게 보이거나 한다. 그것만으로 사실 덕은 몸에 배어 있지 않은 것이다."

노자의 이 말은 현대에 있어서도, 중국인의 남을 통찰하기 위한 하나의 척도가 되고 있다. 즉 덕이니, 재능이니, 사랑이니, 자신은 이러한 고도한 것들을 가지고 있다고 의식하거나 남들에게 나타내는 사람은, 사실은 고도의 덕이나 재능을 가진 사람이 아니라고 보는 것이다.
노자의 말을 빌리면 '上德無爲, 而無以爲. 下德爲之, 而有以爲'란 말

246 /사람을 한번 보고 아는 법

이 된다. '즉 최상의 덕은 조작되지 않고, 부자연스런 바가 없다. 저급
한 덕은 조작이 있고, 부자연스런 바가 있다' 라고 한다.

덕이 있는지 재능이 있는지를 스스로 의식하고, 남에게 나타내려고
하는 인물은 만나면 금방 알려지지만, 대단한 것은 아니다. 이러한 인
물과 만나면 금방 대단하지 않음을 알게 된다. 남이 말해서라든지 세
평에 의해서 위대한 사람, 재능이 있는 사람이라고 알려져도, 만나보
아 상대가 의식하는 듯한 태도가 보이면 대단한 인물은 아니라는 것을
알아야 한다.

진시황제를 받들며 통일국가의 실현에 커다란 역할을 한 이사(李斯)
는 순자에 관해서 치정의 술(術)을 배웠다.

이사는 초나라에서 태어났으나 진나라에서 벼슬하기 위해 진의 승상
여불위(呂不韋)의 식객이 되었다. 여불위는 이사의 인물이 뛰어남을
보고 랑(郞 : 왕의 호위관)에 임명했다.

'나는 초나라 사람이다. 초에서 일하지 않고 진에서 일하는 것은, 아
무래도 초가 진에게 병합될 것이라고 보기 때문이다. 여불위를 발판으
로 진왕을 섬기기 때문에 진왕에게 환심을 사지 않으면 안 된다.'

이렇게 생각한 이사는 열심히 진왕 성(政 : 후의 진시황제)의 환심을
사려고 노력했다.

진왕은 이사의 학식과 재능과 덕에 이끌리어 장사(長史 : 幕僚長)로
임명했다. 그리고 다시 객경(客卿 : 다른 나라 출신의 대신)으로 올려
주었다.

그러나 여불위는 곧 이사의 인물을 간파했다.

'그의 덕은 눈가림의 것. 재능도 눈가림밖에는 안 된다. 이런 것들이
사악한 쪽으로 기울고 있다. 그것은 그가 자신의 덕과 재능을 너무 의

식하고 있으며, 남에게 과시하려는 경향이 있기 때문이다.'

이렇게 생각했으나, 승상과 객경의 관계에 있었으므로 그 일을 왕에게 말하기에는 이사는 이미 너무 출세했다.

이사는 그 후 정위(廷尉 : 장관 중 최고위직)에 진출, 이윽고 진나라가 천하를 통일하자 승상으로 임명되었다. 그리고 시황제에게 진언해서, '시경, 서경' 등 제자백가의 책을 민간으로부터 몰수해서 의(醫), 농(農), 기서(技書)이외의 사상서는 모두 불태워버렸다. '분서정책(焚書政策)'을 결행시킨 것이다.

여불위는 원래 상인이었는데, 조나라의 도읍 한단(邯鄲)에서 진나라 소왕(昭王)의 차남인 안국군(安國君)의 열 번째 아들인 자초(子楚 : 후의 시황제)라는 소년과 우연히 만났다. 이때 그는 자초의 눈동자, 표정, 행동에서 심상치 않음을 느꼈다.

'이 소년은 장차 굉장한 인물이 될지도 모른다. 이것은 기회다. 환심을 사두자.'

라고 생각했다.

'陽翟大賈呂不韋, 適趙, 見之曰, 此奇貨, 可居.
(양적의 大商 여불위는 조에서 만나, 그를 보고 가로대, 이는 기화로구나, 쌓아두는 것이 옳다)

라고 '십팔사략(十八史略)'은 단순하게 기술하고 있으나, 사기의 '시황본기(始皇本紀)'에 의하면, '진시황제의 예리하고 높은 코, 가늘고 긴 눈, 승냥이 같은 목소리'가 자초라는 소년시절에도 그대로였다 '고 쓰고 있다.

248 /사람을 한번 보고 아는 법

사기의 '여불위열전(呂不韋列傳)'에 의하면 여불위는 자초에게,

"나는 당신의 문을 크게 해서 바치겠습니다."

라고 말하자 소년 자초는 웃으며,

"먼저 귀군의 문을 크게 한 다음, 내 문을 크게 해 주시오."

라고 말했다.

"당신은 모르십니다. 내 문은 당신의 문 여하에 따라 크게 되는 것입니다."

자초는 여불위의 이 말 뜻을 곧 알아차렸다.

'눈치가 빠른 소년이다. 이 소년은 잘하면 천하를 잡겠다. 그리고 나는 그와 친숙하다.'

여불위는 생각했다. 이러한 여불위의 획책에 의해 이윽고 자초는 열명의 형 (모두 어머니가 달랐다)을 제쳐놓고 30세로 제위에 올랐다. 그는 여불위를 승상으로 앉히고 문신후(文信侯)로 봉해 하남지방에 십만호의 영지를 하사하였다.

여불위 역시 학자인 식객을 많이 거느려 그 수가 3천명에 달했다고 전해지고 있다. 그는 이들 학자식객을 이용해, 2십여만 자의 책을 편집했다. 이 책에는 천지, 만물, 고금의 일 모두가 망라되어 있다고 자부하고 있었다. 이 책이 바로 '여씨춘추(呂氏春秋)'이다.

여불위는 상인에서 몸을 일으켜 소년 자초의 인물을 간파하고, 왕위에 오르는 데 앞장섰으며, 또 여씨춘추를 세상에 남길 정도로 대단한 권력자였다. 그러나 자신의 식객이었던 이사는, 출세한 것까지는 좋았으나, 분서정책을 단행해 중국의 긴 역사에 그 악명을 남기게 되었다.

사직(社稷)의 신하는 죽음도 불사해야

한무제(漢武帝)는 독재자였다. 때문에 신하들은 무서움에 떨며 아무도 직언하는 자가 없었다. 다만 한 사람 급암(汲黯)만은 예외였다. 급암은 사기에 의하면, 복양(濮陽)의 사람으로, 황노(黃老)의 학설〈도가(道家)의 학설〉을 익혔다. 그는 무제에게 자주 간하기 때문에 동해군(東海郡)의 태수(太守)로 전출된 적도 있었다. 그러나 무제는 급암의 인물됨을 아꼈기 때문에 다시 중앙으로 불러내 요직에 앉혔다. 그러나 또 아픈 곳을 간해와, 무제는 화가 나 지방으로 쫓아버리고는 다시 중앙으로 불러들이고 하는 일을 되풀이했다.

이처럼 무제는 그의 인물을 잘 통찰하고 있었다.

"옛날부터 나라에 사직의 신하가 있어서, 목숨을 걸고 나라를 지키는 것이다. 급암도 여기에 가깝다."

이렇게 무제는 말했다.

무제가 말한 '古有社稷臣, 黯近之矣(옛날부터 사직의 신하가 있는데, 급암도 여기에 가깝다)란 이야기는 유명하다. 이 말에서 ' 저 사람은 우리 회사에 있어서 사직의 신하이다 '란 말이 나오게 되었다.

무제 역시 사람을 통찰하는 힘을 가지고 있었던 것이다.

무제가 새로운 인재를 발견해, 오래 전부터 일하던 사람을 쓰지 않고 새로운 인재를 쓰고 있는 것을 보고 급암이,

"폐하의 인사는 장작을 쌓는 것과 같습니다. 뒤에서 온 자가 위가 됩니다."

하는 말로써 간한 것은 유명하다. 이 말에서 '장작을 쌓는 것 같은 인사'란 고사가 생겨난 것이다. 옛날부터 있던 사람보다도 새로 들어온

사람이 상사나 사장의 마음에 들어 점점 중용되고 있다는 말이다. 이러한 방식으로 인사를 한다면 옛날에 있던 장작(사원)은 언제까지고 아래에 쌓여진 채로 자신의 힘을 다해 태울 기회가 생기지 않는 것을 말하고 있다.

또 사직의 신은 동시에 경골의 신하였다. 상사가 부담스럽게 여길 정도로 충실한 점이 남에게 뒤지지 않는다.

회남왕(淮南王) 유안(劉安)이 모반을 일으키려 했을 때,

"무제의 중신 중에는 대단한 인물이 없다. 그러나 급암만은, 아첨하지 않고 황제에게 직언하며, 충절과 의리를 위해서는 죽음도 두려워하지 않는 인물이다. 이런 사람은 미끼로 유혹한다는 일을 할 수 없다. 그러나 숭상인 공손홍(公孫弘)같은 사람은 ,자기편을 배반하고 적에게 동조하는 일을 시키려고 생각한다면, 주전자 뚜껑을 잡을 만한 수고도 필요 없다."

라고 말하고 있다. 회남왕은 멀리 있어도, 첩자를 이용해 무제의 중신들의 인물을 잘 파악하고 있었던 것이다. 즉,

'淮南王安謀反. 曰, 漢延大臣, 獨汲黯直諫'守節死義. 如丞相弘等, 設之如發蒙耳.

(회남왕 안이 모반하며 가로대, 한의 조정 대신에서 홀로 급암만이 직간하여 절개를 지켜 죽어 의에 이르른다. 숭상홍과 같은 무리는 그것을 말함에 덮개를 여는 것과 같을 뿐이다)

즉 공손홍의 등을 돌리게 하려면, 도자기 주전자 뚜껑을 잡는 일 정도로 쉬운 인물로 보고 있는 것이다.

공손홍이란 어떤 사람인가. 공손홍은 민간에서 뽑혀 관에 올라, 무제에게 중용되어 승상이 되고, 평진후(平津侯)에 봉해진, 말하자면 출세한 사람이었다. 그는 '조정의 회의에서는 언제나 자기 의견의 한 면만을 말하고, 뒤는 주군의 선택에 맡겨, 정면을 향해 결점을 들어 반대하는 일이 없었다, 라고 사기에 쓰여 있다.

오늘날에도 재능은 없는데, 중역이 된 사람은 이런 일을 잘하는 사람이다.

더구나 공손홍은, '무제가 동의할 것 같지 않으면 회의석상에서 그 일을 주장하지 않고 급암에게 미룬다. 급암이 먼저 발언하면, 공손홍이 뒤를 받는 것이 아주 습관이 되었다' 라고 사기에 적혀 있다. 그리고 급암의 말에 천자가 노하면, '자신은 급암에게 반대했으나 급암이 하도 우기는 바람에……' 라고 변명하며 도망 가버리는 일도 있었다.

이런 부장이나 과장을 오늘날에도 흔히 볼 수 있다. 또한 이런 사람은 남보다 빨리 출세하기도 한다.

어느날 급암이 이러한 공손홍을 황제 앞에서 비난한 일이 있다.

"자네는 나서서 이 안을 작성했으면서, 이렇게 도망치는 것은 불충일세."

그러자 공손홍은,

"나라는 인간을 잘 이해하는 사람은 나를 충의 있는 인물이라 생각하나, 나를 이해하지 못하는 사람은 불충하다고 생각하는 것이오."

라고 변명했다.

오늘날에도 이렇게 말하는 뻔뻔스런 사람이 있다.

또 사기에는 공손홍이 '의심이 많은 사람으로 겉은 관대 해보이나, 내심은 지독한 냉혈한이었다' 고 쓰여 있다.

하루는 원고(轅固)라는 고관이, 공손홍이 입으로만 훌륭한 일을 말하고 있는 것에 화를 내고,
"공손자가 좀 더 바른 학문을 몸에 익혔더라면 좋았을텐데. 학문을 왜곡시켜 세상에 아첨해서는 안 됩니다."
라고 모두 앞에서 타일렀던 일이 있었다.

固曰 '公孫子務正學以言. 無曲學以阿世'
(고가 가로대, 공손자는 정학에 힘써 말하라. 곡학으로 세상에 아부함이 없어야 한다)

이 일로부터 '曲學阿世의 徒' 라는 말이 생겨났다. 학문을 왜곡해서 세상에 아첨하는 것을 말하는 것이다. 현재의 학자나 지식인 중에는 '곡학아세의 무리' 가 많다.
아무튼 공손홍은 아부를 잘하여 출세했으나, 많은 사람들이 그의 인물을 통찰하고 있었다. 제대로 못 본 사람은 무제 뿐이었다. 그러나 아부하는 것은 길지 않았다. 그 자식인 공손도(公孫度)는 산양(山陽)의 태수(太守)에 임명되었으나 실력이 없고 국법에 저촉되어, 후위(侯位)도 모두 박탈당해버렸다.

실크로드의 개통

서역과의 교통로(실크로드라 불리고 있다)가 처음으로 열린 것은, 한무제 원정 2년이다. 이때에 공손홍은 승상에 임명되고 평진후(平津侯)로 봉해져 위풍당당한 때였다. 흉노의 저편에 월씨(月氏)라는 나라가

흉노와 전쟁 중인 것을 알고, 무제는 월씨에게 장건이란 장군을 보내, 흉노를 협공할 전략을 세웠다.(그 안을 낸 사람은 공손홍이었을지 모른다) 그러나 장건은 흉노에게 붙잡혀, 13년 후에야 장안에 돌아왔다. 그가 본 서역제국은 월씨 외에 대완, 대월씨, 대하, 강거의 나라가 있었던 것이다. 이들 서역제국의 존재는 지금까지의 중국 지식인의 세계관을 바꾸어놓았다. 그리고 점차로 실크로드가 개척되게 되었다.

인물은 T.P.O.에 따라 평가가 다르다

당나라의 고조는 이름이 이연(李淵)이었다. 수양제 때 홍화군(弘化郡)의 유수(留守)에 임명되었다.

그는 부하나 영민(領民)에 대해 관대하였고, 행동에도 결단력과 선견지명이 있어, 인심을 수합하였다. 더구나 인품이 더없이 착하고 언행도 깔끔했기 때문에, 모두들 큰 인물이 될 것이라고 생각했다.

이러한 그에 대해 질투하는 자가 있었다. 환관과 친한 자로, '이(李)씨 성을 가진 자가 천하를 누릴 운이 있다' 라고 환관을 통해 황제에게 무고하였다

언제나 세상에 인망 있는 자는 남의 질투를 받기도 하는 법이다. 이연은 양제의 측근에게 뇌물을 바쳐 호감을 사는 동시에, 무슨 일을 하는 데에 있어서도 중앙의 결재를 받도록 했다.

즉, 그는 인물도 뛰어났으며, 보신(保身)의 술책도 알고 있었다. 이윽고 그는 산서, 하동 양군(山西, 河東 兩郡)의 무위대사(撫慰大使)에 임명되어, 불평으로 각지에서 봉기한 사람들을 진정시키는 일을 맡았다.

이연은 임무를 성공리에 마쳤으며, 또 무슨 일이나 양제에게 자세히

아뢰었다. 더구나 터어키계 유목민족이 변경에 침입해왔을 때도, 양제
의 명을 받아 격퇴시킨 일도 있었다.

이연의 친구 중에 전교(田敎)라는 사람이 있었다. 여러 학문을 통해
스스로 이연의 참모역을 자처하고 있었다. 하루는 전교가 말했다.

"아직 때가 아니야. 앞으로 몇 년 기다려야 하네. 기다리는 일에 초조
해하지 않으면, 천하는 자네 것이 되네."

"무슨 말인가? 나는 천하를 엿볼 생각이 없네."

"아니야. 자네 곁에 있는데 그 정도는 알고 있어. 나는 일찍부터 알고
있었기에 자네 곁을 떠나지 않는 것이야. 자네는 기다리는 일이 얼마
나 어려운지도 알고 있고, 기다리는 것의 효과도 충분히 알고 있는 사
람이네. 자네의 인물을 감별한다면, 자네에게 기대하는 것이 크네."

라고 말했다. 이연은 전교에게 자신의 본심을 간파당해 깜짝 놀랐으
나, 태연하게 말했다.

"나는 겁이 많고 나약한 사람, 작은 일을 성취하는 것에 만족하는 사
람이야. 자네의 인물 감정은 틀렸네."

"바로 나는 그 말을 기대하고 있었어. 만약 자네가, 자신의 마음을 잘
통찰하고 있다고 털어놓았다면, 그렇게 큰 인물은 아니라고 약간은 낙
담했을 텐데, 먼저 부인하는 자네에게 점점 기대가 커지네."

전교는 이렇게 말했으나, 이연은 침묵한 채 화제를 바꿔 버렸다.

이처럼 이연은 오랜 친구에게도 속마음을 내보이지 않는 사람이었다.

이연의 차남인 세민(世民)이 있었다. 총명하고 결단력이 있었고, 아버
지와 닮아, 도량이 큰 많은 사람들이 그의 부하가 되길 원했다. 또 세민
은 이들의 개성을 존중했기 때문에 '다다익선(多多益善)' 이었다.

많으면 많을수록 더욱 좋다

'다다익선' 이라는 말은 이보다 먼저 사기의 회음열전에 나오고 있다. 한신이 회음후(淮陰侯)로 좌천되고 나서의 일이다.

한고조와의 대화에서, 누구는 어느 정도의 군사를 통솔할 수 있는가 하는 품평이 화제에 올랐을 때,

"그러면 나는 어느 정도인가?"

라고 고조가 물었다.

"폐하는 겨우 10만입니다."

라고 한신이 답했다.

"그러면 자네는 어느 정도인가?"

"저는 많으면 많을수록 좋습니다."

라는 한신의 말에,

"그렇다면 어떻게 자네가 내 밑에 있는가?"

"폐하는 군사를 지휘하는 힘은 없습니다만, 장군을 지휘하는 힘을 가지고 있습니다. 저를 붙들고 있는 것은 그 때문입니다. 이것은 하늘로부터 받은 재능으로, 우리 보통 인간과는 다릅니다."

이 대화에서 '다다익선' 또 '선장장(善將將)' 의 이야기가 유래되고 있다.

'저 상무는 부장을 통솔할 수 있는 그릇이다' 라는 말처럼 '장군을 통솔할 기량이 있다' 라는 말이다.

이제 세민은 천하의 어지러움을 보고 대망을 품었다. 그는 아버지와 달리 곧 행동으로 옮기는 편이었다. 중앙이나 지방에서 불평을 품은 환관이나 장군과 모의하고 있었다.

이 사실을 어디에서 들었는지 전교가,

"세민은 잘할 수 있다고 듣고 있는데, 기다리는 도리를 알지 못하는 인물이다. 그러나 그것도 때와 장소에 따라 성공할 수 있다. 물론 하늘의 때, 사람의 움직임이 이처럼 수나라를 떠나고 있는 때는 아버지인 이연은 우유부단하다고 말할 수 있고, 그 아들인 세민을 선견지명, 결단력을 함께 갖춘 영웅이라 평가되겠지."

라고 말했다.

즉 인물의 평가는 때와 경우에 따라 변하는 것이다. 어제까지는 기다리는 도리를 아는 이연이 옳다고 말했으나, 오늘은 기다리는 것을 모르는 세민이 높게 평가되는 것이다.

그동안 이연은 아들에게 궐기하도록 촉구하여 점차적으로 세력을 일으켰다.

수는 생각보다 저항이 약했다.

이윽고 이연은 당나라를 세워 고조 신요황제(神堯皇帝)가 되고, 제위를 이은 세민은 태종 문무황제(文武皇帝)가 되었다.

태종은 명군이었다고 한다. 태종의 치세는 그 연호인 정관(貞觀)을 따서 '정관의 치(貞觀의 治)'라 하며 후세의 귀감이 되고 있다.

"세민은 생각보다 훌륭한 명군이 되었다. 그것은 세민이 난세에 있어서는 결단력을 발휘하였고, 태평시에는 기다리는 것을 알았다. 같은 인간에게도 세민처럼 때에 적응해 변하는 일을 알고 있다면 명군이 된다."

노년에 접어든 전교는 이렇게 말했다 한다.

시험으로 인물을 통찰하다

장온고(張薀古)라는 인물이 있었다. 그는 '태보잠(太寶箴)' 이란 의견서를 써서 태종(세민)에게 보여 인정을 받았다. 그 안에 다음과 같은 말이 있었다.

천자된 자, '勿沒沒而闇, 勿察察而明. 雖冕旒蔽目, 而視於無形. 雖黈纊塞耳, 而聽於無聲(잠겨 묵혀서 어두워서는 안 된다. 살피고 살펴서 밝아도 안 된다. 비록 면류관이 눈을 가릴지라도 무형의 것을 보아야 한다. 비록 주광이 귀를 막을지라도 무성에 귀 기울여야 한다)

즉 천자된 자는, 일과 사물에 탐닉해버려 시야가 좁게 되어서는 안 된다. 그렇다고 해서 자질구레한 일까지 하나하나 주목하는 것도 좋지 않다. 면류(冕旒)는 천자가 일을 너무 세밀히 보지 않기 위한 것인데, 형태로 나타나지 않는 것을 잘 봐야한다. 주광(黈纊)은 천자가 일을 너무 듣지 않도록 하기 위한 것인데, 소리 없는 소리를 잘 들어야 한다. (면류·주광은 귀인의 예관에 붙어있는 것인데, 류는 관의 전후에 드리워있는 오색의 띠로 꿰매있는 주옥의 장식. 주광은 관의 옆에 황색의 실로 만들어진 귀 덮개이다.)

매우 대담한 의견서였으나, 태종은 몹시 기뻐했다.

이런 명군에게도 이윽고 죽음이 임박해왔다.

"내가 죽은 후에는 누구를 재상으로 하면 좋을까? 태자를 잘 보좌해야 할 텐데……."

라고 걱정하자, 여러 늙은 군신들이 인물 감별을 해보니 이렇다 하게 신뢰할 만한 자가 적당치 않았다. 특히 태자 자리를 둘러싸고 장자인 승건(承乾)과 삼남인 태(泰)가 심하게 싸운 뒤였다. 승건은 무능했고,

태는 다재다능하였다. 형을 쫓아내려고 기도하였으며, 거기에 몇몇 군신들과 다툰 것이 발각되어 각각 지위를 박탈당한 후였다. 때문에 새로이 태자가 된 것은 아홉째 아들인 치(治)였다.

태종의 마음에 떠오른 사람은 이세적(李世勣)이었다.

태종은 태자 치에게 말했다.

"저 사람은 재능과 지식이 너무 많은 인물이다. 침착하기도 하다. 말수도 적고 공적을 자랑하지도 않고, 남을 헐뜯지도 않고, 남에게 이용당해도 태연하다. 그러나 충성심이 있는지는 알 수 없다. 너는 그를 총애하는 일 없이, 감싸는 일도 없이 관계하라."

"명심하겠습니다. 부왕의 총신의 한 사람인 그가 재능이 많고 인간도 좋다는 말을 들었지만, 친밀하게 이야기를 나눈 적은 없습니다."

"그리고 내게 한 가지 생각이 있다. 지금 그를 좌천시킬 테니, 내가 죽고 난 다음 그를 다시 불러 재상에 임명해 중요하게 쓰도록 해라. 그러니 태도를 잘 살피고, 그의 신변에 첩자를 두어서 좌천시킨 일에 불평을 하거나 불평분자와 교제하는 일이 있다면 즉시 없애버려라."

"잘 알겠습니다."

다음날 이세적은 돌연히 아무 설명도 없이 관직에서 쫓겨나 첩주(疊州)의 도독(都督)이란 관리로 좌천당하게 되었다.

"일을 잘하고 또 여러 가지 공적도 쌓은 자네가, 왜 일없이 첩주같은 벽지로 쫓겨나?"

라고 친구들은 몰려와서 위로했다. 그러나 이세적은 아무 말도 하지 않고 사령을 받자, 곧 임지로 향했다.

첩자로부터는,

"이세적은 임지에 도착하자 그날로부터 전심전력하며, 불평의 모습은 전혀 없습니다."

라는 보고가 몇 번이나 들어왔다.

태종이 붕어하고 태자인 치가 즉위하였으니 곧 고종황제이다.

황제는 급히 이세적을 불러들여 재상으로 임명했다. 훌륭한 방법의 인물시험이었다. 또한 이세적은 시험에 훌륭히 합격한 것이다.

현재에 있어서도 2세 사장의 보좌역을 선발할 때에 사용될 수 있는 방법이므로, 항상 정신 차리는 것이 좋고, 좌천이라 여겨 불평을 주위에 말하면, 저급한 인물로 보여 지니 주의하는 것이 좋다.

제4부

인물을
잘못 통찰한 예

제1장
성인(聖人) · 병법가도 오류를 범한다

공자, 인물 감정을 잘못하다

'사기'에 공자가 '나는 말만으로 사람을 보아 재예(宰豫)의 경우에 실패했다. 용모만으로 사람을 보아 자우(子羽)의 경우에 실패했다'고 말한 것이 적혀 있다.

재예는 바로 자아(子我)이다. 전하는 말로 변론이 좋았다고 한다. 어느날 자아는 공자에게,

"사람에게 있어서 부모가 죽고, 3년 동안 상복을 입는다는 것은 너무 길지 않을까요? 군자로서 3년 동안 예의를 떠나 산다면 예의는 쇠퇴합니다. 3년 동안 음악을 그만 두고 산다면 음악도 발전하지 않습니다. 새로운 곡물이 완전히 여물고 땔감도 바뀌는 1년이면 충분하다고 생각합니다만."

라고 말했다.

"일년으로 마음에 불안이 없다면 그래도 좋다. 그러나 군자는 상복을 입고 있는 동안은, 맛있는 음식을 먹어도 맛이 없고, 좋은 음악을 들어도 즐겁지 않게 들리므로, 상복을 하고 음악도 듣지 않는 것이네."

자아가 돌아간 후, "자아는 불인(不仁)한 사람이다. 아이들은 3년이

지나서야 비로소 부모 품을 떠난다. 때문에 부모가 죽어 3년 동안 상복을 한다는 것은 천하의 의(義) 이다."라고 옆에 있는 사람에게 말했다 한다.

또 어떤 때는, 자아가 오제(五帝)의 덕에 관해 묻자 공자는,

"자아, 자네는 그것을 논할 처지가 아니네."

라며 일축해버렸다.

이처럼 입에 발린 말만을 좋아하는 자아를 공자는 마음에 좋게 여기지 않았으나, 그래도 그의 임기웅변의 재능과 변설을 인정하고 있었다. 더구나 자아는 자신의 변설에 어울리는 위풍당당한 유가(儒家)로 보였다.

자아는 공자의 추천으로 제나라 임치(臨菑)의 대부(大夫)가 되었다. 그러나 그는 거기에서 파벌투쟁에 말려들어, 이른바 '전상(田常)의 난'에 개입되어 일족이 몰살당했다.

공자는 자신의 제자 중에서 그처럼 파벌투쟁에 가담한 자가 나온 것을 부끄러워하고 있었다.

결국 공자 정도의 사람도 자아의 인물을 통찰하지 못했다.

그저 좋은 변설 때문에 자아를 재인(才人)이라 생각해버렸다.

전상은 제나라의 명족으로, 불평하는 무리들을 규합해서 제왕이 되려고 반란을 일으켰다. 결국 자아는 거기에 가담한 것이다.

다음 자우는, 무성(武城)의 사람인데, 공자보다29살이나 아래로 자유(子有)와 동년배이다. 그는 용모가 매우 보기 흉했다. 처음에 공자의 제자가 되고 싶다고 말해왔을 때,

"생각대로 일을 할까? 자질이 천한 것은 아닐까?"

하고 의심했다.

그러나 학문에 열심이고 행동도 바르고, 쓸데없는 말을 하지 않고, 함부로 경(卿)·대부의 사람들과 만나서 입에 발린 말도 하지 않았다.

제자 중에는 공자문하생이란 간판을 내세워, 유자로서 제후에게 벼슬해 보려고 경·대부 계급의 사람들과 의식적으로 교제하는 사람이 많았던 것이다.

앞서서 자아같은 사람은 그 대표적인 예로, 변설로써 흘려 비범하게 보여, 경이나 대부들에게 평가를 잘 받았던 것이다.

그러나 자우는 이런 경향은 조금도 없었다. 마침내 자우는 남으로 여행하여, 강남의 땅에 학원을 만들어, 3백명의 제자들에게 존경을 받으며, 함부로 관직에 오르지 않았다.

사람들은 그를 '공자의 제자 중에 최고의 제자이다'라고 치켜세웠다. 이 말을 전해들은 공자는 기뻤다. 이렇게 해서 앞에서 서술한 이야기가 나온 것이다.

인물 감정이란 복안적으로 여러 각도에서 보지 않으면 안 되는데, 공자는 표면만을 보아 자아의 인물됨을 잘못 보고, 또 자우의 인물을 통찰하지 못했던 것이다.

현재에도 흔히 있는 예로, 후에 큰 경영인이 될 사람이 젊을 때, 입사시험 면접에서 낙제하는 것과 같은 예이다. 시험관이 의견만을 보고 평가해서 떨어뜨린 것이다.

병법가들도 상대를 간파하지 못했다

 나폴레옹이 좌우명으로 삼은 일로 유명하고, 또 20세기 말 유럽의 장군들에게도 애독된 병법서인 '손자'는, 공자와 거의 같은 시대의 인물 손무(孫武)와, 그로부터 약 100년 후, 맹자와 같은 무렵의 손빈(孫矉)과의 공저라고 전해지고 있다.

 손빈은 손무의 증손이라 한다. 사기에 의하면 그는 제나라 땅에서 태어나, 친구인 방연(龐涓)이란 자와 함께 병법을 공부했다.

 손빈은 깊이 연구하는 편이었으나, 방연은 넓고 얕게 연구하고, 또 변설이 유창했다. 때문에 손빈보다 한발 앞서 방연이 세상에 나타나게 되었다.

 방연은 스승의 소개로 위나라에서 벼슬 하였는데, 무엇이라도 알고 있는 듯 말재주가 뛰어나 혜왕(惠王)의 마음에 들어 장군으로 출세했다.

 언제까지고 벼슬길이 없던 손빈은,

"나 있는 곳으로 오게. 나쁠 것은 없지 않은가?"

라는 방연의 말을 따라 위나라의 병법소에 들어갔다. 방연은 친절해서 친구를 잘 보살펴주는 사람이라 생각하고, 손빈은 무엇이라도 그에게 상담했다.

 그러나 방연은 손빈이 자기보다 학문도 깊고, 창조력도 있으며 새로운 병법의 종류를 만들어내는 재능이 있는 것을 잘 알고 있었다. 어쨌든 오나라 장군으로 병법가였던 손무의 증손이라는 것만으로도 자기보다 나았다.

 그동안 혜왕도, 손빈을 중용해도 좋다고 생각하고 있었다.

 때문에 방연은 자신의 부하로 손빈을 불러들여 죽여 버리려고 생각하고 있었는지도 모른다.

더구나 손빈이 병법소에서 일하자,

"손무의 증손이 병법소에 있는 것 같다."

"손무와 같이 병법에 뛰어나다."

라고 말하는 사람이 많게 되었다.

또 혜왕이,

"자네 밑에 손무의 피를 받은 자가 있다던데 내게로 데리고 오라. 만나고 싶다."

라고 말했다. 방연은 기분이 나빴다. 자신의 지위를 위협받게 된다고 생각한 방연은 환관들과 몇몇 대신들과 짜고 손빈에게 죄를 덮어씌웠다.

손빈은 양 다리를 절단하는 형에 처해졌으며, 얼굴에 문신까지 해버렸다. 결국 손빈은 병법가로서 방연이 어떤 사악한 인물인지를, 소년 시절부터 교제해오면서도 통찰하지 못했던 것이다. 이처럼 그는 세상에 나온 순간, 인물 감별을 제대로 못해 지독한 화를 당했던 것이다.

제(齊)의 사자가 위의 도읍인 량(梁)으로 갔을 때, 손빈은 아직도 죄인으로서 옥에 갇혀있었다. 제의 사자가 옥사와 잘 타협해 손빈을 수레에 태워 고향인 제나라로 데리고 돌아왔다.

제의 장군 전기(田忌)는 그가 마음에 들었다. 특히 그 독창적인 병법 전략의 재능을 인정, 손님으로서 잘 대접해 주었다.

장군인 전기는 제의 공자들과 서로 말 한마디씩 내어 시합하는 경마를 즐겨 했다. 〈원문에는 유적마(流鏑馬)로 되어있다.〉

손빈은 부자유스런 다리를 끌며 그것을 보고 있었다. 그때 손빈은 공자들의 말 3마리가, 그 빠름에 상·중·하가 있다. 는 것을 알았다. 또 전기의 말 3마리도 빠름에 갑·을·병의 3단계가 있다는 것을 알았다.

손빈은 전기에게 말했다.

"서로 한 마리씩 출전시켜, 3번 경기를 하여 승부를 겨루게 하십시오. 반드시 이길 수 있도록 하겠습니다. 천금을 내기에 거십시오."

"좋아요, 반드시 이기게 해 주시오."

"염려 없습니다. 그러나 말을 출전시키는 순서는 저에게 맡겨 주십시오."

"좋아요, 그렇게 하시오."

"제 1회째는 상대가 제일 빠른 말을 내보낸다면, 장군은 제일 느린 병의 말을 내보내십시오. 2번째는 상대가 중의 말을 내보낸다면, 이쪽에서는 제일 빠른 갑을 내보내십시오. 3번째의 경마에는 상대가 제일 느린 말을 내보낼 수밖에 없지요. 그때 이편에서는 을의 말을 내보내는 것입니다.

경마의 결과는, 첫 번째 경마에서 전기는 큰 차이로 졌으나 2번째, 3번째에서 이겨 천금의 상금을 차지할 수 있었다.

"이 사람은 독창적인 전략가이다."

전기는 감탄했다. 그리고 위왕(威王)에게 추천했다. 위왕은 만나서 질문해 보고 그 병법의 깊이가 대단한 것임을 알았다.

손빈은 장군 전기의 참모가 되었다. 그는 발을 잘려 말을 타지 못했다. 마차에 타거나 사람들에게 업혀 지위를 하였다.

그가 참모가 된 후로 전기의 군대는 연전연승했다.

그로부터 13년이 지나, 위와 조의 연합군과 마릉(馬陵)에서 결전하게 되었다. 위, 조 연합군의 대장은 방연이었다.

제나라 군대의 대장은 전기이고, 참모는 손빈이었다.

쌍방 모두 작전의 비술을 만들어 싸운 결과, 손빈쪽이 방연을 상회하고 있었다.

쫓겨간 방연이 어둠 속을 달려 마릉의 산중덕까지 왔을 때, 비탈길 옆 큰 나무에 달린 흰 기에 무엇인가 글씨가 씌어있는 것을 알았다. 횃불을 치켜들고 보니, '방연은 이 나무밑에서 죽는다' 라고 쓰여 있었다.

"뭐라고? 손빈 놈이 횡설수설 하는구나!"

하며 방연이 비웃는 순간, 그 횃불을 신호로 사방으로부터 수많은 석궁이 일제히 발사되었다. 횃불 밑에 모여 있던 위군의 장군들도 군사들도 큰 혼란 속에 빠졌다. '적군이다' 할 뿐 어둠 속에서 같은 편끼리 싸우며 뿔뿔이 흩어져 퇴각해 버렸다.

"속았다!"

방연은 패주를 알고 스스로 목을 쳐,

"풋나기에게 이름을 이루게 하는구나."

고 말하며 자살했다. 여기에서 병법가 손빈의 이름은 천하에 높아졌다.

그러나 사마천은 사기, 손자의 '오기열전' 의 끝부분에서, "능히 행할 수 있는 자가 반드시 말할 수 있는 것은 아니며, 능히 말할 수 있는 자가 반드시 능히 행할 수 있는 것은 아니다."

라는 논평을 붙여, 명철한 지혜를 지닌 손빈도 다리가 잘리는 화를 미리 방지할 수 없음을 애석하게 여기고 있다.

방연이 질투가 많은 사악한 인물이란 것을 간파한다는 것은, 말로는 쉬워도 실제로는 어려웠으리라.

현재도 사악한 마음을 가진 사람을 통찰하지 못해, 심하게 곤욕을 치르는 샐러리맨들이 사회에는 많이 있다.

인심(人心)을 파악 못해 화를 자초한 오기(吳起)

제3장에 등장하는 오기는 위나라에서 태어났다. 증자(曾子:공자의 제자)에게서 공부하여, 그동안 병법의 대가가 되어, 이윽고 초의 재상 겸 대장군이 되었다. 병법서 '오자' 는 오기의 말을 모아둔 것이다. 증자는 공자 말년의 제자로 공자보다 46살이나 아래로, '나는 하루에 세 번 몸을 반성 한다' 라는 말로 유명한 인물이다.

오기라는 인물은, 한나라에 장군으로 벼슬했을 때, 여러 가지로 일이 일어나 그만두지 않으면 안되었으나,다른 나라에서 말이 들어와 그 나라의 장군이 되었다. 이처럼 장군으로서의 재능과 지모가 뛰어나 여러 곳으로 발탁되어가는 운명을 가진 사람이었다.

그는 처음에 산동성 남부의 노(魯)나라에서 벼슬했다. 그리고 장군이 되어 제나라 군대에게 대승리를 했으나, 그 후 공자(公子)와 중신 사이에서 그 일을 혹평하는 자가 늘어 노나라에서 쫓겨났다.

다음은 위의 문후에게 인정받아 장군이 되었다. 특히 문후는 그의 재능을 높이 평가해서, 진에 대항하는 전방기지(前方基地)인 서하의 태수(太守)로 임용했다. 그의 치적은 매우 높았다. 그는 병법가만이 아니라 정치가로서도 유능했다.

그런데 문후가 죽고 나서 무후가 대를 이었다. 처음에 무후도 그를 존경하고 있었으나, 그동안 공자 (왕의 일족)와 고관들의 모략에 쏠려 위로부터 쫓겨나고 말았다.

노(魯)에서도 위(魏)에서도 공적은 매우 두드러졌으나, 공자나 고관들에게 언제나 모함을 당한 것은, 그런 사람들을 적으로 돌려버렸기 때문이다. 그것은 그가 개혁에 급해서, 자신이 좋다고 생각한 것은 공자나 다른 고관들에게 상담하지 않고 결정해버렸기 때문은 아닐까? 결국 그는 드물게 보는 전략의 천재였으나, 동료와 주위 사람들의 마음속을 꿰뚫는 힘이 부족한 것은 아니었을까 생각된다.

위에서 쫓겨난 오기는 초나라에 초청되었다. 초의 도왕(悼王)은 그를 몹시 신뢰해서, 재상 겸 대장군에 임명했다. 그도 왕의 환대에 답해 남으로 월(月)을 토벌하고, 북으로 진(陳)과 채(蔡)를 토벌해 판도를 넓혔다. 이 공적은 컸다. 더구나 조(趙)를 토벌하고, 자신을 쫓아낸 위를 무찔렀다. 한(韓)을 치고, 서(西)의 강국 진(秦)를 공격했다. 모두 연전연승하어 여러나라 왕의 간담을 서늘하게 했다.

그러나 그는 그것보다도 내정면에서 큰 공적을 세웠다. 영토를 통제해서, 중앙집권화를 진척시켰다. 때문에 초는 내정면에서도 외교면에서도 일신된 대국이 되었다.

그는 유력한 공자들의 힘을 쳐내고, 사사로운 권력을 눌러 강력한 국가 수립을 위해 전념했다. 그것은 당연히 공자들이나 지방호족들의 반감을 사기에 충분했다. 이런 주위의 인심 동향을 간파하지 못했던 것이다.

'전국책(戰國策)'에서 '오기는 명예를 돌보지 않고 왕을 으뜸으로 해서 나라를 강하게 하기를 바라고, 화흉(禍凶)을 사양하지 않으니……'라고 기록한 바대로 일신을 돌보지 않는 대개혁을 일으켰다. 이 대개혁이 성공한 반면 고관, 공자, 호족들은 그를 크게 미워하게 되었다.

이윽고 오기를 전적으로 신임한 도왕이 죽었다. 때를 놓치지 않고 공자, 고관들이 고용한 자객들이 오기를 습격했다. 오기는 왕의 시체 위에 엎드린 채로 살해됐다.

이렇게 해서 천재적 군략가 오기는 죽었다. 도왕의 아들인 장(藏)이 왕위에 오르자, 자객들의 배후인 왕족, 고관 등 70여 가의 일족이 주살되었다.

오기는 세 번째로 자기를 써준 나라에서는 쫓겨나지 않고 살해당한 것이다. 중국의 곽말약(郭沫若)은 '십비판서(十批判書)'에서,

"오기의 불행은 도왕이 너무 일찍 죽은 데에 기인한다. 만약 도왕의 죽음이 지체되어 적어도 10년이나 5년의 집정기간이 더 있었더라면 모든 것이 안정되고, 그의 고적은 상앙(商鞅) :진의 기초를 다진 재상)에 못지 않았을 것으로 생각된다. 또 만약 그렇게 되었더라면 진에 대항하는 강국으로 초가 대두해, 진시황제의 천하통일도 실현되지 못하지 않았을까 하고 생각된다."

라고 말한다. 이것을 보더라도 오기는 정치가로서도 전국시대에 다섯 손가락에 드는 재상이 아니었을까 생각된다. 그러나 오기는 상대방 입장에 서서 그 마음을 헤아리지 않고 일을 단행했던 것이다.

오늘날에도 세상에 흔히 있는 일처럼 '급하게 일을 하면 그릇친다', 또는 '상대편의 입장도 한번 되어 보자'라는 말은 알고 있어도 실전에 부딪히면 미처 생각하지 못하는 것이다. 이처럼 인간이라는 것은 일방적으로 일을 처리하여 화를 초래하는 것이다.

제2장
어느 황제의 실패

사직의 신하를 반식대신(伴食大臣)으로 본 현종황제(玄宗皇帝)

당나라 6대의 천자는 형종황제이다. 재위 45년동안, 당대(唐代) 재위 기간이 제일 긴 천자였다. 현종은 처음에는 선정을 베풀었으나, 중도에 정무에 게을러 정치를 혼란시키고 말았다. 특히 현종은 양귀비를 얻고부터 혼란이 극에 달해 제국붕괴의 직전까지 이르는 대란을 일으키게 되었다.

그러나 처음에는 일급의 명군이었다. 현종이 아직 명군이었을 당시, 여회신(盧懷愼)이란 사람을 재상으로 임명했다.

현종은 재상을 여럿 두고 각 분야를 담당하게 했다.

여재상과 같은 일을 분담하고 있던 재상에 요숭(姚崇)이란 사람이 있었다. 요숭은 수완가로 일을 척척 잘 해결하고 있었고, 다른 재상들과의 사전교섭도 좋아, 무엇인가 새로운 일을 맡겨도 누구에게도 비판받지 않았다.

그런데 여재상은 일을 그다지 척척 해결하지 못하며 굼뜨다고 보는 자가 많았다. 그러나 여회신은 지극히 청렴한 인물로 매우 검소했다. 자신의 배나 겨우 채우는 봉록도 어려운 사람에게 주는 사람이었다.

누추한 집에 살아서 손님도 적었다. 다른 재상들처럼,

"황제를 위해 '국가를 위해 일신을 바치는 것은 당연하다."

는 식의 용감한 말도 하지 않았다.

"저 어려운 문제는 내가 나서서 해결할 수 있다."

라는 말도 하지 않았다.

한편 요숭은 일도 잘했으나, 뇌물도 잘 주어 주위와의 관계가 좋았다. 이런 요숭이 10일쯤 휴가를 받아 영지에 귀성했다. 그동안 결재해야 할 정무가 산처럼 쌓였으나 여재상은 그것을 결재하지 않았다.

이윽고 요숭이 고향에서 돌아와 출조해서, 그 일들을 눈 깜짝할 사이에 처리해버렸다. 그리고 고문관인 제한(齊澣)에게 말했다.

"재상으로서 나의 재능과 수완이 어떻습니까? 그에 반해서 여재상은 태평스럽게 있습니다만."

"당신은 급한 때에 임시변통의 재상이라고 말할 수 있습니다. 그러나 여선생은 아무것도 하지 않았으나, 당신이 부재 중 한 건만은 결재했습니다. 결국 당신이 돌아오기까지 기다릴 수 없었기 때문이지요. 나머지는 당신이 돌아오기까지 기다려도 지장이 없다고 생각했기 때문에 손을 대지 않았을 것이라 생각합니다."

라고 대답했다. 다른 사람들은 여재상을 굼떠서 임무를 다하지 못하는 사람이라 보고 있었으나, 제한만은 그의 인물을 통찰했다.

그당시 재상들이 매일 조정에서 회식하는 풍습이 있었다.

그때 조정의 많은 사람들은 환관에 이르기까지 여재상의 일을 회식하는 자리에서 꺼내, 능력 없는 사람으로서 반식재상(伴食宰相)이라 별명을 붙여 웃고 있었다. 이것이 '반식대신'의 이름이 생기게 된 유래이다. 반식대신이란 대신이면서 대단한 일도 하지 않는 대신을 일컫는다.

현종황제는 환관의 진언에 따라, 관상술에 몰두하고 있었다. 요숭을 보면, 눈썹 가운데 몇 개인가 긴 털이 돋아나 있다. 이는 활동력이 왕성함을 나타낸다. 또 요숭의 이마는 각이 지고, 윤기가 돈다. 이는 적극성이 있는 증거이다. 그러니 요숭이야말로 명재상이다. 이렇게 생각했다. 또 한 사람 재상인 송경(宋璟)은, 눈 꼬리가 올라가 있었다. 거기다 눈이 크다. 이러한 사람은 겁내는 일이 없이 남에게 의견을 말하는 사람이다. 이렇게 보고 있었다. 사실 송경은 현종의 안색은 염두에 두지 않고 거리낌 없이 진언한 일도 있다고 역사에 전해진다.

그런데 여회신은 눈 꼬리가 내려가 있고, 홀 꺼풀이었다. 이런 사람은 소극적인 사람이다. 얼굴 폭이 좁으니 신경질적인 사람이다. 더구나 손이 작다. 손이 작으면 때때로 행동력에서 떨어진다. 이렇게 보고 있었다.

그러나 바로 여회신이 있기 때문에 요숭도 송경도 능력을 발휘할 수 있었다. 그는 이변이 일어나도 움직이지 않는, 산과 같은 사람으로, 침착해서 판단이 틀리지 않았다.

때문에 이 여회신이 물러나고 부터는, 이임보(李林甫)와 같은 교활한 자가 세력을 차지하려고 환관과 결탁해서 악정을 행하게 되었다.

고문관인 제한은 이렇게 말했다.

"현종황제는 관상술에 열중해서, 사직의 재상을 반식재상으로 보았다."

라고 현재에도 어느 기업의 2세 경영인에게, 선대가 남겨준 여회신같은 큰 인물을 반식대신으로 잘못 아는 예도 있다.

관상술에 빠지면 간신도 충신으로 보인다.

국가를 멸망의 길로 빠지게 한 원흉인 이임보는 골격, 체질, 동작과 함께 관상술적으로 보면 나무랄 데 없는 사람이었다. 특히 목소리는 굴러가듯 부드러웠다 한다.

이임보를 한번 만난 현종은 완전히 마음에 들어 중서령(中書令) 3품에 임명해서 조정에 참여시켰다.

"아, 저 사람은 신임해도 지장이 없다. 특히 좌우 눈의 크기가 약간 다른 것은 재기가 빛난다는 증거이다."

라고 황제는 측근에게 말했다.

임보(林甫)는 붙임성이 있으며 또한 빈틈이 없었다. 또 현종의 일거수 일투족에 이르기까지 모두 주의 깊게 관찰하며, 무슨 일이든 기분에 들도록 했다. 더구나 환관이나 궁녀 등 황제의 신변에 있는 사람들에게 뇌물을 주어 포섭하였다.

그 무렵 반식대신이라던 여회신은 은퇴하고, 요숭도 송경도 물러나 장구령(張九齡)이란 사람이 재상이 되었다. 장구령은 당대(唐代) 명재상의 한사람으로 여길 정도의 인물이었다. 그는 국경 수비대장 안록산(安祿山)을 문책하여 고향으로 보냈다.

장구령은 안록산을 보고, 또 그의 과거의 언동을 조사해서, "이 사람은 모반이나 남을 속이는 일을 태연히 할 사람입니다. 죽여서 화근을 없애는 것이 좋겠습니다. 그렇지 않으면 후일 반드시 화를 국가에 돌려줄 것입니다."

라고 말했다. 그러나 현종은,

"아니야, 그에게는 충신의 상(相)이 있다 그의 눈동자는 작아, 항상 정

신적으로 안정되며, 고래(古來)로부터 관상술에 의하면 의를 보여주는
데 부족함이 없는 용감한 마음의 중심이 있는 인상이다."
라고 말하며 안록산의 죄를 용서해 주었다. 그 뒤에는 임보의 힘이 작
용하였다. 임보는 안록산에게 은혜를 입힌 것이다.

안록산이란 인물은, 원래 영주(營州)에 살던 호족 출신이었다. 이윽고
장구령은 관직에서 쫓겨나 영지에 틀어 박혀버렸다.

장이 해임된 배후에는 임보의 책모가 있었다. 황제는 임보를 장의 후
임으로 재상에 앉혔다.

"장구령의 인상에는 주군을 죽이려는 악상(惡相)이 보입니다. 눈 사이
가 남보다 넓고, 가운데 점이 2개 있습니다. 이상을 지닌 사람은 본인
이 충성하려 해도 점차 황제의 명(命)은 줄어들게 합니다."
라는 임보의 책모에 의해, 황제의 총애를 받는 환관이나 궁녀로부터
전해들은 말이 현종의 마음을 움직인 것이다.

이윽고 안록산이 영주(營州)의 도독(都督)으로 임명되었다. 그는 교제
가 능숙하며, 사람의 비위를 잘 맞추는 성격이었다. 현종의 측근이 영
주로 출장을 오자 몸소 마중 나가 후하게 환대했다. 때문에 측근들은
도읍으로 올라가서 그의 일을 칭찬했다. 그로 인해 현종은 더욱더 그
를 신용했으며, 안록산은 절도사로 발탁되었다.

이리하여 현종은, '군주가 조금이라도 기분을 멋대로 하게 되면, 국가
는 갑자기 멸망의 갈림길에 서게 된다' 라는 태종의 말대로 간신과 효
웅(梟雄)에게 이용당해버린다.

현종이 총애하는 비 무혜(武惠)가 죽었다. 그 후 소년인 현종의 마음
을 잡은 것은 자기 아들인 수왕(壽王)의 비인 양태진(陽太眞)이다 현종
은 아들로부터 그 비를 빼앗아 후궁으로 삼고 양귀비란 칭호를 주었

다. 그녀는 21세, 현종은 56세 때이다.

양귀비의 일족이 모두 영달한 것은 좋으나, 술과 도박에 빠진 양소(楊釗)란 사람까지 조정에 나가 고관에 취임한 것에는 모두 놀라버렸다. 양소는 귀비의 사촌형제로 이름도 현종에 의해 양국충(楊國忠)이라 개명되었다. 이 사람도 남의 마음을 즐겁게 해주는 재치를 가지고 있었다.

안록산은 재빨리 양국충과 양씨 일족과 친교를 맺었다. 빈틈없는 사람이었다. 이윽고 양귀비의 마음에 들어, 어느 편이 유혹했는지는 알 수 없으나, 이상한 관계가 되어 추문은 조정 안에 파다했으나 현종은 까마득히 모르고 있었다.

안록산은 거구로 올챙이 배를 하고 있었다.

"그 커다란 배 안에는 도대체 무엇이 들어 있는가?"

라고 현종이 물었다.

"이 배 안에는 폐하에 대한 충성만이 가득 차 있습니다."

라고 대답해 현종은 기뻐했다고 한다.

'上嘗指腹曰, 此胡腹中何所有. 對曰, 有赤心耳.
(상이 시험하여 배를 가리키며 가로대, 이 오랑캐의 배 속에는 어떠한 것이 있는가. 대답하여 가로대, 붉은 마음만이 있을 뿐입니다)

'내 배 안에는 황제에 대한 충성으로 가득합니다'는 말은 그 후 중국에 있어서 유행어가 되었다.

어쨌든 만년의 현종은 관상술에 의해 사람을 보는 일에도 싫증나, 오로지 아첨하는 말만 좋아하는 인간이 되어버렸다.

이임보와 안록산, 더구나 양국충 세 사람은 무슨 일에나 결탁해서 양심 있는 고관 및 재상들을 추방했다. 그리고 현종의 눈과 귀를 막아 백성의 소리를 듣지 못하게 해버렸다.

이런 때 이따금 임보가 많은 재관들을 모아 놓고 한 말이 있다.

"천자의 의장(儀仗)에 서있는 말(馬)을 보라. 아무 소리도 내지 않으면 좋을 텐데, 한 소리라도 낸다면 곧 열외로 쫓겨 나가 버린다."

이런 회사에서 일하는 것은 고통스런 일이라 생각한다. 또 이러한 사람을 18년 동안이나 재상으로 삼고 있다면 천하가 혼란스럽게 되고 마는 것을 현종은 알지 못했다.

마침내 안록산은 모반해 나라를 어지럽혔다. 현종이 인물을 통찰하는 눈이 없었던 것이 커다란 원인이다. 복안적으로 표면에서 속까지 인물을 감별해야 되는데, 인상에 의해, 아부에 의해 사람을 평가했기 때문이다. 뭐라해도 무조건 예, 예, 하는 것만 좋아한다면 주위에는 간신만 남게 되는법이다.

오늘날에도 왕왕 경영인이 현종처럼 사람을 보는 수가 있다.

주머니 속의 송곳인가, 아닌가?

평원군은 조(趙)나라의 공자이다. 조의 재상이 된 일이 세번, 퇴임한 일이 세 번 있는 사람이었다. 이 사람도 식객이 수 천 명이라 전해지는 사람이다.

진군이 조의 도읍인 한단(邯鄲)을 포위했을 때, 조나라는 초에 구원을 요청했다. 그러나 초는 말을 이리저리 돌리며 좀체 원군을 보내지 않았다. 그래서 재상인 평원군이 사자로서 초나라를 설득하기 위해 가게

되었다. 조의 흥망이 걸린 중대 사명을 평원군은 등에 짊어지게 되었
다.

 평원군은 식객 중에서 역할을 할 사람 20명을 선택해서 데리고 가기
로 했다. 19명은 결정되었는데, 아직 한명이 적당하지 않았다.

 그때 모수(毛遂)라는 자가 자청해서,

"저를 데리고 가주십시오."

라고 말했다. 풍채가 볼품없는 작은 사람이었다. 평원군은 '이 사람이
도대체 무슨 일을 할 수 있을까' 하고 의심했다. 먼저 선방한 19명을 보
면, 벽술 이라든가 병법이라든가 책략에 뛰어난 사람들이었다. 그러나
이 사람에게는 어떠한 특징도 없었다. 범인 이하라고 생각했다.

"선생은 우리 집에 온 지 몇 년이나 되었습니까?"

 평원군이 물었다.

"3년 되었습니다."

 "3년이라면 긴 시간인데, 현인이나 수재 같은 사람은 자루속의 송곳
같은 것, 그 끝이 자연히 보이듯, 동료나 신하들의 입에 오르내리는 것
입니다. 그런데 선생은 한 번도 남의 입에 오른 일이 없으며, 나도 선생
의 일을 들은 적이 없으니, 선생과 같이 갈 수 없습니다."

 "그렇지 않습니다. 나는 자루 속에 들어가고 싶은 일이 몇 번 있었는
데, 당신은 나를 한 번도 주머니 속에 넣어주지 않았습니다. 주머니 속
에 넣어 주었다면 지금쯤은 자루까지 빠져나와 있을 것입니다."

 평원군은 이 말을 듣고 모수도 함께 데리고 가기로 했다.

 주머니 속의 송곳이란 의미는, 주머니 속의 송곳이 들어 있다면, 끝이
뾰족해 주머니를 뚫고 끝이 보이게 된다. 이렇듯, 큰 인물은 그 영특함
이 밖으로 드러나 사람들이 자연히 알게 된다는 뜻이다.

이윽고 초에 도착한 평원군은 원군을 보내도록 설득했으나 좀 체로 승락이 떨어지지 않았다. 그런데 모수의 기상천외한 책략에 의해 초는 원군을 보내게 되었다. 이때 모수의 논의와 변술은 초왕이 감탄할 정도였다.

"선생의 말에 나도 초나라와 조나라가 연합하는 것이 이유가 있음을 이해할 수 있었소."

라고 초왕은 말했다.

평원군은 초와 동맹의 약속을 받고 돌아가자.

"나는 이제 다시는 인물 사정(査定)을 하려고 생각하지 않는다. 내가 눈독을 들인 인물이 많게는 천명, 적게는 백명을 식객으로 두었다. 그러나 아무도 지금의 모선생을 따라갈 위대한 인물은 못 보았다. 모선생은 단 한번 초나라와 교섭하여, 우리 조나라를 어려움에서 구해준 중요한 일을 했다. 모선생의 혀 세치는, 백만 대군보다 우수하다. 나는 두 번 다시 사람을 감별하는 일을 하지 않겠다."

라고 말했다.

평원군은 지금까지 인물을 감별하는 명인으로 알려졌으나, 모수와 같은 인물을 발견하지 못했던 것이다.

이처럼 인물을 평가하고, 인물을 감별한다는 것은 어렵다.

평원군은 3년이나 데리고 있던 모수의 인물을 몰랐던 것을 부끄러워해 '다시는 인물 감별을 하지 않겠다' 고 말한 것이다.

제 5 부

복안적(複眼的)
인물 평가의 전통

제1장
위나라 조조의 인물

왜 '인물감별법' 이 생겼을까?

중국 사람은 예로부터 농경민족이다. 때문에 유목민족과는 달리 일정한 토지에 정착하여 사는 민족이다. 그러므로 옛날부터 다른 지역에서 온 사람을 자신들의 공동체에 들여도 좋을지, 쫓아내는 것이 좋을지가 커다란 문제였다.

요컨대 자신들이 애써 가꿔온 주거사회에 받아들여서 그 사람이 플러스가 되는지 혹은 마이너스가 되는지에 관해서 자세히 조사하지 않으면 안 되었던 것이다.

이런 데에 유용하게 쓰기 위해서라도 '인물감별학' 이라는 것이 보다 빨리 발달했고, 또한 인물 감별을 생업으로 하는 사람도 배출되었다. 바로 전문적인 인물감결가인 것이다.

그러나 중국에 있어서 인물감별학은 단순히 관상술만은 아니었다. 관상술은 사람을 감별하기 위한 제1단계였고, 상대방 눈동자의 움직임, 표정의 변화, 행동거지, 음색 등에 의해 감별하는 것이 제2단계였다. 이것은 관상보다도 중요시되었다. 일찍이 한 면만을 보고 판단하지 않고, 표면에 나타나 있는 인상이나 골상을 보는 이면적이 사고법이 발

달하였기 때문에, 인상만을 보고 혹은 태도만을 보고 상대방의 인물을
판단해버리는 것은 유치한 감별법이라는 것이다. 다시 말하면 '모든
일에는 절대라는 것은 있을 수 없다. 반드시 양면이 있다' 라고 생각하
는 방법이다. 그 당시 전문적이 인물감별가가 되는 사람은 인생경험도
많고, 또 여러 가지 지식을 알고 있는 사람으로, 표면에 나타나 있는 현
상의 내면을 잘 들여다보는 사람이었다. 일찍이 춘추시대에 '역경(易
經)' 이 정리되어 출판되었다. 역경은 단순한 점(占)의 교과서는 아니
다. 일종의 인생철학서이다. 세상의 모든 일을 '음과 양의 대립과 통
일' 이라는 관점에서 인생의 실마리를 풀고 있다.

 전문적인 인물감별가는 역경을 잘 터득하고 응용해서 인물을 감별한
다. 또 거북점이나 태양점(占)을 인물 감별에 응용하는 사람도 있다.
특히 한(漢)나라의 초기부터 점치는 관리가 정부에 있었고, 민간에도
점치는 사람이 많아졌다. 이 사람들 중에서 인물 감별을 하는 사람도
증가해갔다. 사마천(司馬遷)은 '사기(史記)' 의 일자열전(日者列傳) 중
에서, '옛날 성인은 조정에 지위가 없을 때에는, 반드시 점치는 사람이
나 의사의 무리에게 갔었는데……' 라고 말하고 있는데, 점치는 사람은
존경받는 사람으로 마을에 살고 있었는지도 모른다.

 사마천(기원전 145~68) 보다 훨씬 후대, '삼국지(三國志)' 로 유명한
조조(위나라의 武帝·154~220년)의 시대가 되면, 점치는 사람보다 전
문 인물감별가가 많게 된다.

 조조는 소년시절에는 불량하고 제멋대로여서 주위로부터 평판이 나
빴다. 또한 거짓말쟁이로 불리고 있었다. 그 반면 무예를 익혀, 수극술
(手戟術)에서는 매우 뛰어났다고 한다. 또 병법을 익혀 제가(諸家)의
병법을 다시 써서 '접요(接要)' 라는 제목을 붙였고, '손자(孫子)' 의 주

석도 달았다.

'접요'는 현존하지는 않으나 조조가 쓴 '손자'의 주석은 손자에 관한 제일 오래된 주석으로 전해지고 있는 것을 보면, 조조는 삼국지에서는 간웅으로 등장하나, 근세의 중국 문학자 노신(魯迅)(1881~1936)이 '조조는 난세를 구한 당대 제일의 인물은 아니었을까?'라고 말한 것처럼, 오히려 영웅이었을 것으로 생각된다.

교현(嬌玄)이 본 조조

이 무녕시절의 조조를 제일 민저 인정해준 사람은 교현이라는 인물감별가였다.

자신의 장래가 걱정된 조조는 교현의 집을 방문했다.

玄見而異焉, 謂曰, 今天下將亂, 安生民者其在君乎, 操常感其知己.〈後漢書〉
(교현이 그를 보고 기이하게 여겨 말했다. "이제 천하는 장차 어지러워질 것이네. 백성을 편안하게 하는 일이 자네에게 달렸네." 조조는 자기를 알아준 말이라고 항상 잊지 않았다.)

그 당시 교현은 조조를 보고 '비범하다'고 생각하고, '지금부터는 난세이다. 민중을 편안하게 할 인물은 자네밖에 없다'라고 말했던 것이다.

그때에 교현은 조조의 태도, 행동거지, 또 말하는 모습에서 범인과 다른 점을 보았다. '이 사람은 아직 어리나, 예사 인물은 아니다'라고 꿰뚫어보았던 것이다.

 조조는 '삼국지연의(三國志演義)'에서는 신장 7척(약 2m 10㎝)이라고 쓰여 있는데, '세설신어(世說新語)'에서는 체구가 왜소하다고 쓰고 있다. 그 당시 매우 작은 체구였다 한다. 그러나 행동거지가 침착하며, 눈동자가 크고 맑으며 빛났다.

 맹자(기원전 390~기원전 305)도 '사람을 분별하는 데에, 눈동자만큼 정확한 것은 없다. 눈동자는 마음을 숨길 수 없다. 마음이 바르면 눈동자가 맑다. 마음이 바르지 못하면 눈동자도 어둡다. 상대방의 말을 들으며 동시에 눈동자를 본다면, 무엇인가 정체를 감추려 해도 완전히 감출 수 없다'고 말하고 있다.

 조조는 목소리가 맑아서 말끝이 분명했다. 말끝이 확실하지 않은 사람은 장래성이 없고, 확실한 사람은 장래 크게 된다고 교현은 생각하고 있었다.

 더구나 조조는 홑꺼풀이다. '홑꺼풀인 사람은 관찰력이 예리하고, 임기응변이 뛰어나며, 성격이 강한 반면 합리적이기 때문에 냉담할 수가 있다'라고 관상술 책에 적혀 있는 것을 교현은 떠올렸으나, '이 사람은 그러한 결점도 카바하고 있는 사람이다. 눈동자의 움직임에 범인에게는 없는 것이 있다. 거기에 목소리도 침착하다. 이렇게 종합적으로 판단한 것이다. '인물의 감별은 종합적으로 분석하지 않으면 평가할 수 없다. 한 면만을 보고 숨겨져 있는 것을 보지 않는다면 판단할 수 없다'고 교현은 말한다.

 이러한 교현의 말을 듣고 조조는 감격해서, 자신을 인정해준 사람으로 언제까지나 그를 잊지 않았다.

 교현의 판정에 조조가 용기를 얻은 것은 사실이다. 그 후 그는 어떠한 곤경에 처했을지라도 교현의 이러한 예언으로 용기를 북돋우었다.

교현은 태위(太尉)의 자리까지 올라갔으나, 벼슬길을 떠나 전문적인 인물감별가가 되어 명인으로서 알려지고 있었다. 청년시절에 이 사람에게 평가받은 일은 조조에게 있어서 커다란 자극이 되었다. 그는 공로를 쌓은 후 교현의 묘에 제문을 낭독하기도 했다.

남양(南陽)의 하옹(何顒)도 조조의 인물을 높이 평가한 인물 감별가였다. 그도 조조의 인물을 보고 '비범하다' 고 말했다.

조조는 몸이 작은 대신 손이 길고 컸다. 또 손에 털이 많이 나 있었다. 하옹은 이것을 보고 '생각이 크고 신중하다. 그리고 변화에도 적응력이 있다' 고 간파했다.

관상을 보는 책에 '손이 몸에 비해 크면 신경이 섬세하여 신중, 손에 털이 많으면 광폭하여 충동적' 이라는 두 가지의 상반된 성격을 기록하고 있다. 하옹은 이 상반되는 성격을 감안함과 함께 조조와 대화 후, 목소리가 매우 맑다는 것을 알았다. 조조를 작은 꾀보다는 큰일을 도모하는 사람으로 본 것이다. 특히 하옹은 눈동자, 입, 귀, 몸 등을 전부 정적(靜的)으로 보지 않고 동적(動的)으로 보고 판단을 내리는 사람이었다. 즉 모양 만으로가 아니라 행동거지에 의해 사람을 판단하는 것이다.

더구나 '위서(魏書)' 의 '무제기(武帝紀)' 에 의하면 교현은, '나는 천하의 명사들을 본 일이 많으나, 자네 같은 인물은 본 적이 없으니, 잘 자중하라. 내가 늙어 원하는 것이 있다면 가족의 일을 자네 같은 인물에게 부탁하고 싶은 것이야' 라고 덧붙이고 있다.

'위서' 는 조조가 세운 나라의 역사책이다. 과장일지도 모르나, 이러한 인물감별가가 각각의 공동체에 있어서 여러 가지 방면으로 인물평가학을 연구하고 있었던 것은 사실이다.

이들 인물감별가는, 그 영토에 받아들여도 좋은 사람인지 어떤지를 마을의 지도자로부터 의뢰받아 감별할 경우도 있고, 조조의 경우처럼 젊은 사람들에게 장래의 지침이 되도록 그 사람의 가진 재능이나 운을 봐주는 일도 있었다. 때문에 젊은 사람들에게 있어서는 조조처럼 용기를 북돋워주는 일도 되고, 반면에 실망하는 일도 있었으나, 대부분이 좋게 말해 주는 것은 아니었을까?

치세(治世)의 능신(能臣) · 난세(亂世)의 간웅(姦雄)이라는 두가지 평가

180년경 허자장(許子將)이라는 인물 감별의 대가가 여남군(汝南郡)에 있었다.

이 사람은 사촌형인 허정(許靖)과 함께 월초에 '월단(月旦)' 이란 인물 평가회를 열고, 당시 명사들의 인물 평가를 하고 있었다. 또한 많은 사람들이 모여 그 인물평을 듣는 것이 관례가 되고 있었다. 특히 그 당시 재상(수상)과 고관, 지사 등에 대한 인물평은 인기가 있었다.

조조는 허자장을 찾아가 자신의 인물평을 부탁했다. 일설에 의하면 교현의 권고에 의해서 허자장을 만나러 갔다고 전해지고 있다.

"저는 어떠한 인물이 되겠습니까?"

라고 조조가 묻자, 허자장은 물끄러미 얼굴과 눈동자 움직임, 태도를 주시할 뿐 말이 없었다. "앞일을 말씀해 주십시오. 말씀하시기 어려운 일이라도 있습니까?"

조조는 되풀이해서 말했다. 그 태도나 말투가 성급해서 시비하는 것

처럼 들리기도 했으나, 허자장은

"말해도 화내지 않겠소?"

라고 말했다.

"염려마십시오. 어떤 말을 들어도 기분 상해할 내가 아닙니다."

조조에게 자기의 인생에 대한 자신감과 거만함이 있는 것을 느끼며 허자장은 확신 있게 말했다.

"귀공은 태평성세라면 유능한 고관이요, 난세라면 간웅이 될 것이오."

(子將曰, 子治世之能臣, 亂世之姦雄, 太祖大笑) 〈魏書〉

많은 사람들을 보아온 허자장은, 표정, 말씨, 태도, 두세 마디의 대화만으로도 조조의 앞날을 내다보았던 것이다.

"그런 일은 없을 것입니다. 하하하……"

이렇게 말하고 조조는 웃기 시작했다고 한다.

이처럼 당시 중국에서 인물 감별을 잘하는 사람은, 우선 인물 평가를 의뢰해오는 사람에 관한 예비지식을 미리 알아둔다. 어디에서 태어났으며 어떠한 성격이고, 어떤 평판이 있는 사람인가 하는 것 등이다. 다음은 그 사람이 방으로 들어와서 자기 앞에 앉기까지의 행동을 자세히 관찰한다. 성급하며, 침착하지 못하게 걷는 사람도 있고 정면을 향해 당당하게 앉는 사람도 있다. 또 긴장감이 없이 전신에 침착함을 보이는 사람도 있다.

사람은 평상시의 마음가짐이 이러한 동작에 나타나는 것이다. 조조는 침착해서 성난 기색을 나타내지 않았다. 때문에 '젊은 사람이 마음이 됐다' 고 허자장은 간파한 것이다.

다음은 앉아서 이야기하기 전의 눈동자 움직임이다. 조조는 눈을 힐끔거리지 않으며 침착하게 상대의 다음 변화를 기다리는 것이다. 일부러 눈을 깜박거리지도 않는다. '변화에 좌우되지 않는 사람이다' 라고 허자장은 간파했다.

다음은 복장인데, 화려하지는 않으나 깨끗하며 몸에 잘 맞는다. '특별히 눈에 띄게 입지 않았으나, 개성이 강한 사람이다' 라고 허자장은 읽은 것이다.

다음은 태도이다. 복장은 깔끔한데, 내면에 느슨한 면이 읽혀진다. 자신과는 첫 대면인데, 이렇게 느슨한 젊은이는 흔치 않다. 더구나 허자장이 놀란 것은, 조조편에서

"선생님은 단 한번 만났는데 상대의 간담을 써늘하게 하는 초인적인 무엇인가를 가지고 계십니다. 저는 여기에 앉아서 직감했습니다. '이분은 예사 인물비평가가 아니다. 즉, 신비적인 투시 안을 가진 분이다' 라고 말입니다."

라고 말했던 것이다.

허자장 쪽에서도 즉각,

"귀공은 치세에는 능신, 난세에는 간웅이 될 것이오."

라는 말을 했다고 전해지고 있다.

자기의 인물을 평가하는 사람에게 그보다 먼저 앞질러 제압해서 상대방의 인물을 높이 평가해준 것이다. 이러한 경우 기회를 잡는데 민감한 조조의 편린을 찾아볼 수 있다.

'난세의 간웅이 된다' 라고 하자 크게 웃었다고 하는데, 이 점은 스무살밖에 안된 조조가 이미 천하에 이름난 인물감별가인 허자장을 압도해버린 것이다.

이 일은 '위서'에 기록되어 있기 때문에 얼마간 과장과 왜곡이 있기는 하다. 그러나 '세설신어'의 '식감편(識鑑篇)'에 의하면 이보다 먼저 앞에서 서술한 교현도, '자네는 세상이 태평하면 대 악인이 되나, 난세를 맞으면 영웅이 될 인물일세'라고 했다 하니 조조에게는 젊을 때부터 이러한 면모가 충분히 엿보였던 것 같다.

영웅은 아무리 변장을 해도 알 수 있다

조조의 인물 감별에 대해서는 이러한 일화도 있다.

조조가 위나라 무제에 오른 후인데, 어느 날 흉노의 사자를 접견하게 되었다. 조조는 체구도 얼굴도 작은 편으로 매우 왜소한 사람이었다. 게다가 그는 자신이 작다는 것을 잘 알고 있었다.

흉노족은 얼굴도 체격도 상대를 위압할 정도로 크고 당당한 사람이 많았기 때문에 자신을 깔보지 않을까 우려했다.

원래 작은 사람들은 체구가 큰 사람들에게 열등감을 가지고 있다. 조조도 제위에 오르자, 체구가 큰 신하들을 측근에 두지 않도록 했으나, 먼 나라의 사신을 접견할 때는 자신이 체구가 컸으면 하는 생각이 들었다.

궁리 끝에 위문(衛門)의 장교 중에서 남자답고 체격도 크며 성격도 침착한 최계규(崔季珪)라는 사람을 발탁하여, 왕의 옷을 입혀 옥좌에 앉혔다. 조조는 옥좌 바로 옆에 왕의 큰 칼을 찬 호위무사로 서 있기로 했다.

이윽고 흉노의 사자가 들어왔다. 예상대로 기골이 장대한 사람으로, 주위를 둘러보더니 짐짓 위엄 있는 몸짓을 했다. 가짜 왕인 최계규도 가르쳐준 대로 왕의 역할을 잘 수행했다.

접견식도 끝나고 사자는 돌아갔다. 조조는 신하에게 물었다.

"위의 무제는 어떤 사람이라 하던가?"

신하는 흉노의 사자에게 들은 말을 조조에게 해주었다.

"소문대로 위엄이 있었습니다. 더구나 옆에 큰 칼을 차고서 있는 근위무사는 비범한 상으로 몸을 조이는 듯한 위압감을 나에게 주었습니다. 필시 이름 있는 영웅이거나, 머지않아 천하에 이름을 떨칠 인물이 될 것이라 생각합니다."

이런 기록은 '세설신어'의 '용지편(容止篇)'에 쓰여 있는데, 흉노의 사자는 조조의 어디에서 위압감을 느꼈을까? 또 어떻게 비범한 상임을 간파했을까?

사람의 기력(氣力)은 얼굴, 자태에 나타나 있는 것이다. 눈빛, 이마, 미간 등에서 그 사자는 호위무사로 꾸민 조조에게 범인과 다른 점을 보았던 것이다. 오히려 이 흉노의 사자는, 접견실에 들어와서 조조로 꾸민 왕은 가짜이고, 큰 칼을 찬 호위무사야말로 조조라고 간파했을지도 모른다. 위 왕에 오를 때의 조조는 이미 61세였다. 비록 체구는 작을 지라도 조조가 해온 일, 마음에 품고 있는 생각들이 얼굴에 나타나고 있다. 조조의 반생이 얼굴에 새겨져 있었던 것이다.

사람의 인상, 모습은 그 사람의 생활과 생각에 의해 변하는 것이다. 어느 정도 비범한 상을 가졌더라도, 장래에 천하를 평정할 것처럼 보이는 사람에게도, 그 후 그 사람의 기력이 쇠퇴하고 가치가 없는 생활을 한다면 그 범상하지 않음도 엷어지고, 기백도 어디론가 사라져버리기 때문이다.

조조로 꾸몄던 최계규도 아마 60세였을 것이다. 그렇다면 그때까지의 그의 생활이나 마음가짐이 얼굴이나 표정에 나타났을 것이다.

A 카렐루(1873~1944 : 프랑스 리용 출생, 리용 대학의 해부학교소. 후에 미국에 건너가 록펠러연구소원이 됨. 생리학과 더불어 생리의학의 연구에 의해 노벨상 수상. 조직 배양 학의 권위자가 된다.)도 "인간의 얼굴은 마음의 간판이고 생활의 기록이다"라고 말했다시피 인간의 인상도 목소리도 항상 변하는 것이다. 때문에 매우 좋은 인상을 한 사람도 그 후 노력하지 않으면 그 좋은 인상이 퇴색해버리는 것이다.

때문에 최계규가 어느 정도 조조로 변장했어도, 얼굴이나 몸에 새겨져 있는 조조의 경력은 가릴 수 없기 때문에 흉노의 사자는 곧 간파했는지도 모른다.

어쩌면 청년시절, 인물감별가로서 유명했던 양나라의 교현이나 남양의 하옹이 조조의 인물을 평해서 말한,

"난세를 안정시키는 인물이 될 것이다"라든가 또 여남군의 사람 허자장이 "자네는 치세의 능신, 난세의 간웅이 될 걸세"라고 말한, 그 관상을 그 후 더욱도 갈고 닦았기 때문에 아무리 호위무사로 꾸며 가짜 왕 옆에 서 있어도 '저 분이 조조이시다' 라고 간파할 수 있었는지도 모른다.

제2장
한신(韓信)의 인물 됨됨이

관상술은 적중하지 않는다

 앞에서 서술한 대로 고대 중국에 있어서는 일찍부터 사람과의 교제에 관상술이 발달하여, 얼굴상, 골상, 음색에 의해 상대방을 판단하는 일이 행해졌다.

 또 점의 위치, 수상(手相) 등에 의해 운(運)을 판단하는 일도 행해지고 있었는데, 원래 여러 면으로 생각하는 민족이었기 때문에 그것만으로 믿어버리는 사람들은 없었다. 하나의 현상으로 생각할 뿐, 또 다른 면으로 다시 생각해 보는 것이다.

 게다가 인상도 음성도 변하는 것으로 믿기 때문에 지금 커다란 운기(運氣)가 있는 사람이라도 10년 후라든지, 20년 후라든지 그 사람이 노력하지 않는다면 그 운기도 없어져버린다고 보는 것이다.

 다시 말해서 관상술은 첫 대면일 때에 사용되는 감별법이고, 그 이후에도 계속 유용하다고 보지는 않는다는 것이다. 천하제일의 인상을 하고 있는 사람이라도 그 때문에 노력하지 않고 자만심에 빠져버려, 쓸모없는 사람이 되어버린 예를 잘 알고 있기 때문이다.

 더우기 인상에만 구애받게 되면, 그것이 선입관이 되어 상대방을 정확하게 판단할 수 없게 되기도 한다. 특히 인상이라는 것은, 그때그때 그 사람의 사고방식이나 생활의 방식을 반영하고 있는 것이기 때문에 사고방식이 변하면 인상도 변하고, 생활이 변하면 따라서 인상도 변하는 것이다.

관상술이라는 것은, 상당한 경험과 수련을 쌓은 사람이 아니면, 단지 활자로 쓰여 있는 것만을 바탕으로 상대방의 인상을 판단하러 해도 확실히 감별할 수가 없다. 전문적인 관상가의 인상을 제대로 간파하는 사람이 없는 것을 보아도 알 수 있다.

인상을 보기 전에 무엇인가 선입관을 가졌다면, 그 판단은 더욱더 굴절된 것이 되어버린다. 관상을 볼 때, 그 관상가를 무시하거나, 교만하며 잘난 체하는 말로 응답하면, 반드시 그 관상가는 상대방에게 비관적인 말을 해줄 것이다. 때문에 인상학만으로 그 사람의 장래를 판단하는 것처럼 위험한 일을 중국의 고대 지식인들은 생각하지 않았다. 조조의 눈동자 움직임, 행동거지, 음색 등 여러 가지를 종합해서 인물 감별가들은 판단한 것이다. 특히 교현은, 조조에게 자중할 것과 정진을 부탁하고 있다. 어느 정도 천부적인 재능을 가지고 있어도, 본인이 자각하여 노력하지 않는다면 아무 소용이 없다는 것을 말해 주는 것이다. 조조는 간웅이 된다고 했으나, 노력하여 오히려 위나라를 세우는 영웅이 되었다.

중국에는 관상가로부터 "귀공은 별로 출세하지 못할 걸세"라는 말을 들은 사람이 그 후 노력에 의해 크게 출세한 예도 많다.

한나라 초기의 대장군(大將軍)이 되었던 한신(韓信? ~기원전 196)과 같은 사람은, 청년시절에 고향인 회음(淮陰)에서 마을의 유지로부터 얻어먹거나, 솜 트는 아주머니에게 기식을 하며 비참한 생활을 보냈

다. 그 당시 한신의 인상을 보고, 머지않아 천하에 이름을 떨칠 대장군
이 될 사람이라고 말해준 이는 하나도 없었다.

 오히려 솜 트는 아주머니에게,

"곧 아주머니에게 보답하겠습니다."

라고 한 말에 아주머니는 한신을 크게 꾸짖고 있다.

"사나이 한 몸으로 제 입도 해결하지 못하는 주제에 보답은 무슨 보답
일꼬?"

라고 말할 정도였다.

初淮陰韓信, 家貧釣城下, 有漂母, 見信餓 , 飯信, 信曰, 五必厚報母, 母
怒曰, 大丈夫不能自食, 吾哀王孫而進食, 豈望報乎.

(처음 회음 〔그의 고향〕의 한신은, 집이 가난해서 성 아래에서 낚시를
하고 있었는데, 그가 굶주린 것을 보고 빨래하던 노파가 음식을 주었
다. 한신이 가로되 '내가 반드시 할머니에게 은혜를 갚으리이다.' 하
니, 노파가 노하여 가로되, '대장부가 스스로 먹지도 못하여, 내가 왕
손을 불쌍히 여겨 먹여주기를 계속한다. 어찌 보답을 바랄까.')

 또한 그 당시 도살장에서 일하는 한 젊은이가 자기의 다리 사이로 지
나가게 한 일화는, 마을 사람 전체가 한신의 인상이나 골격에서 비범
한 점을 발견하지 못한 증거이다.

 만약 관상술에 뛰어난 사람이 그를 보았더라도 그 당시 그에게서 '비
범함'을 발견하고 말해주는 이는 없었을 것이다.

 그 후 한신은 항량(項梁)의 밑에 있었는데, 항량이 패주하자 항우(項
羽)의 부하가 되었다. 그러나 누구에게도 유능한 사람이란 평가를 받

지 못한 채 그렇게 몇 년을 보냈다. 후에 항우와 싸워 그를 패배시킨 한
신이, 바로 자기 밑에 있었던 이름도 없는 부하였다는 사실은 매우 흥
미롭다.

한신이 두각을 나타낸 것은, 항우의 군대로부터 탈주해 유방(劉邦. 한
나라의 고조)의 군대에 들어가 소하(簫何?~기원전 193. 후에 한나라의
재상)를 알고부터이다. 그것도 처음에는 서로가 괴이하게 생각했으나,
몇 번인가의 대화 끝에 한신이 소하에게 높이 평가되었다. 그 후 출세
하여 유방의 측근이 된 소하의 추천으로 유방에게도 인정을 받게 되었
던 것이다.

한신이 관상을 보러 간 일이 있었는지는 모르나, 누구도 '머지않아 크
게 될 인물'이라고 말해준 사람은 없었다. 그러나 친구인 소하만은, 한
신의 인물을 잘 통찰하고 있었던 것이다. 거기에 관해서 이런 이야기
가 '사기'의 '회음후열전(淮陰侯列傳)'에 실려 있다.

깊이 사귐으로써 인물을 감별하다

유방의 군대에서도 도망자가 많아졌다. 항우 편이 강해졌기 때문이
다. 더구나 진나라가 멸망하고 뒤를 이을 나라가 아직 나타나지 않은
혼란한 시기가 되자, 장교도 병사도 조금이라도 기색이 좋은 편으로
이동해갔다. 또 여기저기에서 '누구누구가 진나라를 이을 것이
다……'라는 예언이 끊임없이 나왔다.

인물감별가들은 항우와 유방에 대해 서로 활발히 인물 평가를 하였
다. 이러한 말을 믿고 떠나는 장병도 많았다. 그 당시 전문적인 인물감
별가의 대부분이 '항우가 결단력이 있고, 전략에도 뛰어나다. 그 증거

로 산서(山西)의 싸움에서 항우가 이긴 것을 보면 알 수 있다.' 또 '얼
굴이나 모습만 봐도 항우는 6척이 넘는 큰 체구이고, 무쇠 솥을 들어
올릴 정도로 힘이 장사다. 여기에 비해 유방은 용 같은 얼굴은 하고 있
으나, 행동이 몹시 완만하다' 라고 말하고 있다. 그러나 이들은 오류를
범하고 있었다. 거기에 비해 두 사람의 겉에 나타난 것만 아니라 내면
을 들여다보는 감별가는,

"항우는 목적과 행동을 직결시킨다. 어디에 적이 있다는 것을 알면,
충동적으로 덤벼들어 공격한다. 그러나 유방은 목적과 행동을 직결시
키지 않는다. 천천히 여유를 두고 행동하여, 무엇인가 계략이 숨어있
다고 생각되면 즉각 후퇴하는 법을 알고 있다. 때문에 패배해서 도망
치고 있는 것 같은 유방의 군대가 최후에는 승리할 것이다."
라고 예언하고 있다.

유방이 패전 후, 남정(南鄭)이란 마을에 들어갔을 때도 도망치는 병사
들이 많았다. 한신도 도망쳤다. 그러나 이 소식을 들은 소하는 한신의
뒤를 추격했다. 이것을 보고,

"소하님이 도망쳐버렸습니다."
라고 신하들이 유방에게 보고했다. 유방은 자식처럼 생각한 소하가 도
망쳐버리자 괘씸하게 생각했다. 그러나 하루 이틀이 지나자 소하는 다
시 돌아왔다.

"무슨 이유로 도망쳤느냐?"
유방은 호통을 쳤다.

"도망친 것이 아니오라, 도망친 자를 추격해서 데리고 오는 길입니
다."

"도망친 자가 누구인고?"

"한신이란 자이옵니다."

"뭐, 한신? 들은 일이 없는데. 지금까지 훌륭한 장군이 수십 명이나 도망쳤다. 그중에는 아깝게 생각되는 자도 있는데 한 번도 추격해서 데려온 일은 없었지 않느냐? 하물며 일개 병사인 한신을 추격한 이유가 무엇인고?"

"장군들을 손에 넣는 일은 쉽습니다. 왕께서 지금보다 훨씬 형편이 좋아진다면 곧 모여들 것이옵니다. 그러나 한신 같은 인물은 다시 돌아오지 않습니다. 한신이라는 얻기 힘든 인재가 있는데도 왕께서 등용하지 않기 때문에 그는 도망친 것이옵니다. 왕께서 현재에 만족하신다면 한신을 등용 시키지 않아도 좋습니다. 그러나 천하를 얻으시려거든 하루 빨리 한신을 등용시켜 참모의 한 사람이 되게 해주옵소서."

"알았느니라. 자네가 그 정도로 말하는 인물이라면 곧 등용시키겠다."

이렇게 한신은 등용되어 그 후 장군이 되었던 것이다.

소하는 어떻게 한신의 인물됨을 통찰한 것일까?

관상술이 유치한 것은 아니다. 그러나 소하는 한신이 가지고 있는 독창력, 계획성, 선견지명, 통솔력 등의 숨겨진 능력을 간파했기 때문이다.

한신은 눈의 검은자위가 작았다. 소하는 어디엔가 관상술 책에 적혀 있던 '검은자위가 작으면 침착한 사람은 항상 냉정한 반면, 의를 보고 실천하는 자는 기개가 있다' 라는 말을 떠올렸다.

소하는, 관상술은 맞지 않는다고 생각했으나, 그 말만은 머리에서 떠나지 않았다. 그리고 한신과 깊이 사귀며 동고동락 할 수록 그의 인물에 매료되어 갔다.

이처럼 중국에서는 관상술을 참고할 뿐 인물을 감별함에 있어서는 교제해 보고서 여러 관점에서 판별하는 것이 중요하다고 가르쳐주고 있다.

그러나 아무리 교제를 한다 해도 사람을 판단하는 능력이 없는 사람은 인물됨을 통찰할 수 없다. 한신이 회음에 살 때, 도살장의 젊은이들은 그와 함께 오랫동안 지냈는데도 한신을 다리 사이로 지나가게 하는 등 그를 바보로 취급했다. 항량이나 항의 같은 장군들도 한신의 인물됨을 꿰뚫지 못했던 것이다.

한신, 유방(고조)의 인물을 통찰하다

한나라의 고조가 된 유방은 폐현(沛縣)에서 태어났다. 한서(漢書)에 의하면 어머니인 유온(劉媼)이 호수 근처에서 용신에게 치성을 들여 임신했다는 신화가 있는데, 유방의 코가 높아 용과 얼굴이 비슷한 데에서 비롯된 것 같다. 또한 왼쪽 다리에 사마귀가 72개나 있다고 전해진다. 단부현(單父縣)의 여공(呂公)이라는 관상술의 명인이 유방을 보고,

"많은 인상(人相)을 보아왔으나 귀공 같은 인상을 만난 것은 처음입니다. 제게 딸이 하나 있는데, 시녀로라도 써 주십시오."

라고 하며 그의 딸을 유방에게 주었다. 그녀가 바로 여후(呂后)이다.

(유온이란 말은 유(劉)의 어머니라는 의미이다. 유방의 어머니에게는 이름이 없었다. 이것으로 유방의 부모는 문자로 된 이름도 없는 농민이었음을 알 수 있다. 여후는 유방이 죽은 후, 황태후가 되어 유사 이래 한 제국을 손안에 넣고 뒤흔드는 여자 독재자가 되었다. 어째서 관상

가인 여공은 딸의 이런 운을 통찰하지 못했을까?)

유방이 산속에 몸을 숨기고 있을 때 여후는 그의 은신처를 금방 찾아내곤 했다.

"어떻게 알았느냐?"

라고 유방이 묻자,

"당신이 거하는 주위에는 언제나 운기(雲氣)가 떠돌고 있어요. 그래서 금방 알 수 있지요."

라고 했다 한다. 이는 용신에게 치성을 들여 얻은 자식이라는 일을 신비화시키기 위한 이야기이다. 그러나 유방이 용과 닮은 얼굴을 하고 있었던 것은 사실인 것 같다.

사마귀가 왼쪽 다리에 72개나 있었다는 것은 사실일지는 모르나, 그 때문에 출세했다고는 말할 수 없다. 그 이래 중국에서는 왼쪽 다리에 사마귀가 몇 개 있는 것을 길상이라고 전해지고 있으나, 그런 사람이 유방 후에 황제나, 크게 출세한 사람은 없었다.

한신이, 소하의 추천에 의해 장군으로 발탁되어 임명식을 가진 후, 유방과 만나 다음과 같은 이야기를 하여 그를 기쁘게 했다.

"지금 여러 사람이 천하에 날뛰고 있습니다만, 상대가 되는 큰 인물은 항우 하나밖에 없는 것으로 생각합니다."

"그래?"

"왕께서 스스로 생각해 용맹, 과감성과 인정면에서 항우와 대왕과 어느 편이 위라고 생각하십니까?"

한신의 이런 질문에, 의외라고 생각했으나 유방은 이윽고 대답했다.

"나는 그에게 못 미치네."

이 말을 듣고 한신은 '이분은 스스로를 잘 알고 있구나'

하고 생각하며 감탄한 표시로 머리를 숙였다.

한신은 유방에 관한 출생의 신비와 여공의 이야기, 사마귀의 일 등을 믿지는 않았으나 그에게서 '비범함'을 느꼈다. 자신을 잘 간파하여 항우에게 미치지 못하는 점을 자각하고 있는 유방에게서 '이 분은 큰 인물이 될 분이다. 어쩌면 천하를 평정할지도 모른다'고 읽었던 것이다.

"저도 대왕께서 항우에게 미치지 못한다고 생각합니다."

솔직하게 말한 한신은 유방의 얼굴을 바라보았다. 이 말에 얼굴색이 변한다면 아직 수양부족이다. 천하도 잡지 못할 것이다. 화를 내면 도망칠 수밖에 없다고 생각하며 표정의 변화를 살폈다. 그러나 유방의 표정은 전혀 변하지 않았다.

'역시 대단한 인물이야.'

한신은 더욱더 감탄했다.

"저는 항우 밑에 있었습니다. 항우가 어떤 인물인지를 잘 알고 있습니다. 항우는 화가 나면, 함께 있던 사람을 모두 공포로 몰아 부복하게 만듭니다. 또한 부하에게 일을 맡기지 못합니다. 부하를 신뢰하지 못하는 자는, 아무리 위엄을 부려도 한낱 범부일 뿐 큰일을 도모할 수는 없습니다. 항우는 사람들과 접견할 때 예의가 바르며, 위로하는 말씨와 체구에 어울리지 않는 온화함이 있습니다. 어떤 사람이 슬픈 일을 당하면 눈물을 흘리는 동정심도 있습니다. 그러나 부하가 큰 공로를 세울 때 그 논공행상(論功行賞)에는 망설입니다. 그것을 아녀자의 동정심으로 대신할 수는 없습니다. 그래서 저는 항우를 단념했습니다……"

한신은 여러 각도에서 항우와 유방을 비교했다. 겉으로만 보면 항우 쪽이 능력 있고 장래성이 있어 보이나, 다른 면으로 보거나 종합적으로 판단하면 유방 쪽이 장래성이 있다고 생각한 것이다.

 이처럼 중국의 인물 감정은 예로부터 안에서도 밖에서도 인물을 보고 판정하는 일에 습관이 붙어, 인상이나 행동거지만으로 인물을 판단하는 일은 경솔하다고 여기고 있다.

 이러한 인물감정법이 현재에 있어도 보편화되고 있다. 중국인과 만나면 겉만 아니라 마음 속도 살펴보는 여유를 가지자. 그렇지 않으면, 높이 평가받지 못함을 알아두자.

제3장
관중(管仲)의 인물통찰법

관중은 기원전 7세기 경, 현재의 산동성(山東省)에서 번영했던 제(齊)라는 나라의 재상이다. 관중은 공자가 태어나기 약 70년 전에 세상을 떠났다.

그는 사상가의 대 선배로 불리고 있다. 그가 다른 사상가와 다른 점은, 그가 남긴 언행록 '관자(管子)'를 보면 알 수 있다. '관자'는 권력의 자리에 앉아서, 몸소 현실에 참여, 정권을 담당해온 그의 '치세술(治世術)'을 적은 책이다. 이 점이 정권을 담당한 일이 없는 사상가의 치세술 책과는 크게 다르다.

'관자'의 '형세편(形勢篇)'에 독특한 인물평가법이 적혀 있다.

① 訾衛之人, 物與任大
(남을 헐뜯는 사람은, 더불어 큰일을 맡기지 말라)

남을 헐뜯는 사람은 질투가 강하다. 이런 사람에게는 큰일을 맡기지 말라는 뜻이다.

질투가 강한 사람은 상대방을 공평하게 볼 수 없다. 따라서 부하에의 대우도 공평하지 못하다. 이런 사람은 유능하더라도 중요한 지위에는 앓히지 말아야 한다. 인간에게는 누구에게나 약간의 질투심은 있다. 그러나 질투가 강한지 약한지는 대해보면 알 수 있을 것이다. 질투가 강한 사람은 조그만 일에도 원망하여 모반하기 때문이다.

② 譙巨者, 可以遠擧
(계략이 큰 자와는, 함께 큰일을 하라)

 계략이 큰 자는 원대한 뜻을 가지고 앞을 내다보며 계획을 세우는 자이다. 이러한 인물과는 함께 원대한 계획을 세운다.
사람을 보면, 잘아서 눈앞의 일밖에는 생각하지 않는 사람이 있다. 이러한 사람은 그런대로 사용하고, 앞을 내다보는 선견지명이 있는 인물은 중요한 일에 쓰도록 한다.

③ 顧憂者, 可擧致道
(돌아보고 걱정하는 자는 더불어 길을 구한다.)

 돌아다보고 생각하는 것, 자신이 한 일에 대해서 좋았는지 나빴는지를 생각해보는 사람은 책임감이 강하다. 이런 사람은 중요한 일에 써도 좋다.
 자신이 한 일을 돌아보지 않는 자는, 자신이 한 일에 책임감이 없다. 이런 사람에게 중대한 일을 맡기면 안 된다.

④ 其計也速, 而憂在近紹, 往而勿召也
(그 계책이 빠르고, 가까이 있는 것만을 근심하는 자는 가서 부르지 말라)

재빠르게 눈앞의 공만을 추구하는 자는, 더구나 하는 일이 좋은지 어떤지 알 수 없을 때 초조하게 구는 사람은 멀리하는 것이 좋다.
오늘날에도 이 같은 사람은 많다. 특히 젊은 샐러리맨에게는 이러한 성격의 사람이 늘어간다. 이런 사람은 윗사람에게 간파당하기 전에 빨리 고쳐야 한다.

⑤ 擧長者, 可遠見也
(길게 행하는 자는, 가히 멀리 본다)

앞을 내다보고 멀리 있는 이익을 따르는 자는 대기만성 형이다. 언뜻 보아 별로 능력이 없어 보이는 사람 중에도 대기만성 형이 있다. 그러므로 긴 안목으로 사람을 지켜볼 필요가 있다. 눈앞의 이익에만 급급하지 않는 사람을 보다 중요시해야 한다.

⑥ 裁大者, 衆之所比也
(크게 결단하는 자는, 무리가 좇는 바이다)

큰일을 단행하는 인물은 반드시 대중으로부터 존경받는다. 또한 대사를 단행하는 데에는 대중으로부터의 존경과 그 기대가 없으면 불가능하다.

⑦ 美人之懷, 定服而勿厭也
(사람의 품은 생각을 좋게 하면, 일정하게 행하여 미움이 없다)

훌륭한 인물인가 아닌가를 분별하는 데에는 눈앞의 공으로 평가해서는 안 된다는 말이다. 무엇인가를 할 때 '이 사람은 훌륭한 사람이다' 라고 곧 단정 지으면 안된다. 시간을 두고 천천히 관찰하지 않으면 혹시 상대가 성격파탄자라 해도 판단할 수 없다.

이 한 귀절에 관중식 인물감정법의 기본이 새겨져 있다. 즉 인물 감별은 겉만 보고 해서는 안 된다는 말이다.

인상술이라든지, 태어난 해의 운세라든지, 이런 것들은 차치하고라도 인물 감별에는 복안적인 또는 장기적이 관찰이 필요하다. 오늘날 친구를 선택하거나 사람을 쓰는 데에 좌우명으로 삼을 만한 말이다.

⑧ 必得之事, 不足賴也
(반드시 일을 이루는 데에는, 신뢰하는 것만으로는 부족하다)

'그것이라면 문제없다' 라고 가볍게 말하는 사람은 믿어서는 안된다. 우리 동료 중에도 이런 사람들이 많다. 지레짐작하는 사람을 믿어서는 안된다.

⑨ 必諾之言, 不足信也
(반드시 승낙하는 말은 믿는 데에 부족하다)

'이러한 일은 내게 맡겨 둬' 라고 경솔하게 떠맡는 사람을 신용해서는 안된다.

오늘날 경솔하게 떠맡거나 책임지는 사람이 많다. 그러한 사람은, '잘하려고 생각했으나 소용없었어. 그 때 와는 상황이 달라졌어' 라고 말하며 변명만 늘어놓는 것이다.

⑩ 小謹者, 不大立
(작은 것을 꺼려하는 자는, 크게 서지 못한다)

  작은 일에 구애받는 사람은 대성하지 못한다. 작은 일에 구애받아 큰
일을 생각하지 못하기 때문이다.
  관중의 이러한 사고법을, 후대에 태어난 '한비(韓非)' 는 '한비자(韓
非子)' 의 '십과편(十過篇)' 에서, '顧小利, 則大利之殘也(작은 이익을
돌보면 큰 이익을 놓친다)' 라고 말하고 또, '작은 일에 고심하면 큰 이
익을 잃는다' 라고 발전시키고 있다.

⑪ 餐食, 不肥體(악식하는 자는 살찌지 못한다)

  먹을 것을 가려먹는 사람이 살찌지 않는 것처럼, 편견을 가진 사람은
성공하지 못한다. 사람은 편견을 가져서는 안된다. 한편 편견을 가진
사람은 머리가 좋더라도 중요시해서는 안된다. 한편 편견을 가진 사람
은 머리가 좋더라도 중요시에서는 안된다.

⑫ 有無棄之言者, 必參之於天地之
(버리지 않는 말 있는 자는, 반드시 그를 천지에 참여시켜라)

  쓸데없는 말을 하지 않으며 일구이언을 하지 않는 사람에게는 천하를
맡겨도 안심이다. 말수가 많은 자는 스스로 주의해도 비밀은 누설된

다. 사람은 쓸데없는 말을 듣지 않는 것이 좋다. 모든 사람을 대할 때 쓸데없는 말을 하지 않고 일구이언하지 않는 사람은 신용할 수 있는 인물이다.

이상이 관중의 인물평가 기준인데, 약 3400년이 지난 지금도 충분히 통용된다. 특히 관중도 책임감이 없는 사람, 사적인 감정에 사로잡히는 사람, 생각이 짧은 사람, 경솔하게 말하는 사람, 사소한 일에 구애되는 사람은 중요한 위치에 써서는 안 된다고 강조하고 있다.

오늘날 과장이나 혹은 부장 등의 자리에 사람을 앉힐 때 그 하나하나가 훌륭한 기준이 되는 것이다.

관중은 계속 말한다.

怠倦者不及. 無廣者疑神. 神者在內, 不及者在門. 在內者, 將假, 在門者, 將待(게으른 자는 미치지 못한다. 넓지 못 한자는 신을 의심한다. 신이라는 것은 안에 있고 미치지 못 하는 자는 문에 있다. 안에 있는 자는 장차 돌이키며, 문에 있는 자는, 장차 기다린다.)

이것을 풀이하면, 게으르고 태만한 자는 무엇을 계획해도 실패하는 것이다. 사람이라 생각할 수 없는 신과 같은 능력을 가진 사람도 알고 보면 노력의 덕택이다. 그런데 노력하지 않고 게으르고 태만한 사람은 밖으로부터의 도움만을 바라고 있다. 자신의 힘으로 하면 의지가 되나, 남의 도움을 받는 것은 무슨 일에도 불안한 것. 요컨대 게으르고 태만한 사람은 기대할 수 없다. 신출귀몰한 능력을 가진 사람도 평상시 노력에 의해서 그 능력을 기른다는 것을 알아야만 한다. 상대의 인물을 통찰하는 데에도 이러한 견지에 서서 상대를 봐야 하지 않을까? 반

대로 말하면, 상대에게 신뢰를 주는 인물로 생각하게 하려면, 관중의
이 말을 그대로 자신의 것으로 해야 할 것이다.

제4장
복안적(複眼的) 인물평가란?

명선수와 명감독은 다르다

'農精於田而不可以爲田師. 賈精於市而不可以爲市師. 土精於器而不可
以爲器師'
(농사는 밭에 정통해도 田師라 할 수 없으며, 장사는 市에 정통해도 가
히 市師라 할 수 없다. 흙에 있어서는 그것에 정통해도 가히 器師라 할
수 없다.)

'순자(荀子)'의 '해폐편(解蔽篇)'에 있는 말이다.
밭일에 관해 잘 알고 있는 농부, 땅에 관해, 비료에 관해, 가꾸는 법에
대해 다른 사람과 달리 잘 알고 있는 농부라도, 농장관리자로서 반드
시 적합하다고는 말할 수 없다. 관리나 경영은 또 다른 재능을 필요로
하기 때문이다. 때문에 농사에 관한 전문적인 농부도 결코 농장관리자
는 될 수 없다. 농사를 잘 짓기 때문에 농장지배인으로서 적임자라는
인물평은 잘못된 것이다.
상인도 장사에 관한 일에는 소상히 알고 있다. 계산도 잘한다. 그러나
장사를 잘하기 때문에 그 사람을 시장지배인에 앉히는 것은 위험하다.

시장지배인이라 하는 것은 자질구레한 일에 얽매이지 않고 모두를 위해 애쓰거나 시장 전체의 번영을 위해 일해야 하는 사람이다. 그러므로 상인이 반드시 시장지배인으로서 적합한 것은 아니다.

직인도 세공도 그 일에 관해서는 뛰어나다. 물건을 만들어내는 훌륭한 솜씨가 있다. 그렇다면 그 사람을 공장지배인으로 앉히는 것은 어떨까?

공장지배인이나 공예품을 만드는 곳의 관리자라는 것은 많은 직인을 채용해야 한다. 직인은 솜씨가 좋으면 좋은 만큼 개성도 강하다. 그러한 사람을 쓰는 데에는 또 다른 재능이 필요하다. 직인으로서는 솜씨가 좋지 않더라도 공장지배인의 역할을 훌륭하게 해내는 사람이 있다. 때문에 솜씨가 좋은 직인 중에서 공장지배인감을 물색하는 것은 좋지 않다.

그 사람의 인물과 재능을 잘 통찰하지 않으면 공장지배인의 일을 맡길 수 없다. 사람을 쓰고 운영한다는 것은 완전히 다른 재능이기 때문이다.

순자의 이 말은 현재에도 통용된다. 프로야구계에 있어서도 '명선수를 명감독으로 생각하는 일은 잘못된 것이다' 라는 것은 잘 알려진 말이다.

순자의 이름은 황(況)이라 하는데, 순경(荀卿)이라 하기도 한다. 조(趙)나라에서 태어나, 제(齊)나라에서 유학했다. '사기' 에 의하면 50살 때 학문을 하기로 결심하고 제나라에 갔다고 한다.

(50세는 15세의 오자가 아니었을까 하는 사람도 있는데, 생년월일은 잘 알려져 있지 않다.)

당시 (기원전 357~기원전 248년경)의 제나라에는 도읍인 임치(臨淄)

의 성문인 직문(稷門) 밑에 학원이 있었는데, 여기에는 많은 학자들이 모여 있었다. 이 직문에 모여 자유로이 사상을 토론한 것을 '백가쟁명(百家爭鳴)'이라 부르고 있다.

직문 밑의 학원이라 해서 직하(稷下)의 학원이라 부르는데, 유가(儒家), 묵가(墨家), 도가(道家)의 학자들이 백가쟁명하고 있었던 것이다. 순자는 직하에 가자 곧 제주(祭酒)가 되었다. 제주란 학자들 사이에서 수석인 사람을 말한다. '사기'에 '순경(荀卿)은 3번이나 제주에 추천되었다'라고 쓰여 있는 것을 보면, 만학이었지만 수재였음을 알 수 있다.

제나라에서 순자를 참언(讒言)하는 일이 생기자, 순자는 제나라를 떠나 초(楚)나라로 들어가 춘신군(春伸君)의 식객이 되었다. 이무렵 나중에 진나라의 재상이 된 이사(李斯)가 그의 제자가 된다.

순자는 무(巫)라든가 축(祝)이라든가 하는 잡신의 계시에 현혹되는 제후들의 어리석음을 비웃고, 장주(莊周, 莊子)와 같은 학자들의 학설을 싫어했다.

순자는 유가의 이단자로 간주되었다. 같은 시대의 유가인 맹자의 성선설에 대립해서 성악설을 주장했기 때문이다. 그래서 이러한 형태의 인물 감별이 생겼는지도 모른다. 현재에도 연구가든지 숙련공을 지배인으로 발탁해서 성공하지 못하는 예는 많다. 특히 전문가로서는 관리자 자리에 어울리지 않는다. 순자는 2200년 전에 벌써 그 일을 간파했다. 아무리 명공이라도 공장지배인으로서는 적합하지 않고, 아무리 명선수라도 명감독에는 적합하지 않은 것이다.

그때의 순자의 말대로 하자면, '球人精於球而不可以爲球師'(야구인에 있어서 아무리 야구에 정통해도, 가히 야구감독이 될 수 없다)인 것이다.

부 록

부부가 함께
알아야 할 성지식

1. 성생활이란 무엇인가

우리는 평소 아무렇지도 않게 성생활이라는 말을 쓰고 있고 또 그것을 잘 알고 있는 것처럼 생각하고 있다. 그러나 막상 성생활이 무엇이냐고 묻는다면 정확하게 답변할 수 있는 사람은 그리 많지 않을 것이다. 뿐만 아니라 성생활이라는 말을 우리나라에서 처음으로 사용한 사람, 세계에서 처음으로 사용한 사람이 누구냐고 묻는다면 더욱 답변하기가 어려울 것이다.

성에 대한 학문으로 세계적인 명저(名著)로 평가되고 있는 책 중에서 책 이름에 성생활이라는 말이 들어 있는 대표적인 책으로는 다음의 세 가지가 있다.

첫째는 독일의 이반 블록흐의 저서인 "우리시대의 성생활" 둘째도 역시 독일 태생의 알베르트모르의 저서인 "어린이의 성생활" 셋째는 폴란드 태생의 영국 인류학자 블로니슬라우 말리노우스키의 저서인 "미개인의 성생활"이다.

첫째와 둘째는 18세기 후기에 독일에서 나온 오래된 책인데, 이 무렵에 이미 독일에서는 성에 대한 학문이 탄생되고 있었다. 세 번째는 19세기 중엽에 런던에서 출간된 책이다.

이 세가지 책의 공통점은 성생활에 대한 폭넓은 여러 가지 내용이 실려 있다는 점이다.

우리는 흔히 성생활이라면 금방 성교를 말하는 것으로 속단하기 쉽지만 이 책들은 훨씬 더 광범위한 내용을 담고 있다. 예를 들면 첫째 "우리시대의 성생활"에는 종교와 성, 성적 수치심, 결혼, 매춘, 성병, 자기애(自己愛), 자위, 성감의 과잉, 불감증, 정액결핍, 성교불능, 성적 신경쇠약, 동성애, 새디즘, 페저키즘, 페티시즘, 동간(童姦), 근친상간, 수간(獸姦), 시간(屍姦), 노출증, 성교육, 피임, 인공유산, 성위생, 외설 등등이 실려 있다.

둘째 "어린이의 성생활"은 어린이의 자위와 어린이에 대한 어른의 성범죄, 성교육이 중심을 이루고 있으나 기독교 사상에 입각하여 자위에 대한 의학적 윤리적인 해독을 강조하고 있는 것은 큰 잘못이다.

세 번째 "미개인의 성생활"에는 미개인의 성풍속, 성신앙, 성도덕, 근친상간(전설과 현실) 등이 실려 있는 한편, 성교와 구애(求愛)의 구체적인 방법까지 언급되어 있다.

요컨대 성생활이란 "우리 시대의 성생활"의 저자인 블록흐가 말한 것처럼 "성욕에서 발단하여 그것과 연결되어 있는 일체의 성애 현상"을 말하는 것이다.

2. 부부간의 조건에는 성교의 권리가 있다.

부부란 무엇인가, 사전을 보면 (법률상 혼인을 한 남녀)로 설명되어 있다.

혼인은 법률용어이고 결혼은 일반용어이지만 이 혼인이라는 말을 사전에서 찾아보면 "남자와 여자가 예를 갖추어 내외가 되는 하나의 사회제도 습관이나 법률에 의해서 인정되는 1사람이나 또는 몇 명의 남성과 1사람 또는 몇 명의 여성과의 관계를 말하는데, 여기에는 필연적으로 결합관계에 있는 당사자 사이에…고상한 사랑의 보금자리를 마련할 권리와 성교의 권리가 뒤따른다. 사회는 혼인으로써 성교를 인정하고 있을 뿐 아니라 성적 만족을 위한 방법을 강구하는 것을 도리어 의무로 생각되고 있다.….”(대백과사전·학원사판)고 설명되어 있다.

이와 같이 부부가 되는 남녀의 조건에는 엄연히 성교의 권리가 인정되고 있다. 그러나 상대를 가리지 않고 함부로 성적 자유를 인정하게 되면 성의 쾌락에만 열중하여 성적 에너지를 낭비하기 때문에 남녀가 모두 피로에 지쳐 노동의욕을 상실, 사회경제(원시시대에는 식량획득)가 파탄에 이르게 될 것이다. 그래서 근대 국가에는 일부일처제를 채택하여 성적 에너지의 절약을 도모하게 되었다고 주장하는 학자도 있다.

특정의 남녀만을 성적으로 결합시켜 두면 상대가 늘 똑같기 때문에 성적 호기심이 줄어들어 성교회수가 적어질 것이기 때문에 남은 에너지를 노동과 생산에 돌릴 수가 있다는 계산이다.

이와 같이 부부라는 것은 공인된 성적 결합체이면서도 암암리에 자연적인 성욕에 제한과 억압을 가하는 모순된 사회제도라고 볼 수도 있다. 그러나 부부의 기초가 계속적인 성적 결합에 있으며, 성적인 조화가 부부간의 근본문제가 된다는 것은 말할 필요도 없다.

그런데 결혼생활에 있어서 성이 그렇게도 중대한 의미를 갖는다면, 이혼의 원인은 부부간의 성적 부조화가 가장 큰 비율을 차지해야 되는데 실제로는 성적 부조화를 이유로 내세운 이혼사례는 어이가 없을 만큼 적은 것이 사실이다.

물론 아직은 보수적인 사상이 사회 구석구석에 남아 있기 때문에 성적 부조화를 이혼사유로 내세우기가 쑥스러운 탓도 있을 것이다. 그러

나 직접적인 표현은 아니라도 성문제를 표면에 내세우는 이혼 사유가
날이 갈수록 증가일로에 있는 것은 의심할 여지가 없다.

남편 또는 아내의 부정행위, 성격의 차이, 정신적 학대 등을 내세우는
이혼신청의 거의 대부분이 성적 부조화로 비롯한 것이 틀림 없겠기 때
문이다.

그러나 성적인 요소가 부부생활에 중요하다고 하여 부부가 성교만 하
면 된다고 생각하는 것도 곤란하다. 성교를 비롯한 성행위에는 행위자
의 모든 인격이 드러나는 것이기 때문에 더욱 자제할 수 있는 양식이
필요한 것이다. 인간의 여러 가지 행위 중에서 성행위 만큼 그 사람의
인격이 그대로 드러나는 것은 없을 것이기 때문이다.

성실성, 애정, 보살핌, 부드러움, 격려, 위로, 협조성, 융통성, 지성, 관
용, 인내, 힘, 정열, 기쁨, 편안감 등등, 이러한 인격과 도덕의 유무와
정도가 한꺼번에 나타나는 행위, 그것이 성교, 성행위이다.

부부사이거나 애인 사이거나를 막론하고 한쪽이나 또는 양쪽이 모두
불성실하거나 냉혹, 난폭, 완고, 고집불통일 뿐만 아니라 관용성과 참
을성이 없고 감동을 느낄 줄 모르는 사람은 성행위 중 본성이 드러나
게 된다. 따라서 그들의 영속적인 결합은 도저히 바랄 수가 없을 것이
다.

성교와 성행위의 테크닉이나 횟수 등에 관한 지식은, 부부가 성적 결
합을 전제로 하는 생활 공동체인 이상 반드시 알아두지 않으면 안될
필수 조건이다. 그러나 인간의 성생활은 절대로 본능적으로 익히게 되
는 것이 아니기 때문에 반드시 유형 무형의 교육이 필요하다.

하지만 성행위의 테크닉을 비롯한 여러 가지 지식과 기술을 익혔다고
해서 그것만으로 부부생활이 원만하게 이루어지는 것은 절대로 아니다.

부부상호간의 훌륭한 인격과 덕성에서 우러나오는 신뢰와 적응성을 확립해가는 노력이 없다면 백가지의 지식과 기술을 습득한들 무슨 소용이 있겠는가. 앞에서 인용한 이혼 사례는 모두 훌륭한 인격과 덕성이 없기 때문에 생긴 성적 파국인 것이다.

3. 성적능력을 한 번 살펴 본다.

(1) 성적 관심도

치마만 둘렀으면 거의 아무라도 안고 싶어하는 성적 관심의 맹렬형(남성 성욕 병적항진증), 젊고 매력적인 여성을 보면 안고 자고 싶어하는 보통형, 특정 여성에게만 그런 생각을 하는 약간 저하형, 여성을 미술품처럼 바라보기는 하지만 안고 싶은 생각이 나지 않는 쇠퇴형 또는 남성 동성애형 등 여러 가지 유형이 있다.

(2) 성행동의 자발성과 적극성

상대방 여성을 유인하기 위한 대화나 동작, 여성의 성적 흥분을 유발하는 키스와 성감대 자극행위, 그리고 성교를 자발적으로 하는 능동 적극형은 성욕이 강하고, 반대로 상대방 여성의 도발에 자극되어 수동적으로 성적 흥분상태에 이르게 되는 수동 소극형은 성욕이 약한 것으로 판단된다. 후자의 경우에는 상대방 여성이 특정한 여성이냐 아니냐에 따라 성욕에 차이가 있으며 불특정의 경우에는 강한 것으로 판단된다.

(3) 성몽(性夢)과 몽정의 회수(빈도)

성적인 꿈(반드시 성교하는 꿈만은 아니다)을 꾸거나 그런 꿈속에서 흥분하여 사정을 하거나 "몽정"하는 일이 1주일, 1개월 또는 1년동안 평균 몇번이나 있는가에 따라 남성의 성력을 판단할 수가 있다. 그러나 성몽은 아침에 깨어나면 잊어버리는 경우가 많으나 몽정은 물적 증거가 남기 때문에 판단하기 쉽다.

(4) 새벽 발기의 회수(빈도)

새벽에 눈을 뜨면 발기하고 있는 경우가 있는데 이런 현상은 옛날부터 남성의 성력을 평가하는 기준이 되어 왔다. 심지어 새벽에 발기하지 못하는 무력한 남자에게는 돈도 꾸어 주지 말라는 속담까지 있다. 이 새벽 발기의 평균 회수가 많을수록 성력이 강하다는 것은 현대 성과학에서도 인정되고 있다.

(5) 발기의 속도(성자극에 대한 반응성)

음경이 발기하는 속도를 말한다. 즉 성자극이 가해지기 시작하면서부터 반응이 일어나 완전발기에 도달할 때까지의 시간이 짧을수록 발기속도가 빠르고 성력도 강하다.

젊고 성력이 강한 남성은 자극과 거의 동시에 순간적이라고 할 만큼 빨리 반응하여 완전 발기에 도달한다. 그러나 노년이 되어 성력이 감퇴되면 완전 발기에 이르기까지 시간이 많이 걸릴 뿐만 아니라 불완전 발기가 되는 경우가 많다.

(6) 발기를 유발하는 자극과 그 양발기를 유발하는 성적 자극의 종류

정신적 자극(성적 공상, 성교소설, 좋아하는 여성과의 대화, 성교 녹음 테이프의 청취, 성교사진, 그림, 영화관람, 남의 성교를 엿보는 행위 등)이나, 육체적 자극(상대방과의 육체적 접촉, 자기 접촉)이냐, 또는 양자의 공동자극이냐, 그리고 그 자극의 양(반복회수,시간)에 따라 성력의 강약을 알 수 있다. 가벼운 자극으로 발기가 될수록 성력이 강하다.

(7) 발기의 경도(硬度)와 온도

음경이 완전발기를 하게 되면 딱딱하고, 굵고, 길고 온도가 높아진다. 따라서 음경의 경도, 즉 이것을 압축하는데 소요되는 힘을 측정하여 완전발기, 반발기, 발기부전, 발기불능을 판단함으로써 성력의 기준의 하나로 삼고 있다.

발기의 온도도 정밀한 피부온도계로 측정하여 온도가 높을수록 성력이 강한 것으로 평가한다.

(8) 발기의 각도

발기의 각도란 배와 발기한 음경과의 각도를 말한다. 이것을 크게 나누어 예각, 직각, 둔각으로 분류하는데 그것을 다시 분도기로 측정하여 도수(度數)로 나타낼 수 있다. 일반적으로 성력이 강한 연령의 남성일수록 음경이 배 가까이에 일어서기 때문에 발기 각도가 작아진다. 따라서 이렇게 성력이 강한 사람의 음경은 용수철처럼 약동할 때 배에 부딪치는 경우도 있다. (속칭 배장구)

(9) 발기의 지속시간

발기가 지속되는 시간과 성력과의 관계는 두 가지 경우가 있다.

첫째 경우는 클라이맥스에 도달하여 금방 사정이 되려는 것을 억지로 자제하여 발기를 오래 끌면서 상대방 여성이 몇번이나 오르가즘에 도달하는 것을 확인한 다음 사정을 하는 경우인데 오래 참을수록 성력이 강하다. 다음에는 참는 것이 아니라 좀처럼 클라이맥스에 도달할 수 없기 때문에 오래 끄는 경우인데 이것은 지루(遲漏)라고 하여 성력이 약해졌다는 증거이다.

(10) 발기의 강도

발기의 강도란 막대넘어뜨리기 경기처럼 발기한 음경을 밑으로나 좌우로 넘어뜨리는데 소요되는 힘, 즉 음경의 뿌리근이 저항력이 강할수록 성력이 강한 것으로 평가된다. 그래서 옛날부터 남자들은 성력을 겨루기 위해 물이 담긴 주전자를 발기한 음경에 걸어보는 장난을 했다.

(11) 사정후 다음 발기까지의 소요시간과 클라이맥스의 빈도.

1회 성교에서 몇번씩 오르가즘을 즐기는 여성은 적지 않게 있으나, 남성중에도 1회의 클라이맥스와 사정으로 그치지 않고 음경을 삽입한 채 몇번씩이나 클라이맥스와 사정을 즐길 수 있는 능력이 있는 사람이 있다. 이런 사람은 정력이 강하다.

이것은 다음 발기까지의 소요되는 시간이 매우 단축되는 사람이다.

(12) 카우퍼 선액(腺液)의 분비량

카우퍼 선액이란 성교가 시작될 때 질내에 삽입되는 음경의 귀두를 매끄럽게 하는 자연의 배려로 구뇨도선(球尿渡腺)이라는 곳에서 소량이 분비되는 이 액체는 반방울 또는 한방울 정도(사람에 따라서 더 많은 경우도 있다)가 분비되는 것이 보통이다. 이 분비물의 양은 그 사람의 정력과 비례하는 경우가 많으나 체질에 따라서는 분비가 없는 남성도 성력은 있으므로 절대적인 것은 아니다.

(13) 성교의 회수(빈도)

1주일 또는 1개월간의 성교의 회수(빈도)는 성력의 좋은 지표가 된다. 그러나 이것은 일반적인 성욕을 가진 남성의 경우이고 성교 회수를 매일 몇회씩으로 계산하지 않으면 안되는 남성은 성력 과잉증으로 부르는 것이 알맞을 것이다.

(14) 사정에 이르기까지의 시간(성교 소요시간)

성교나 또는 자위행위에서 사정에 이르기까지의 소요시간은 (9)에서 말한 발기 지속 시간과 함께 성력과의 관련에서 두 가지 상반되는 부분을 가지고 있다.

첫째는 사정이 되려는 것을 억지로 참고 사정까지의 시간을 적극적으로 연장시킬 수 있는 능력을 가지고 있는 사람인데 이런 사람은 성력이 강하다. 그러나 좀처럼 사정이 되지 않아 결과적으로 시간이 오래 걸리는 지루증의 사람은 성력이 약하기 때문이다.

(15) 정액의 사출력과 사출량

사정에 관하여는 근육의 수축력이 강할수록 발사된 정액은 멀리 날아간다. 따라서 발기한 음경을 45도 각도로 유지하여 발사한 다음 사정 거리를 측정하여 정액의 사출력을 평가하는데 사출력이 강할수록 성력이 강하다.

4. 건강한 남자의 정액은 멀리 날아간다

(1) 사정의 약동리듬

사정에 관여하는 근육의 수축은 반사적, 율동적으로 작용하기 때문에 음경은 사정이 끝날 때까지 리드미컬한 약동을 반복하게 되는데 자기 의사로서는 이것을 멈출 수가 없다. 이 약동이 격렬할수록, 그리고 약동의 회수가 많을수록 성력이 강한 것으로 판단된다. 노령에 접어들어 근육의 수축력이 약해지면 사정때 음경의 리드미컬한 약동은 차츰 볼 수 없게 될뿐만 아니라 이윽고 거의 자각을 하지 못한 채 어느사이엔가 정액이 스르르 나와 버리게 된다.

(2) 성교 후의 만족감

성교가 끝난 후의 만족감은 남자의 경우, 성욕이 충족된데 대한 만족감, 즉 성적 에너지가 방출된 데서 오는 성적 만족감이다. 그러므로 비록 강간에 의한 성교라도 새디스틱한 만족감은 얻을 수 있을 것이다. 그러나 남녀가 서로 사랑하는 경우에 성교에서는 성적 만족감 뿐만 아니라 사랑의 충족감과 행복감을 느낄 수 있다. 아무튼 성욕과 성력이 강할수록 성교가 끝난 후의 만족감이 더하다는 것은 의심할 여지가 없다.

(3) 성교 후의 피로감

성교후의 피로감에는 개인차가 있기 때문에 맹렬한 성교를 장시간 계속해도 피로감을 별로 느끼지 않는 사람도 있고 단시간에 끝나도 피로감을 느끼는 사람이 있다. 요컨대 성교 후에 숙면을 취할 수 있고 이튿날 아침 상쾌한 기분으로 일어 날 수 있으면 좋은 것이다. 물론 성교 후의 피로가 가벼울수록 그리고 피로회복이 빠를수록 성력이 강한 것으로 판단된다.

(4) 자위의 회수(빈도)

자위는 성교를 대신하는 행위로서 독신자가 성적 에너지를 직접 방출하는 방법이며 기혼자의 경우에도 아내와의 성교가 불가능한 경우가 있을 때 이용되는 수단이다. 학자에 따라서는 아내와의 성교와 병행하여 실행을 권장하는 사람도 있으나 아무튼 자위의 빈도가 높을수록 성력이 강한 것으로 판단된다.

(5) 자위수단의 판단 연구

자위의 정신적인 자극은 (6)에서 말한 발기를 위한 자극과 마찬가지다. 자위의 육체적 자극으로는 자기의 손 또는 따뜻하게 덥힌 곤약 등이 많이 사용되고 있다. 또 외국의 경우에는 여성 성기의 모조품이나. 여체의 모조품(터치와이프)이 사용되는 경우도 있다. 성력이 강할수록 단순한 자극으로도 만족에 도달할 수 있으므로 여러 가지 자극 수단을 동원할수록 성력은 약하다는 증거가 된다.

(6) 자위중의 공상과 시청각 자극

자위에는 성적 공상이 반드시 수반된다. 공상은 대뇌피질의 고도의 기능이기 때문에 공상으로 흥분이 고조되는 자위는 고급스런 성행위라고 할 수 있다. 공상력이 빈약한 사람이나 성력이 약한 사람일수록 시청각(성교영화)과 음경에 대한 직접적인 자극을 병행하여 간신히 만족에 도달하게 된다. 따라서 공상과 단순한 음경 자극만으로 만족할 수 있으면 성력이 강한 것으로 판단된다.

(7) 고환의 크기와 경도(硬度)

고환은 남성호르몬과 정자를 생산하며, 남성호르몬은 뇌에 작용하여 성욕을 일으키게 할뿐 아니라 정낭과 전립선의 활동을 강화시켜 정액의 양을 증가시키는 동시에 사정에 관여하는 근육들을 튼튼하게 하는 역할을 한다. 따라서 일반적으로 볼 때 젊은 남성으로서 고환이 크고 충실(단단하다)할수록 성욕과 성력이 강한 것은 당연한 일이다.

324 /사람을 한번 보고 아는 법

5. 정력은 성력이 아니다 생명활동을 돕는 에너지이다

성욕이란 자연이 부여하고 있는 충동적인 욕구이며, 이것을 적당히
충족시키면 성감, 쾌감, 성적 만족을 얻을 수 있다고 한다. 그러나 성욕
이란 성교육만을 가리키는 것이 아니라 훨씬 더 넓은 의미를 가지고
있다.

성력은 성활동의 에너지이며 성교 뿐만 아니라 여러 가지 성활동을
지속시키는 원동력이다. 그릇되게 정력이라고 말하는 경우도 있으나
정력은 전신의 생명활동을 돕는 에너지를 말하는 것이다. 따라서 성력
은 정력의 일부분이라 할 수 있다.

6.정신노동자의 성력이 더 강하다. 이것은 흥미있는 사실이다.

일반적으로는 육체노동자보다 정신노동자의 성력이 더 강하다는 것
은 이미 정평이 되어 있으나 이것은 성과 두뇌와의 밀접한 관계를 증
명하는 지표가 될 수 있다.

다음의 표는 코펜하겐 대학의 성과학연구회에서 중년 이후의 남성들
의 성에 대한 관심도를 조사(1976)한 것인데, 한국의 남성도 별로 큰
차이가 없을 것이다.

그런데 재미있는 것은 몽정은 남성의 교육 정도에 따라 큰 차이가 있
는데 교육정도가 높을수록 몽정 경험자가 더 많다는 사실이다. 그리고
회수는 독신 장년일수록 더 많고 결혼 경험자로서 아내와 이혼을 했거
나 사별한 사람일수록 도리어 적다는 것이 드러났다. 이것은 결혼 경
험이 성력에 미치는 영향의 흥미있는 사실이다.

중년이후 남성의 성 관심률

연 대	성 관 심 율
51 — 55	98 %
56 — 60	100 %
61 — 65	95 %
66 — 70	92 %
71 — 75	86 %
76 — 80	61 %
81 — 85	46 %
86 — 90	.51 %
91 — 95	35 %

코펜하겐 대학 성과학 연구회 1976

 다음의 표는 미국인 부부의 1주일간의 성교 회수가 시대와 함께 증가 하고 있다는 사실을 오래된 킨제이 보고와 비교적 새로운 헌트 보고로 비교해 본 것이다.

미국인 부부의 1주일간 성교회수

1938~1949 (킨제이)　　　　　1972 (헌트)

나 이	평 균	나 이	평 균
16~25 세	2.45 회	18~24 세	3.25 회
26~35 세	1.95 회	25~34 세	2.55 회
36~45 세	1.40 회	35~44 세	2.00 회
46~55 세	0.85 회	45~54 세	1.00 회
56~60 세	0.50 회	55 이상	1.00 회

성욕과 직접 관련이 있는 새벽 발기도 육체노동자보다 정신노동자의 빈도가 더 많다는 것이 밝혀졌다. 그리고 동양인 남성의 발기 회수가 백인 남성의 회수보다 훨씬 높다는 통계도 나와 있다.

 성교회수를 성력의 기분으로 삼는다면 같은 미국이라도 시대에 따라 성력이 다르다는 것을 알 수 있다. 이 사실은 성력이 단순한 생물학적·생리학적 에너지일뿐 아니라 성에 대한 사상과 사회정세 변화에 큰 영향을 받는 에너지라는 것을 의미하는 것이다.

7. 30대 아내의 평균 소요시간은 9 분

다음의 표는 동양인 부부의 성교 소요시간에 대한 조사이다. 이 표에는 아내를 연대별로 표시하고 있으나 남편이 사정을 하고나면 성교가 끝나는 것이 보통이기 때문에 남편의 성력을 표시하는 기준으로 삼아도 별 차이는 없을 것이다.

그리고 이 통계는 1957년도의 것이기 때문에 남편의 연령은 아내 보다 몇살 위라고 보는 것이 좋다.

동양인 아내의 연대별 성교 소요 시간

(1957)

나 이	평균소요시간
15~19 세	9.0 분
20~24 세	9.6 분
25~29 세	9.4 분
30~34 세	10.6 분
35~39 세	6.9분
40~44 세	6.8 분
45~49 세	5.8 분
50세이상	8.8 분

대충 아내보다 1단계가 더 많다고 본다면 남편의 35세가 성교 소요시간의 피크를 이루고 있으며 그 이후에는 형편 없이 떨어지고 있다. 그러나 50세 이상이 되면 시간이 더 길어지는 경향이 있으나 이것은 성력의 쇠퇴에 원인이 있을 것으로 보인다.

8. 성생활의 일반적 경향

 부부의 성생활은 제각기 독특한 면이 있으므로 굳이 남의 부부의 흉내를 내거나 일반적인 경향에 신경을 쓸 필요는 없다.
 그러나 성생활을 즐기지 못하는 부부도 있을 것이고 어느 한쪽만 즐기지 못하는 경우도 있을 것이다.

 한창 원기왕성한 젊은 시절을 보내고 중년에 접어들게 되면 부부사이에 성적인 갈등이 일어나기 쉬우므로 남의 부부의 일반적인 경향을 알아보는 것도 적지 않은 도움이 될 것이다.
 외국의 통계를 보면 도시에 사는 아내들은 반수 이상이 자진해서 남편에게 성교 요구를 하는 것으로 되어 있다. 그리고 남편이 요구해도 자기가 싫으면 응하지 않는다는 아내도 거의 20%나 된다는 사실이 밝혀졌다. 옛날에는 남편의 요구에 응하지 않는 아내는 이혼을 당했는데 지금은 아내의 인권이 그만큼 존중받게 된 시대이다.
 다음의 도표는 결혼후 아내가 오르가즘을 느낀 것이 언제인가를 조사

해 본 것이다. 이 통계는 1968년에 조사한 것이므로 이 통계 속의 아내
들은 이미 노년기에 접어들었을 것이다.

그렇다면 지금의 노년 아내들은 이미 젊을 때부터 오르가즘을 알고
있는 여성들인 셈이다.

그런 아내들이 성의 난숙기라고 일컬어지는 중년 부인층이다.

결혼후 6개월과 1년후에 오르가즘을 느낀 아내의 비율

그런데 중년에 접어든 남편들은 사회생활에 시달려 지쳐 있을 뿐만
아니라 변화없는 아내와의 성생활에 권태를 느끼고 있는 연령층이다.

게다가 도처에서 자극적인 성의 정보들이 쏟아져 들어와 아내들의 성
적 불만을 선동하고 성적 호기심을 충동하고 있다.

지성적인 아내의 1주간의 성교 회수

나　이	칸제이보고	팔보고
20~24 세	3.0	3.14
25~29 세	2.6	
30~34 세	2.3	3.20
35~39 세	2.0	
40~44 세	1.7	2.74
45~49 세	1.7	

(1965년)

위의 도표는 킨제이 보고와 팔 보고에 나타난 지성적인 아내의 성교
회수를 나이별로 조사한 것이다. 그런데 다른 계통에서 조사한 일반
부부의 성교회수는 20대에서 2.2회, 30대에서 1.3회, 40대에서는 0.7회
로 나와 있는 것을 보면 지성적인 부부의 성교회수는 아내의 모든 연
령층에서 일반 부부보다 많다는 것이 드러나 있다.

옛날에는 머리를 쓰는 직업을 가진 사람은 성욕과 성력이 약한 것으로 생각되어 왔으나, 그것은 성교를 추잡한 행동으로 생각하던 시대의 상상이었고 사실은 그것과 정반대인 것이다.

성교 소요시간이 25~29세 아내들은 5분 이하가 가장 많고 30세 이상의 아내들은 3분이하의 속전속결형과 10~20분의 지구형이 많은 것 같다.

여성의 성욕이 가장 왕성한 시기는 29~30세이며 35~36세가 그 다음이다.

이것은 여성의 황금기가 바로 중년이라는 것을 나타내는 것이다. 그리고 동시에 이 여성의 황금기가 거의 남편들의 성적 황혼기에 해당하는 아이러니를 보여주고 있다. 다음의 표는 199명의 35세 이상의 부부에게 가장 이상적이라고 생각되는 성교 회수를 물어본 결과이다.

대개 주1회의 성교가 바람직스럽다는 아내와 남편이 많고 50대에서는 월1회가 바람직스럽다는 부부가 많다.

부부가 바라는 성교회수

| 바람직한 성교회수 | 나 이 | | | | | |
| | 35 세~ | | 40 세~ | | 50 세~ | |
	아내	남편	아내	남편	아내	남편
월 1 회	4		10		12	6
월 2 회	4	1	10	4	4	1
월 3 회	3	2	7	4	2	2
주 1 회	13	5	30	10	5	3
주 2 회	8	3	9	13	1	2
주 3 회	7	1	6	8		
주 4 회	2	4		1		

35세에서 부부가 모두 주2회가 바람직스럽다는 대답이 제2위를 차지하고 있는 것은 나이가 아직 젊기 때문일 것이다. 아내와 남편의 의견이 엇갈리는 것은 40세 무렵이다. 이 연령층의 아내가 바람직스럽다는 성교회수는 주1회를 정점으로 하여 주2회, 월2회, 월1회 등 폭이 넓은 데 비해 남편쪽은 주2회를 정점으로 하여 폭이 좁을 뿐만아니라 월단위로 말하는 남편의 수가 적은 것이다.

이런 경향은 중년부부의 성생활을 고려할 때 큰 문제의 하나라고 지적되고 있다.

9. 아내의 탈선과 함정

흔히 화제에 오르는 해외취업자 아내의 탈선, 국회의원의 목을 날리고 남편의 얼굴에 흙탕질을 한 어느 여성의 간통사건, 점잖은 마나님이 애송이 가수와의 섹스 스캔들, 지금도 어두컴컴한 비밀 댄스홀이나 으슥한 여관 구석방에서 이루어 지고 있을지도 모르는 장바구니든 아줌마들의 불장난, "복부인"이니 "골부인"이니 하고 이름은 바뀌었지만 젊은 제비들과 날 새는줄 모르는 그 많은 유한 마담—

일일이 예를 들 겨를이 없을 만큼 오늘의 사회는 온통 핑크빛 화제로 넘쳐 흐르고 있다.

남편의 외도는 옛날부터 있어 왔고, 남성이 지배한 사회는 그것을 거의 공공연하게 용인해 온것이 사실이었다.그러나 아이러니컬하게도 남편들이 의도한 덕택으로 법률적인 일부일처제가 유지되어 왔다고도 할 수 있다. 동서고금을 막론하고 일부일처제가 실시되고 있는 나라나 사회에서는 반드시 그 이면에 남편의 의도를 용인하는 음성적인 모랄이 존재해 왔고, 그것은 지금도 엄연하게 존재하고 있다. 그러나 어느 사회에서나 아내의 외도는 허락하지 않고 아내의 정조만을 강조해 왔다. 이것을 "성도덕의 이중성"이라 한다.

성도덕의 이중성이 존재해 왔던 이유는 첫째로 남편에게 강제권이 있었던 것, 둘째로 사유재산 제도가 시행되고 있었던것 셋째로 우리나라의 독특한 관습이라고 할 수 있는 가족제도 때문이었다.

첫째 남편의 강제권은 남녀동등이 된 지금은 없어져 버렸지만 옛날의 남편은 무서운 독재자요 지배자 였다.

그래서 그 지배하에 있는 아내나 첩이 정부를 두고 간통을 하게 되면 마을 사람들이 둘러싸고 돌로 쳐죽이기도 했고 설사 죽이지는 않는다 하더라도 죽는 것보다 더한 수모와 멸시를 받으며 서러운 인생을 살아야 했다. 그만큼 유부녀의 간통은 여자에게 있어서 가장 수치스러운 죄였다. 지금도 어떤 회교국에는 공개처형을 하는 나라까지 있다.

두번째 사유재산 제도는 지금도 계속되고 있다. 재산을 물려줄 자식이 남편 이외의 사람에 의해 아내나 첩의 배에서 태어나는 것을 두려워 하여 그것을 피하기 위해 아내와 첩에게 정조를 강요했던 것이다.

지금과는 달리 옛날에는 효과적인 피임법이 없었기 때문에 재산소유자인 남편이 자기의 씨로 아내가 낳은 자식에게 재산을 상속시키기 위해서는 아내의 탈선을 엄격하게 단속할 필요가 있었다.

세번째 가족제도가 많이 달라졌다. 장남에게만 집안을 잇게 하는 제도도 폐지 되었다. 따라서 꼭 장남에게만 재산을 물려줄 필요가 없어졌다.

〈흰빛이나 크림 형태라면 정상〉

아무리 건강한 여성이라도 질에서 분비물이 나오지 않는 것은 아니다. 왜냐하면 질은 주름이 많은 점막으로 이루어져 있기 때문에 그 표면에서는 항상 오래된 세포가 떨어져 나간다.

피부에서 때가 나오는 것과 마찬가지로 세포가 조금씩 새로운 것으로 바뀌어 지는데, 여성 호르몬의 작용으로 항상 신선한 점막이 유지되고 있는 것이다. 이런 세포 중에는 글리코겐이 포함되어 있는데, 그것이 질내에서 분해되어 포도당으로 바뀌어진다. 그리고 그 포도당은 질내에 생리적으로 존재하는 균에 의해 유산이 되기 때문에 질내의 분비물은 상당히 강한 산성을 띄게 된다.

질의 입구는 요도와 항문 사이에 있기 때문에 병의 원인이 되는 세균이 침입하기 쉬우나 질내의 산성 작용에 의해 세균의 침입이 억제되고 질내의 청결이 유지 된다.(질의 자정작용(自淨作用))

정상적인 대하는 흰빛의 풀같은 상태거나 크림형태인데, 점막이 촉촉할 정도이다.

〈배뇨통(痛)과 성교통을 수반하는 대하〉
 연한 황록색이나 백색의 우유같은 분비물이 많이 나오고 거품이 일때
는 트리코모나스 원충이 질에 기생하여 염증을 일으키기 때문이다. 이
때는 소변을 보거나 성교때 통증을 느끼는 경우가 있다.

〈피가 섞인 분홍빛 대하〉
 가장먼저 걱정해야 할 것은 자궁경암이지만 그 밖에도 자궁근종, 미
란, 폴리프, 노인성 질염일 때가 많다.

10. 남편의 샘은 퍼낼수록 좋다

 샘이라는 것은 끊임없이 사용하지 않으면 물이 잘 나오지 않거나 폐
물이 되어 버린다. 성적 에너지도 이와 비슷하다.
 샘물은 지하수이기 때문에 아무리 퍼내도 지하의 수맥에서 보충될 뿐
아니라 비나 그밖의 방법으로 보충되기 때문에 좀처럼 말라 버리는 일
은 없는 것이다. 반대로 샘을 오랫동안 사용하지 않고 방치해 두면 지
하수맥이 막히는 탓인지 차츰 물이 잘나오지 않거나 수질이 나빠져서
마침내는 폐물이 되고 만다.
 옛날부터 남성이 일생 동안 방출할 수 있는 정액량이 각개인마다 미
리부터 정해져 있다는 말이 그럴싸하게 전해져 내려왔다. 이런 허황된
이야기를 그대로 믿고 자기는 젊을 때 너무 낭비를 했기 때문에 지금
은 정액이 말라 붙어 성력이 나빠졌다고 한탄하는 중년남성도 있다.
 이런 생각을 하는 것은 일생동안 방출할 수 있는 오줌의 양은 미리부
터 정해져 있다고 고민하는 것이나 마찬가지로 우스운 이야기다. 오줌

이라는 것은 물만 자꾸 마시고 있으면 얼마든지 나올 수 있는 것이고, 일부러 물의 섭취를 줄여 오줌의 양을 적게하는 것도 문제가 없다.

정액도 마찬가지로 물을 적게 마신다고 줄어드는 것은 아니다. 정액의 양을 지배하는 것은 고환과 부고환, 전립선과 정낭의 활동력이다. 그리고 이 활동력을 지배하는 것은 주로 고환과 약간이기는 하지만 부신피질에서도 만들어지는 남성호르몬 이다.

이러한 기관과 호르몬은 정액이 발산되고 나면 즉시 다음 정액의 생산에 착수하게 되는데, 다음 정액이 저장되어도 발산할 기회(성교, 자위 등)가 얻어지지 않으면 몽정이나 유정(遺精)의 형식으로 자연방출이 되고 다시 다음 정액의 생산이 시작된다.

그러나 혈기왕성한 젊은 시절부터 장년, 중년으로 진행됨에 따라 전신의 정력이 조금씩 저하될 뿐만 아니라 사회생활의 스트레스가 작용하기 때문에 정액의 생산활동이 둔화되어 가득 채우는데 시일이 걸린다. 그런데 정액의 생산이나 호르몬의 생산은 앞에서 말한 기관들이 만들어 내는 것이기 때문에 절박한 상황을 만들어 주지 않으면 그 기관들의 세포가 게으름을 피운다는 것은 정액이나 남성호르몬을 만드는 작업을 게을리한다는 뜻이다.

이런 사정은 다른 기관의 세포도 마찬가지다. 즉 그 세포들이 활동하지 않을 수 없는 상황을 만들어 주지 않으면 차츰 게을러져서 활동력이 저하되는 것이다.

그렇다면 그 기관들에게 억지로라도 정액과 남성호르몬의 생산을 강요하는 방법은 무엇인가. 그것은 고여 있는 정액을 방출하면 되는 것이다. 그것도 한번만 방출하고 그만두면 도루아미타불이 되기 때문에 아낌없이 자꾸만 방출해야 된다. 남자의 샘은 퍼내면 퍼낼수록 좋다.

정액을 아끼려는 째째한 정신은 심리적으로 성욕과 성력에 대한 제동이 되므로 남성의 성욕과 성력의 감퇴를 초래하게 된다.

11. 자위는 죄악이 아니지만 지나치면 건강을 해치게 된다는 것을 잊어서는 안된다.

자위 행위에 대해서 옛날에는 자위를 하면 저능아가 된다느니, 간질병에 걸린다느니 하면서 나쁜 행동이라고 말하는 사람들이 많았으나, 지금은 일반적으로 성에 대한 인식이 달라져서 자위 자체를 나쁘다고 생각하는 사람은 별로 없는 것 같다.

그러나 모든 일이 그렇듯이 자위도 너무 지나치면 자위증(自慰症)이란 일종의 정신이상이 걸려 건강을 크게 해친다는 것을 잊어서는 안된다. 그리고 일부 성과학자 중에는 자위는 독신시절의 배출구로 인정하고는 있으나 결혼 후에도 자위를 계속하는 것은 잘못된 것이라고 주장하는 사람도 있고, 자위를 계속하면 자기애적(自己愛的)성격을 조장한다고 경고하는 사람도 있다. 그러나 이런 주장은 다분히 낡은 사상에서 비롯된 것이라 할 수 있다.

그러나 오늘날에는 피임까지 하면서 성적 에너지의 공동발산을 도모하는 것도 중요한 생활 목표가 되어 있기 때문에 "성행위는 아이를 만들기 위해서만 허용된다"는 기독교사상은 이미 통하지 않게 되어 버렸다. 그리고 아이가 생기지 않더라도 성적 에너지의 발산에 도움이 되면 그만이라고 한다면 자위나 성교 유사행위도 정당시되는 것이 당연할 것이다. 그리고 결혼 후의 자위에 대해서도 굳이 색안경을 끼고 볼 필요는 없다.

결혼 후에도 자위를 계속하고 있는 남성(여성의 경우도) 은 자위를 하면서 어떤 기분이겠는가. 대부분의 남편들은 아내에 대한 미안감과 아내에 대한 모욕이라는 자책감을 느끼고 있을 것이다. 그리고 나름대로의 자기 사정과 변명이 있을지도 모른다.

기혼남성의 자위행위는 성과학이 고도로 발달하고 있는 미국에서도 성행되고 있는 것이 사실이다. 다음의 통계표는 이미 30년 이상이 지난 킨제이 보고의 일부지만 지금은 훨씬 달라져 있다.

아무튼 기독교 국가인 미국에서, 성범죄로 간주되고 있는 자위가 기혼남성들 사이에 번지고 있다는 것은 흥미로운 현상이 아닐 수 없다.

그리고 이 통계표 뿐만 아니라 미국의 기혼 100명의 남성들은 교육수준이 높을수록 자위 회수가 많고 또 여러 가지 성행위 중에서 자위가 차지하는 비중이 높다는 통계도 나와 있다.

 미국과 우리나라는 국정이나 습관 등이 다르고 종교적인 풍토도 다르지만 기독교의 영향이 미국만큼 강하지 않는 우리나라에서는 남편의 자위가 30년 이상이나 된 옛날의 미국 남편들보다 훨씬 높을 수 있다는 가능성을 외면할 수는 없을 것이다. 아무튼 기혼자의 자위도 무턱대고 백안시할 수는 없는 것으로 여겨진다.

미국의 기혼 100남성의 자위율과 나이와의 관계

나 이	매주평균 회 수	각종 성행위 중에서 자위가 차지하는 비율
16 ~ 20	0.4	9.9
21 ~ 25	0.5	12.2
26 ~ 30	0.4	12.5
31 ~ 35	0.4	12.4
36 ~ 40	0.4	12.4
41 ~ 45	0.3	12.7
46 ~ 50	0.3	14.9
51 ~ 55	0.4	13.2
56 ~ 60	0.5	20.9

사람을 한 번 보고 아는 법

· 2005년 5월 10일 초판 발행
· 2010년 1월 10일 5쇄 인쇄
· 2010년 1월 20일 5쇄 발행

· 편저자 : 김종수
· 발행자 : 김종진
· 발행처 : 은광사
· 등　록 : 제 18-71(1997. 1. 8)
· 주　소 : 서울 중랑구 망우동 503-11
· 전　화 : 763-1258 / 764-1258

정가　18,000원